改訂
現代の社会福祉

鈴木幸雄 編著
Yukio Suzuki

中央法規

はじめに

　本格的な人口減少・超高齢社会を迎え，現代社会の変化は私たちの生活の諸側面に深刻な影響を与えている。ますます複雑・多様化する社会情勢のなかで，日本社会には格差や貧困問題などの多くの課題が山積し，社会福祉に対する国民の需要は増大している。現在，国は「福祉ビジョン―新たな時代に対応した福祉の提供ビジョン―」を基本にした，高齢者を地域で支えるための「地域包括ケアシステム」の構築を推進している。さらには，「高齢者・障害者・子どもなどすべての人々が，一人ひとりの暮らしと生きがいを，ともに創り，高め合う社会」を目指した「地域共生社会」という新しい地域福祉の概念を公表し，その実現に向けた検討を進めている。

　本書の刊行の意図は，前刊の「現代の社会福祉」を基本にして，このような激動する現代の社会福祉政策の下で読者に最新の情報を提供し，現代社会における社会福祉のあり方や課題を模索することにある。その接近方法として社会福祉の歴史的把握，社会福祉の政策や実践の現状分析，問題提起を行うものである。それに加えて，本書では社会福祉の全体像を概括的に把握し理解できるテキスト的性格と，各執筆者の得意な分野で論ずる論文集的性格とを併せもった構成内容になっている。

　各執筆者は，保育系・福祉系の大学，短期大学や専門学校で教鞭をとり，社会福祉と保育の関連科目を担当している者がほとんどである。したがって，保育・幼児教育・介護の専門職養成を念頭においた記述になっているが，テキストとしては内容的にすべての事項を網羅できない箇所もあるので不十分かつ偏りがあるかもしれない。また，分担執筆の性格上，論の進め方や文体の違い，内容の重複などの不統一な印象を与えるならば，それらはすべて編者の責であるとともに，各執筆者の主体性を基本的に尊重するということでお許しを願いたい。さらに，読者諸

氏のご教示をいただければ幸甚である。
　末尾ではあるが，本書の刊行に際して，終始われわれをご支援くださった中央法規出版の歌屋敷靖氏と三浦功子氏をはじめ，関係諸氏にこの場を借りて感謝の意を表したいと思う。

2018年2月

　　　　　　　　　　　　　　　　　　　　　　　　　　　　編著者

目次

はじめに

第1章 現代社会の変化と社会福祉
- 第1節 少子高齢社会の現状 …………………………………………………… 1
- 第2節 現代家族の動向 ………………………………………………………… 8
- 第3節 現代の社会的不平等 …………………………………………………… 13

第2章 社会福祉の理念と意義
- 第1節 社会福祉の基礎理解 …………………………………………………… 19
- 第2節 社会福祉の基本理念 …………………………………………………… 26

第3章 社会福祉の史的発展
- 第1節 社会福祉の歴史を学ぶ意義とは ……………………………………… 33
- 第2節 イギリスの社会福祉の歴史 …………………………………………… 34
- 第3節 アメリカの社会福祉の歴史 …………………………………………… 39
- 第4節 日本の社会福祉の歴史 ………………………………………………… 43

第4章 社会福祉の法と実施体制
- 第1節 社会福祉の法制 ………………………………………………………… 51
- 第2節 社会福祉の行財政 ……………………………………………………… 58

第5章 児童・家庭の問題と社会福祉
- 第1節 児童福祉の概念と対象 ………………………………………………… 73
- 第2節 児童福祉の施策 ………………………………………………………… 76
- 第3節 児童虐待と社会的養護 ………………………………………………… 84
- 第4節 ひとり親家庭と母子保健 ……………………………………………… 86
- 第5節 子育て支援施策と子ども・子育て支援新制度 ……………………… 90

| 第6節　児童・家庭福祉の課題 | 92 |

第 6 章　障害（児）者の問題と社会福祉
第1節　障害（児）者福祉の概念と対象	97
第2節　障害（児）者福祉の施策	104
第3節　障害（児）者福祉の課題	115

第 7 章　高齢者の問題と社会福祉
第1節　高齢者福祉の概念と対象	119
第2節　高齢者福祉の施策	124
第3節　高齢者福祉の課題	133

第 8 章　現代社会の貧困問題と社会福祉
第1節　現代社会と貧困問題	135
第2節　生活保護制度の概要	138
第3節　生活保護制度の課題	146

第 9 章　地域福祉の推進と利用者保護制度
第1節　今日の地域福祉をめぐる状況	151
第2節　地域福祉の考え方	153
第3節　地域福祉の推進	157
第4節　利用者保護制度	161

第10章　社会福祉の担い手と専門職制度
第1節　社会福祉従事者の概要	171
第2節　社会福祉専門職の資質と倫理	175
第3節　社会福祉士・精神保健福祉士・介護福祉士・保育士の業務内容	179
第4節　保健・医療等関連分野の専門職との連携	183

第11章 相談援助技術の概要
- 第1節 相談援助の意味と視点 …………………………………………………189
- 第2節 相談援助活動の枠組み …………………………………………………194

第12章 日本の社会保障制度
- 第1節 社会保障の概念 …………………………………………………………207
- 第2節 年金保険制度 ……………………………………………………………209
- 第3節 医療保険制度 ……………………………………………………………216
- 第4節 雇用保険・労働者災害補償保険制度 …………………………………224
- 第5節 社会保障制度の課題 ……………………………………………………229

第13章 社会福祉の動向と課題
- 第1節 日本における社会福祉の動向 …………………………………………233
- 第2節 社会福祉の課題 …………………………………………………………238

索引 ……………………………………………………………………………………247

編著者略歴・執筆者一覧

現代社会の変化と社会福祉

第1節 少子高齢社会の現状

 少子社会の現状

　わが国は少子高齢社会といわれ，人口が急激に高齢化していくなかでの少子化の状況にある。年齢階級別人口では，0〜14歳の年少人口が，1980（昭和55）年23.5%，1990（平成2）年18.2%，2000（平成12）年14.6%，2010（平成22）年13.1%と減少傾向が続いている。一方，65歳以上の老年人口は増加傾向にあり，1997（平成9）年には年少人口の割合を上回り，2015（平成27）年には26.8%を占めている（表1-1）。

　こうした少子高齢化の背景には，出生率の低下がある。出生に関する指標として合計特殊出生率があるが，これは「女性が生涯に産む平均の子どもの数」を示している。

　わが国の出生数と合計特殊出生率の年次推移は図1-1のとおりである。第2次ベビーブームには年間200万人を超える出生数で，合計特殊出生率も2.0を上回る水準であった。しかし，1975（昭和50）年以降減少傾向になり，2005（平成17）年には1.26まで低下し，社会全体にショックを与えた。その後はやや回復傾向にあるものの，人口を維持するのに必要な水準である人口置換水準2.08を下回る傾向が続き，2016（平成28）年では1.44である。また，出生数も過去最低の97万6979人であった。したがって，少子社会は同時に人口減少社会であるといえる。

　こうした出生率の低下にはどのような要因があるのだろうか。主たる要因

表1-1 年齢区分別人口の推移と将来推計　　　　　　　　　　　　　　　　　　　（各年10月1日現在）

年次		総数 実数	0～14歳 実数	0～14歳 構成割合	15～64歳 実数	15～64歳 構成割合	65歳以上 実数	65歳以上 構成割合	65～74歳(再掲) 実数	65～74歳(再掲) 構成割合	75歳以上(再掲) 実数	75歳以上(再掲) 構成割合	平均年齢
		千人	千人	%	千人	%	千人	%	千人	%	千人	%	歳
1920	大正9年	55,963	20,416	36.5	32,605	58.3	2,941	5.3	2,209	3.9	732	1.3	26.7
1925	14	59,737	21,924	36.7	34,792	58.2	3,021	5.1	2,213	3.7	808	1.4	26.5
1930	昭和5	64,450	23,579	36.6	37,807	58.7	3,064	4.8	2,183	3.4	881	1.4	26.3
1935	10	69,254	25,545	36.9	40,484	58.5	3,225	4.7	2,301	3.3	924	1.3	26.3
1940	15	73,075	26,369	36.1	43,252	59.2	3,454	4.7	2,550	3.5	904	1.2	26.6
1950	25	84,115	29,786	35.4	50,168	59.6	4,155	4.9	3,086	3.7	1,069	1.3	26.6
1955	30	90,077	30,123	33.4	55,167	61.2	4,786	5.3	3,398	3.8	1,388	1.5	27.6
1960	35	94,302	28,434	30.2	60,469	64.1	5,398	5.7	3,756	4.0	1,642	1.7	29.0
1965	40	99,209	25,529	25.7	67,444	68.0	6,236	6.3	4,342	4.4	1,894	1.9	30.3
1970	45	104,665	25,153	24.0	72,119	68.9	7,393	7.1	5,156	4.9	2,237	2.1	31.5
1975	50	111,940	27,221	24.3	75,807	67.7	8,865	7.9	6,024	5.4	2,841	2.5	32.5
1980	55	117,060	27,507	23.5	78,835	67.4	10,647	9.1	6,987	6.0	3,660	3.1	33.9
1985	60	121,049	26,033	21.5	82,506	68.2	12,468	10.3	7,756	6.4	4,712	3.9	35.7
1990	平成2	123,611	22,486	18.2	85,904	69.7	14,895	12.1	8,922	7.2	5,973	4.8	37.6
1995	7	125,570	20,014	16.0	87,165	69.5	18,261	14.6	11,091	8.8	7,170	5.7	39.6
2000	12	126,926	18,472	14.6	86,220	68.1	22,005	17.4	13,007	10.2	8,999	7.1	41.4
2005	17	127,768	17,521	13.8	84,092	66.1	25,672	20.2	14,070	11.0	11,602	9.1	43.3
2010	22	128,057	16,839	13.1	81,735	63.8	29,484	23.0	15,290	11.9	14,194	11.1	45.0
2015	27	126,597	15,827	12.5	76,818	60.7	33,952	26.8	17,494	13.8	16,458	13.0	46.5
2020	32	124,100	14,568	11.7	73,408	59.2	36,124	29.1	17,334	14.0	18,790	15.1	48.0
2025	37	120,659	13,240	11.0	70,845	58.7	36,573	30.3	14,788	12.3	21,786	18.1	49.3
2030	42	116,618	12,039	10.3	67,730	58.1	36,849	31.6	14,065	12.1	22,784	19.5	50.4
2035	47	112,124	11,287	10.1	63,430	56.6	37,407	33.4	14,953	13.3	22,454	20.0	51.3
2040	52	107,276	10,732	10.0	57,866	53.9	38,678	36.1	16,448	15.3	22,230	20.7	52.1
2045	57	102,210	10,116	9.9	53,531	52.4	38,564	37.7	15,997	15.7	22,567	22.1	52.8
2050	62	97,076	9,387	9.7	50,013	51.5	37,676	38.8	13,830	14.2	23,846	24.6	53.4

注：1940（昭和15）年～2010（平成22）年の総人口は、国籍・年齢「不詳人口」をあん分補正した人口による。
資料：2010（平成22）年までは総務省統計局「国勢調査」、2015（平成27）年以降は国立社会保障・人口問題研究所「日本の将来推計人口（2012（平成24）年1月推計）」
出典：社会福祉士養成講座編集委員会編『新・社会福祉士養成講座13 高齢者に対する支援と介護保険制度 第5版』中央法規出版、p.32、2016.

としては、女性の晩婚化と出産年齢の高齢化、さらに未婚化といった問題が指摘される。2016（平成28）年の平均初婚年齢は男性31.1歳、女性29.4歳で、1995（平成7）年と比べて、男性が2.6歳、女性が3.1歳高くなっている（表1-2）。こうした変化が強く少子化に影響しているのである。このような

図1-1 出生数および合計特殊出生率の年次推移

傾向に影響を与えていることとしては、女性の高学歴化と就業率の上昇、子育てと就労の両立の困難さ、保育対策の問題などが指摘されている。

表1-2 平均初婚年齢の年次推移

		夫	妻
		歳	歳
1995	平成7年	28.5	26.3
2005	17	29.8	28.0
2012	24	30.8	29.2
2013	25	30.9	29.3
2014	26	31.1	29.4
2015	27	31.1	29.4
2016	28	31.1	29.4

注:各届出年に結婚生活に入ったもの。
資料:厚生労働省「人口動態統計」

❷──少子化がもたらす影響

少子化は、これからのわが国の社会的・経済的システムに大きな影響を与える問題である。子どもは、将来の経済を支える労働力として位置づけられるため、少子化の傾向が続くことは、将来の労働力人口の減少へとつながっていくことになるのである。

2009(平成21)年の労働力人口は、6650万人で、15歳以上人口に占める労働力人口比率は59.9%となり6割に達しなかった。それ以降、同様の比率で推移している(表1-3)。

わが国の医療や年金などの社会保障は、働く世代が高齢者を支える仕組み

表1-3 労働力人口の推移　　　　　　　　　　　　　　　　　　　年平均

		15歳以上人口（万人）	男　女　計			非労働力人口（万人）	労働力人口比率(%)	就業率(%)	完全失業率(%)
			労働力人口（万人）						
			総数	就業者	完全失業者				
2006	平成18年	11030	6664	6389	275	4358	60.4	57.9	4.1
2007	19	11066	6684	6427	257	4375	60.4	58.1	3.9
2008	20	11086	6674	6409	265	4407	60.2	57.8	4.0
2009	21	11099	6650	6314	336	4446	59.9	56.9	5.1
2010	22	11111	6632	6298	334	4473	59.6	56.6	5.1
2011	23(注)	11117	〈6596〉	〈6293〉	〈302〉	〈4518〉	〈59.3〉	〈56.5〉	〈4.6〉
2012	24	11110	6565	6280	285	4543	59.1	56.5	4.3
2013	25	11107	6593	6326	265	4510	59.3	56.9	4.0
2014	26	11109	6609	6371	236	4494	59.4	57.3	3.6
2015	27	11110	6625	6401	222	4479	59.6	57.6	3.4
2016	28	11111	6673	6465	208	4432	60.0	58.1	3.1

注：〈　〉内の実数は補間推計値を用いて計算した参考値である。
資料：総務省統計局「労働力調査」

になっている。そのため高齢化が進展していくなかで労働力人口が減少していくことは，高齢者を支える基盤を不安定にさせ，その仕組み自体の見直しが迫られる大きな問題なのである。

③──人口高齢化の現状

1　高齢化社会から超高齢社会へ

　国際連合によると，総人口に占める老年人口（65歳以上人口）が7％以上の社会を「高齢化した社会」という。この基準から，65歳以上人口（老年人口）を総人口で除した割合を老年人口比率（高齢化率）とし，それが7％を超えた社会を高齢化社会と呼んでいる。一般的には，老年人口比率が7％以上14％未満を「高齢化社会」，14％を超えた社会を「高齢社会」，さらに21％を超えた社会を「超高齢社会」と呼んでいる。

　わが国は，1970（昭和45）年に高齢化率が7％を超え高齢化社会を迎えた。その後，1994（平成6）年には14％を超え高齢社会となり，2007（平成19）

年に21％に達している。そして、2010（平成22）年10月1日現在の高齢化率は23.0％となっており、2050（平成62）年には、38.8％に達すると推計されている（表1-1）。こうした高齢化の要因には、平均寿命の伸長による長寿化や先述した出生率の低下による年少人口の減少がある。

わが国は、1950年頃までは乳幼児の死亡率が高かった。また、65歳以上の高齢者の全死亡者に占める割合は3割程度であった。つまり、国民の多くは高齢期を迎えるまでに死亡する、比較的短命な社会であったといえる。その後、高度経済成長とともに医療水準や栄養、住居、公衆衛生、社会保障などの水準が向上し長寿社会へと進んできた。

日本人の平均寿命は、1951（昭和26）年に男女共に60歳に達した。その後、女性が1960（昭和35）年に、男性が1971（昭和46）年に70歳に達した。以降も平均寿命は伸び続け、2016（平成28）年で男性80.98歳、女性87.14歳と世界でも有数の長寿国である（図1-2）。

図1-2 平均寿命の推移と将来推計

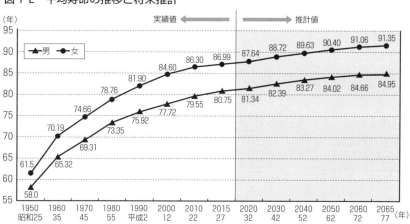

注：1970（昭和45）年以前は沖縄県を除く値である。0歳の平均余命が「平均寿命」である。
資料：1950（昭和25）年は厚生労働省「簡易生命表」、1960（昭和35）年から2015（平成27）年までは厚生労働省「完全生命表」、2020（平成32）年以降は、国立社会保障・人口問題研究所「日本の将来推計人口（平成29年推計）」の出生中位・死亡中位仮定による推計結果
出典：内閣府『平成29年版 高齢社会白書』p.7、2017.

2 わが国の高齢化の特徴

わが国の高齢化の特徴としては，一つ目にそのスピードの速さが挙げられる。主要国の高齢化率が7％から14％へ要した期間（図1-3）をみると，わが国は1970（昭和45）年に7％を超えると，1994（平成6）年にわずか24年で14％に達し，欧米諸国が40年から115年要していたのに比べると極端に短い期間に高齢化が進行している。これは，わが国がどの国も経験したことのない速さで高齢社会を迎えたことをあらわしている。現在，東アジアの3か国がわが国と同様に急速な高齢化を迎えているところである。

二つ目の特徴は，65歳以上人口のなかのもう一つの高齢化である。老年期は，65歳から74歳の前期高齢期と75歳以上の後期高齢期に分けられる。表1-1のとおり，2000（平成12）年時点では後期高齢者のみで7％に達し，2020（平成32）年には前期高齢者の割合を上回ることが推計されている。後期高齢者は，相対的にみて疾病の罹患率も高く，要介護となる可能性も高い。つまり，これからの後期高齢者の増加は医療や介護の問題に大きく影響を与え

図1-3 主要国における高齢化率が7％から14％へ要した期間

注：1950年以前はUN, The Aging of Population and Its Economic and Social Implications (Population Studies, No.26, 1956) およびDemographic Yearbook, 1950年以降はUN, World Population Prospects: The 2015 Revision（中位推計）による。
資料：国立社会保障・人口問題研究所「人口統計資料集」2017.
　　　ただし，日本は総務省統計局「国勢調査」「人口推計」による。1950年以前は既知年次のデータをもとに補間推計したものによる。
出典：内閣府『平成29年版 高齢社会白書』p.12, 2017.

図1-4 社会保障給付費の推移

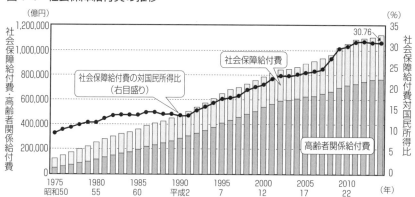

注1：高齢者関係給付費とは，年金保険給付費，高齢者医療給付費，老人福祉サービス給付費および高年齢雇用継続給付費を合わせたもの。
注2：高齢者医療給付費には，平成19年度までは旧老人保健制度からの医療給付額，平成20年度は後期高齢者医療制度からの医療給付額および旧老人保健制度からの2008（平成20）年3月分の医療給付額等が含まれている。
資料：国立社会保障・人口問題研究所「平成26年度社会保障費用統計」
出典：内閣府『平成29年版 高齢社会白書』p.10, 2017.

るものである。

　例えば，社会保障給付費（年金・医療・福祉等の費用）は増加傾向にあり，国立社会保障・人口問題研究所によれば，2015（平成27）年では114兆8596億円と過去最高の水準となっている。社会保障給付費のうち，高齢者関係給付費（国立社会保障・人口問題研究所の定義において，年金保険給付費，高齢者医療給付費，老人福祉サービス給付費および高年齢雇用継続給付費を合わせた額）についてみると，2015（平成27）年は77兆6386億円となり，前年の76兆1383億円から1兆5003億円増加している（図1-4）。つまり，わが国の人口高齢化の特徴であるスピードの速さや後期高齢者の増加は，こうした社会保障給付費を増加させ，社会保障のあり方が大きな課題となっているのである。

第2節 現代家族の動向

家族形態の変化

1 縮小する家族規模

　わが国の平均世帯人員は，1955（昭和30）年に4.97人であったがそれ以降減少に転じ，1965（昭和40）年には4.05人，1995（平成7）年には3人を下回る2.91人となり，2016（平成28）年には2.47人となった（図1-5）。

　これらの背景としては，高度経済成長期の工業化・都市化の進展により，非都市圏から都市圏への人口移動の増大がある。非都市圏の二男・三男たちが都市圏で就職し，そこで結婚して新しい家庭をもち，後述する核家族化が急速に進んでいった。その後1980年代半ば以降，規模の縮小が加速する。その原因は，第1節で述べた年少人口の減少と単独世帯の増加である。

図1-5　世帯数と平均世帯人員の推移

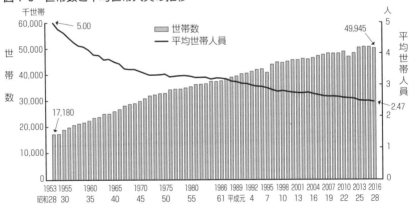

注1：1995（平成7）年の数値は，兵庫県を除いたものである。
注2：2011（平成23）年の数値は，岩手県，宮城県および福島県を除いたものである。
注3：2012（平成24）年の数値は，福島県を除いたものである。
注4：2016（平成28）年の数値は，熊本県を除いたものである。
出典：厚生労働省「国民生活基礎調査」

2 家族構成の変化

　国勢調査報告書では，一般世帯をその世帯主と世帯員の続柄によって「親族世帯」「非親族世帯」「単独世帯」の三つに分類し，さらに「親族世帯」を「核家族世帯」と「その他の親族世帯」に分けている。また，「核家族世帯」は「夫婦のみの世帯」「夫婦と未婚の子どもからなる世帯」「男親と子どもからなる世帯」「女親と子どもからなる世帯」である。

　家族構成割合では，1985（昭和60）年には「夫婦と未婚の子どもからなる世帯」が41.9％，「単独世帯」が18.4％，「三世代世帯」が15.2％であった。それが2016（平成28）年には，「夫婦と未婚の子どもからなる世帯」が29.5％，「三世代世帯」が5.9％と減少し，「単独世帯」が26.9％と微増傾向にある（図1-6）。

　わが国では第二次世界大戦以降，核家族化が急速に進み，近年は単独世帯化が進行している状況にある（表1-4）。

表1-4　家族類型別にみた世帯数と1世帯当たり人員

年次 Year		総数 Total	親族世帯 Relatives households							非親族世帯 Non-relatives households	単独世帯 One-person households	1世帯当たり人員 (人) Members per household
			総数 Total	核家族世帯 Nuclear families					その他の親族世帯 Other relatives households			
				総数 Total	夫婦のみ Married couple only	夫婦と子供 Married couple with child	男親と子供 Father and child	女親と子供 Mother and child				
1955	昭和30年(注)	17,398	16,719	10,366	1,184	7,499	275	1,408	6,353	83	596	4.97
1960	35 (注)	19,571	18,579	11,788	1,630	8,489	245	1,424	6,790	74	919	4.54
1965	40	23,286	21,385	14,583	2,293	10,572	234	1,485	6,801	88	1,813	4.05
1970	45	27,071	24,059	17,186	2,972	12,471	253	1,491	6,874	100	2,912	3.69
1975	50	31,271	26,968	19,980	3,880	14,290	257	1,553	6,988	67	4,236	3.45
1980	55	34,106	28,657	21,594	4,460	15,081	297	1,756	7,063	62	5,388	3.33
1985	60	37,980	30,013	22,804	5,212	15,189	356	2,047	7,209	73	7,895	3.14
1990	平成2	40,670	31,204	24,218	6,294	15,172	425	2,328	6,986	77	9,390	2.99
1995	7	43,900	32,533	25,760	7,619	15,032	485	2,624	6,773	128	11,239	2.82
2000	12	46,782	33,679	27,332	8,835	14,919	545	3,032	6,347	192	12,911	2.66
2005	17	49,063	34,337	28,394	9,637	14,646	621	3,491	5,944	268	14,457	2.55
2010	22	51,842	34,516	29,207	10,244	14,440	664	3,859	5,309	456	16,785	2.42

各年10月1日現在の国勢調査の結果で，1955（昭和30）年と1960（昭和35）年は1％抽出，1965（昭和40）年は20％抽出集計結果による。1980（昭和55）年以前は普通世帯，1985（昭和60）年以降は一般世帯による。世帯とは住居および生計を共にする者の集まり，または独立して住居を維持する単身者である。
注：沖縄県を含まない。
資料：総務省統計局「国勢調査報告」（各年分）
出典：エイジング総合研究センター『高齢社会基礎資料'14-'15年版』中央法規出版，p.92, 2014.を一部改変

図1-6 家族構成比の推移

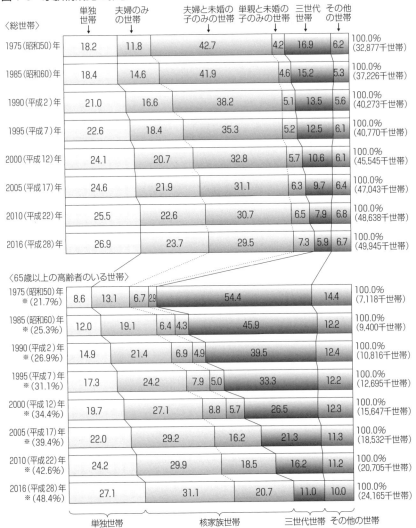

注1：ここでいう「核家族世帯」とは，「単独世帯」を除いた世帯を指す。
注2：1995（平成7）年の数値は，兵庫県を除いたものである。
注3：※は総世帯数に占める65歳以上の高齢者のいる世帯数の割合
資料：1985（昭和60）年以前は厚生省大臣官房統計情報部「厚生行政基礎調査報告」，1990（平成2）年以降は同「国民生活基礎調査」
出典：社会福祉士養成講座編集委員会編『新・社会福祉士養成講座13 高齢者に対する支援と介護保険制度 第5版』中央法規出版, p.39, 2016.

3 65歳以上の高齢者のいる世帯の状況

　少子高齢化のわが国において，高齢者と家族のおかれる状況は，介護の観点から極めて大きな問題であるといえる。わが国は「三世代世帯」における家族関係のなかで，老親の扶養や介護の基盤を確保してきた経緯がある。しかし，今日では家族構成の変化に伴ってそうした基盤は脆弱化し，介護保険制度の創設にみられるように，老親への対応が「外注化」されている。その背景には高齢者のいる世帯の変化がある。

　高齢者を含む世帯の典型例とされてきた「三世代世帯」は1975（昭和50）年には54.4％であったが，2016（平成28）年には11.0％と大きく減少している。その一方で，「単独世帯」「夫婦のみの世帯」は1975（昭和50）年にそれぞれ8.6％と13.1％であったものが，2016（平成28）年には27.1％と31.1％と増加している（図1-6）。つまり，高齢者のいる全世帯の50％を超える世帯が「単独」または「夫婦のみ」の世帯となる。夫婦の場合，65歳以上の高齢者の配偶者も高齢であることが考えられ，高齢者のみの世帯が急増していると考えられる。こうした世帯は医療や介護のニーズを多くもち，社会サービスへとつながる可能性が高いといえる。また，世帯内で介護等の生活課題に対応することが困難である。したがって，少子高齢化と家族形態の変化は，わが国の社会保障のあり方に強く影響を与えるものなのである。

❷——家族の変容

　わが国は戦前からの「イエ」制度の廃止により，夫婦・親子間の民主化が進み，1955（昭和30）年から1970年代半ばに至る高度経済成長期に，家族形態のなかでも特に夫婦と未婚の子を中心とする核家族が増えた。核家族には，賃金労働に従事する男性と，子育てや家事に専念する女性という性別役割分担のイメージがもたれた。これは，家父長的な家族との対比で「近代家族」といわれる理念である。仕事をして妻子を養うのが男の務めで，家庭を守るのが女の務めとされ，その役割を果たしていくことが幸福であると考えられた。

しかし，今日その様相は大きく変わっている。そもそも家族とは何か。これまでに影響力を与えてきた定義としては，森岡の「家族とは，夫婦・親子・きょうだいなど少数の近親者を主要な構成員とし成員相互の深い感情的包絡（emotional involvement）で結ばれた第一次的な福祉追求の集団である」というものがある[1]。しかし近年の家族の動向は，「個人化」や「多様化」によって，家族の定義を困難なものにしつつあり，同性愛者同士のカップルに加え，ペットも家族であるという認識に従えば，家族の定義はより複雑化せざるを得ないという指摘もある[2]。

「個人化」に関しては，個人の幸福を最も大切なものとし，特定のあるべき家族像にとらわれず，個人にとって幸福の要素となるべき家族をつくっていくという視点として，「個人尊重家族」という見方がされるようになっているという指摘がある[3]。

③――家族の機能の変化

家族の機能とは，社会の存続・発展のために果たす家族メンバーの生理的・文化的欲求を充足する活動である。戦前のわが国は，第一次産業人口が多くを占め，家族のメンバーが生産活動に携わることが多く，家族は生活単位であり同時に生産単位であった。戦後の産業構造の変化により，第二次，第三次産業人口が増加すると，家族からは生産活動が消えていった。この変化は，家族における子どもの教育機能の変化ももたらした。家族が生産単位であったときは，職業的な知識や技術が子どもに伝えられ，同時にそれは生活単位でもあるため，生活様式や価値も受け継がれた。しかし，現在は職住分離によってそうした教育は難しく，教育機能は家族の外におかれている。

そのほか，老親の介護や子どもの養育などの保護機能についても，家族規模の縮小や共稼ぎなどを背景として，老人ホームや病院，保育所等へ依存する傾向が強くなっている。こうした保護機能の変化は，今日，特別養護老人ホームや保育所の待機者を増大させ，社会福祉の大きな課題となっている。

第3節
現代の社会的不平等

① 不平等とは何か

　人間は基本的に一人ひとり異なるものである。顔つき，背の高さ，身体の重さ，目の色，肌の色，髪の毛の色など異なる側面をもつ。また，経済的な側面では，収入や財産などは身近に感じられる違いであろう。このように私たちは，異なることと違いを日々認識しているわけである。

　では，なぜこうした異なりや違いが不平等へとつながるのか。白波瀬は，「違う，異なるということが単なる「差」ではないことが問題である。そこに不平等の問題が介在するとして，個人の「努力」や「能力」ではどうしようもないこと，自らのコントロールがきかず，選択の余地がないことに伴う「違い」には，「違い」を超えた不条理さが介在する。違いの何が良くて，何が悪いのか，どちらが好ましくて，何が望ましいのか，といった評価が「違うこと」の意味となる。違い，差に伴う価値の序列づけが不平等へと通じる」と述べている。つまり，不平等であることは「違い」に対する不当な評価として顕在化するのである。

　また，原は，主な社会的資源を「富」「勢力」「威信」「情報」としたうえで（表1-5），人々が手に入れたいものを「社会的資源」あるいは「社会的財」とし，「社会的不平等」とは，こうした社会的資源の保有の大小（保有の不平等），さらには社会的資源を獲得・保有するチャンスの大小（機会の不平等）のことをいう，としている。

表1-5　主要社会的資源

(1) 富（wealth）	収入，財産
(2) 勢力（power）	権力，権限，影響力
(3) 威信（prestige）	威信，称賛，尊重
(4) 情報（information）	知識，情報，技術，経験

出典：原純輔・佐藤嘉倫・大渕憲一『社会階層と不平等』
　　　放送大学教育振興会，p.2，2008.

図1-7 各国のジニ係数の推移

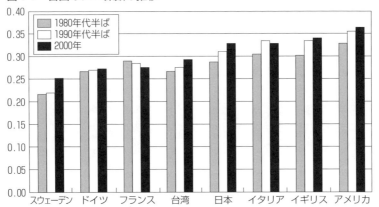

注：2000年のジニ係数の低い国から高い国の順に示した。
資料：厚生労働省「国民生活基礎調査」(日本)，LIS (他国)
出典：白波瀬佐和子『日本の不平等を考える——少子高齢社会の国際比較』東京大学出版会，p.31，2009．

　保有の不平等としては世帯収入の違いがあり，その不平等を示すものとして，ジニ係数がある。ジニ係数は，すべての収入が一つの世帯によって独占されていれば1，世帯の収入が等しければ0という値をとる。結果として，ジニ係数の値が小さければ小さいほどその社会は平等だということになる。
　図1-7は各国のジニ係数の推移である。わが国は，1980年代半ばから2000年にかけてジニ係数が大きくなり，その変化の程度も大きい。ジニ係数の値そのものはイギリスやアメリカのほうが大きいが，格差の拡大傾向ではわが国のほうが顕著といえる。
　機会の不平等について例として挙げられるのは進学率の問題であろう。保有の不平等とも関係するが，所得の少ない世帯の子どもは塾通い等ができず，学力の差が生じる。そのことが進学する高校の差として影響を受け，さらに大学進学，就職の違いに関係していくのである。このことは，子どもの貧困問題と関連づけて後述する。

❷——現代社会の不平等問題

　わが国は高度経済成長を経て所得格差が縮小し，比較的平等な社会が実現したと考えられてきた。しかし，1990年代後半以降，所得や職業，教育などを中心に格差が拡がり今日では貧富格差が拡大し，非正規雇用の問題やホームレスの増加，生活保護受給率の増加などにおいて不平等性が現れている。

　こうした格差や不平等につながる生活上の諸問題としては，貧困・低所得，育児不安・児童虐待，母子問題，要介護・老人虐待，事故や傷病による障害者，児童青少年の引きこもり・ニート，ホームレス，ワーキングプア，配偶者暴力，心の病（うつや神経症），社会的孤立，資格外滞在者・外国籍住民問題，災害被害者・犯罪被害者問題，環境問題などが論じられている[6]。このような問題への社会福祉としての対応が，今日の大きな課題である。

　また，原は，現代社会における「新しい不平等」について三点指摘している[7]。

　第一に，競争の激化と格差の拡大である。「市場経済化」のなかで多くのことが「市場」の判断にゆだねられ，結果として規制緩和が行われ組織や個人が激しい競争にさらされることとなった。それにより，「勝ち組」「負け組」という言葉も使われるようになった。こうした競争は，「機会の不平等」を強めることになる。子どもの給食費を払えない世帯の出現や生活保護世帯の増加は，競争の結果としてわが国の「基礎的平等化」を崩壊させ，社会の安定化を大きく損なっている。

　第二に，追求目標の多様化・個人化である。高度経済成長以降，日本人は「豊かさ」を追求し，それを実現する経験をし，そこでの人々の目標は共通していた。こうした「基礎的平等化」を実現した人々の追求目標はどう変化するのか。それまで上級財であったものが基礎財に変化することによって，人々の追求目標になる可能性はある。他方で，基礎的平等化を前提として，多様な生き方を個々人が追求する可能性もある。

　第三に，旧い不平等の新しい様相である。基礎的平等化を実現したことが，不平等や格差の問題に関して楽観的な印象を与える可能性があるが，旧い不平等である格差や不平等が厳然として存在する。それは，身分制的差別（「被差別部落」），ジェンダー間の格差，障害者に対する差別，在日外国人や

外国人労働者に対する格差や差別，マイノリティ（「社会的弱者」）への差別，また，パート労働者や無業層など企業システムのなかに正規の形では組み込まれない周辺層の存在である。こうした旧い不平等も新しい様相を帯び社会的な怒りを引き起こす可能性があり，それが「新しい様相」とされる。具体的には，マイノリティ内部での格差の拡大によって，格差や差別を一括りで論じることが困難になってきているということである。例えば過去において「女性は抑圧された存在」として認識されることもあったが，今日女性の社会進出が進むなかで，高地位の女性は決して例外ではないといえる。また，不平等問題が前述した「追求目標の多様化・個人化」という状況に埋没してしまう場合もある。例えば「貧困」という問題は過去において社会の関心事であり，ある意味での「公共性」を有していたが，多くの人が基礎的平等化を実現したため，今日それが失われつつある。つまり，ある困難を抱えた人たちをかわいそうだとは思っても，「それはその人の問題であって，私には関係ない」と終わってしまう危険性がある。

このように，現代社会における不平等は，「市場経済化」と「競争」という今日的な側面と過去における格差や不平等との関係におけるものとの複層的なとらえ方が求められている。

③ 現代社会と子どもの貧困

原が指摘する現代社会における「新しい不平等」のなかで，「子どもの貧困」をめぐる問題について述べる。埋橋は「子どもの貧困体験は，子どもを取り巻く諸環境，諸資源からの排除，剥奪状態といえるのではないか」としたうえで，「親とのコミュニケーションの『機会』，家での教育・学習の『機会』，というふうに，貧困家庭でなかったら普通に享受できていた『さまざまな機会』から（を）排除（剥奪）されていることを意味する」としている。[8]

1990年代半ば以降，わが国では「子どもの相対的貧困率」は上昇傾向にあり，2012（平成24）年は16.3％（厚生労働省「平成28年国民生活基礎調査」）に達した（図1-8）。こうした状況に対し，「子どもの貧困対策の推進に関する法律」が2013（平成25）年に成立，翌年1月から施行されている。その目

図1-8 貧困率の年次推移

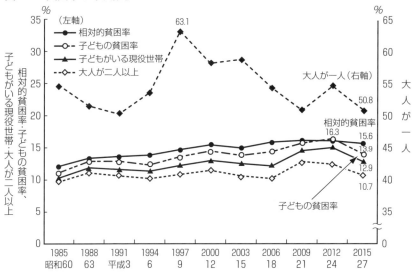

注1：1994（平成6）年の数値は，兵庫県を除いたものである。
注2：2015（平成27）年の数値は，熊本県を除いたものである。
注3：貧困率は，OECDの作成基準に基づいて算出している。
注4：大人とは18歳以上の者，子どもとは17歳以下の者をいい，現役世帯とは世帯主が18歳以上65歳未満の世帯をいう。
注5：等価可処分所得金額不詳の世帯員は除く。
資料：厚生労働省「国民生活基礎調査」

的は，「貧困の状況にある子どもが健やかに育成される環境を整備する」ことであり，「教育の機会均等を図るため，子どもの貧困対策を総合的に推進すること」とされている。そして，「子どもの将来がその生まれ育った環境によって左右されることのない社会の実現」を基本理念とし，子どもの貧困対策を総合的に推進することになった。その後，2014（平成26）年8月には「子供の貧困対策に関する大綱～全ての子供たちが夢と希望を持って成長していける社会の実現を目指して～」が閣議決定されている。そこでは当面の重点施策として，「教育の支援」「生活の支援」「保護者に対する就労の支援」「経済的支援」「子供の貧困に関する調査研究等」「施策の推進体制等」が示された。

こうした取り組みの成果の検証はこれからの課題であるが，2016（平成28）

年の国民生活基礎調査によると，2015（平成27）年の「子どもの相対的貧困率」は13.9％と，前回調査である2012（平成24）年より2.4ポイント低下している。

　いずれにせよ，子どもの貧困は，その後の成長過程における不平等を生じさせる根源であると考えられるため，その防止のためにもより一層の対策の充実が望まれる。その成果は，わが国の社会保障が抱える問題の克服にもつながると考えられる。

引用・参考文献

1）森岡清美・望月嵩『新しい家族社会学』培風館，p.4，1997.
2）畠中宗一『家族支援論』世界思想社，p.30，2003.
3）山縣文治・岡田忠克編『よくわかる社会福祉 第8版』ミネルヴァ書房，p.27，2010.
4）白波瀬佐和子『日本の不平等を考える――少子高齢社会の国際比較』東京大学出版会，p.9，2009.
5）原純輔・佐藤嘉倫・大渕憲一『社会階層と不平等』放送大学教育振興会，p.2，2008.
6）古川孝順「格差・不平等社会と社会福祉――多様な生活困難への対応」『社会福祉研究』第97号，p.17，2006.
7）原純輔「現代日本社会と新しい不平等」『社会学研究』第77号，pp.1-15，2005.
8）埋橋孝文「子どもの貧困とレジリエンス」，矢野裕俊編著『子どもの貧困/不利/困難を考える―理論的アプローチと各国の取組み』ミネルヴァ書房，pp.13-27，2015.

社会福祉の理念と意義

第1節 社会福祉の基礎理解

　今日，私たちが社会生活を営むうえで，社会福祉は必要不可欠な存在として位置づけされるようになってきた。社会福祉は，さまざまな社会的要因の影響を受けて発生した，社会生活上の諸問題に対応する，専門的な社会サービスの体系を意味している。社会生活上の諸問題には，格差や貧困および保育や介護などの多くの生活問題が含まれる。日本の社会福祉の特徴は，社会福祉自体が一夜にして誕生した超歴史的な存在ではなく，その時代の社会経済や国民生活の変化に伴って生じた人々の生活問題や人権問題などと深く関係しており，それは社会的，文化的，経済的な基盤によって規定される歴史的な存在としての性格をもっている。

　ここでは社会福祉の全体像を理解するための手がかりとして，まず，社会福祉という言葉が時代によってどのような意味をもって使われてきたのか，語義の変遷をもとにその時代の事業の内容や特徴を学習する。次に，社会福祉が担ってきた機能を検討し，さらには社会福祉の一般的な概念について学習する。

――社会福祉の語義の変遷

　日本において社会福祉という言葉が普及・定着したのは第二次世界大戦後である。日本で社会福祉という言葉が公に明記されたのは，1946（昭和21）年制定の日本国憲法第25条において，生存権保障の具体的手段の一つとして

登場したのが最初である。言葉としては，GHQ（連合国軍最高司令官総司令部）が日本国憲法作成時に英語原稿の翻訳を行う際に，アメリカのソーシャル・ウェルフェア（social welfare）に対応する日本語が存在しないために充てられた訳語である。また，「福祉」についても，「福」と「祉」は，ともに「しあわせ」を意味する漢字で，福祉という言葉自体は，「幸福，安寧」などを指す造語であった。

　日本の社会福祉の歴史を振り返ると，明治時代の社会福祉は慈善事業という言葉で表現され，大正時代では社会事業という言葉で表現されていた。現在の社会福祉（社会福祉事業）という言葉は，昭和時代の日本国憲法の制定より使用され定着するようになった。

　明治時代の慈善事業とは，孤児，病人，老弱者，貧困者などの生活困難にある人に対して，「慈しみ」「憐れみ」「愛」「慈悲」といった宗教的・倫理的な動機から，主観的に奉仕することに重点をおいた民間の救済事業を意味していた。救貧は惰民を助長するという惰民観が社会を支配し，国家が人々を社会的に救済する本格的な法律は制定されなかった。貧困の原因は個人や親族・血縁の責任とされ，相互扶助や慈善事業が救済の中心であった。慈善事業の特徴は，仏教的慈悲，儒教的慈恵，キリスト教的慈善などの信仰の思想に基づく宗教家や篤志家による私的な救済活動として展開され，社会的な救済行為としては前近代的な性格をもつものであった。

　一方，社会事業という言葉は大正時代に入って使用されたものである。社会事業とは，明治時代の救済の特徴であった慈善事業や相互扶助から，社会連帯の思想や社会改良の思想への転換を図り，貧困者に対する救済の公的責任を認め，国家や公私の団体などが社会的な施策を進めることを意味していた。1918（大正7）年の米騒動に始まる労使問題は，当時の資本主義社会の矛盾を反映していた。国民の生活不安や貧困などの生活問題は単なる個人の怠惰の結果ではなく，資本主義が生み出した社会問題として認識されるようになっていった。社会事業の特徴は，貧困者の社会的救済事業であり，慈善事業の救済とは対照的に，ある程度貧困の社会性が認識され，貧困問題に対する社会的・組織的対応が要請されるようになったことである。

　今日の社会福祉は，戦後の占領下で示された基本的人権の尊重という新し

い理念に基づいて形成されている。社会福祉という言葉は、冒頭でも説明したように憲法第25条第2項で生存権保障の具体的手段として明記され、当初は法律用語あるいは専門用語として用いられていた。やがて1951（昭和26）年の社会福祉事業法（現、社会福祉法）の制定より、社会福祉という言葉が社会事業に代わって本格的に用いられるようになった。社会福祉の特徴は、社会事業の活動に比べて、より積極的な社会的方策の側面をもつものとして位置づけられている点である。資本主義社会の諸矛盾が深刻化する状況のなかで、場当たり的な保護ではなく、貧困の状態に陥ることを防止し、さらには福祉の増進を図ることが強調されている。また、いま一つの特徴としては、社会福祉という言葉には、憲法によって保障された基本的人権を根底にした国民の権利性が内在されていることである。

❷──社会福祉が担ってきた機能

社会福祉は、社会的要因の影響を受けて発生した人々の社会生活上の諸問題に対応するために、今日までどのような機能を担ってきたのであろうか。

岡村重夫は社会福祉の一般的機能として、評価的機能、調整的機能、送致的機能、開発的機能、保護的機能の五点をあげ、それを利用者の社会関係の主体的な側面に生じた生活困難の解決に動員される機能であると規定している[1]。しかしながら、これらの機能は政策的な関連性が薄く、社会福祉の全体の観点からいえば限定的な見解であるとされている。一方、古川孝順は社会福祉を歴史的、社会的な存在としてとらえながら、社会福祉が担ってきた機能について、社会的機能と福祉的機能に区分し、「社会的機能とは社会制御機能と社会統合機能を意味し、福祉的機能とは自立生活の支援と社会への統合を意味するものである」と述べている[2]。

社会的機能としての社会制御機能とは、社会福祉と資本主義社会の経済的、政治的な構造とのかかわりのなかで、社会福祉は社会を一定の方向に制御していく道具的な手段として機能してきた。社会福祉を社会科学の立場でとらえた孝橋正一は、人間の社会生活は、ある体制のなかで営まれており、個人の考えや行動はすべてこの社会体制に規定されるというマルクス経済学

をよりどころとして，社会福祉を「資本主義制度の構造的欠陥から生じてくる（中略）社会的問題に対する公私の施策」と規定し，国が行う社会政策を補うものが社会福祉（合目的，補充的な公私の社会的施策施設）であり，そこに社会福祉の存在理由や必要性があるとした。社会福祉の歴史を振り返ると，孝橋が指摘するような劣等処遇や就労の強制などの手段や方策が，資本主義体制の維持・存続や社会的秩序の安定を保つために，その時代の社会の要請に対応した社会制御的な機能を果たしてきたのである。

社会的機能としての社会統合機能とは，社会福祉を媒介にしながら，社会成員間の結合関係を強化するとともに社会的求心力を高めようとする機能である。第二次世界大戦後の福祉国家体制では，国民の社会的ニーズに直接的に対応することで，国民をその社会体制の受益者として確保するために，社会的求心力を強化する方策をとるようになった。福祉国家体制の成立とともに，社会福祉の社会統合機能は社会制御機能よりも重視されるようになってきた。1980年代以降多くの先進諸国では，政策体系としての福祉国家の建設から福祉社会の建設にその関心が移行しており，新しい段階を迎えるようになる。社会福祉の社会統合機能は，福祉国家の実質化と共同体社会の再生を図り，分権と参加に基づく福祉社会の形成を志向していくという観点からも重要視されるようになってきたのである。

次に，福祉的機能とは，自立生活の支援と社会への参加と統合をいうものであり，社会福祉の本来の機能ともいうべきものである。古川は社会福祉の福祉的機能について三浦文夫の見解を援用しながら，「さまざまな理由にもとづいて自立生活を維持しえない状況にある人びとにたいして，その自立生活を支援し，同時に彼らの社会への統合を促進すること」と規定している。一般的に，人々の生活は一定の水準と内容をもちながら維持・再生産されるが，現代社会の生活構造や生活様式，所得や健康などの諸要因によって制約され，人々の自立生活は妨げられる。生活の維持・再生産に必要な生活ニーズの充足は，生活保障の需要を形成し，その一部は福祉ニーズに転化し，ここに自立生活の支援の必要性が生じてくる。さらに，自立生活の支援活動には，自立生活を促進するための支援活動と自立生活を支えるための支援活動との二通りの形態があるとしている。また，社会への参加と統合とは，利用

者の社会参加と統合を支援するとともに，そのための環境条件の整備に努めながら，ノーマライゼーション（常態化）とインテグレーション（統合化）を実現することを意味する。

③──社会福祉の一般的概念

　社会福祉の規定には識者によりさまざまな見解がみられるが，一般的には社会福祉の対象，社会福祉の主体，社会福祉の方法から構成された一定の社会的政策と援助活動の体系として把握されている。ここでは社会福祉の概念を理解するために，まず，今日用いられている社会福祉の一般的な概念を検討する。次に，社会福祉の対象規定を整理し，その対象に働きかけを行う社会福祉の主体について学習する。

1　社会福祉の概念

　今日用いられている社会福祉の一般的な概念には，広義と狭義の二通りの解釈があるとされている[4]。広義の社会福祉に用いる場合にも，最広義の目的概念として用いる場合と，社会的諸制度の体系として用いる場合とがある。最広義の目的概念として用いる場合は，社会を構成する個人が幸福を実現できるところの「理想的な社会状態」を意味し，個人や社会が達成すべき目的や目標を表す目的概念として用いられる抽象的な社会福祉である。社会的諸制度の体系として用いる場合は，目的概念としての社会福祉を実現するための，道路，住宅，教育などの公共性を伴う施策を含めた社会制度の総体を指している。

　また，狭義の社会福祉に用いる場合にも二通りの解釈があるとされている。一つは，社会の成員の要保護性や生活上の困難をとらえて，救済，保護，回復などの援助に関する社会制度を指す場合で，具体的には社会福祉六法や社会保障の立場から規定される諸制度を意味している。一般的に「制度としての社会福祉」と呼ばれているものである。もう一つは，社会的援助を目指す実際的な活動を指して社会福祉といわれる場合がある。これは専門方法としての実践体系（ソーシャルワーク）と非専門的な地域活動や住民運動

などを意味する場合である。

このように社会福祉の概念は，ここで取り上げただけでも四通りに分類されるが，今日では，狭義の社会福祉のとらえ方が多く用いられている。

2　社会福祉の対象規定

社会福祉の対象理解については，システム理論を用いて対象規定の概念を整理し明確に提示しているのが太田義弘である。太田は社会福祉の対象規定を，問題規定説，サービス規定説，課題規定説，社会問題規定説の四つに分類し，次のように説明している。[5]

問題規定説とは，問題の有無を中心にして対象認識をする立場で，理解しやすいが問題解決が目的化されるところから対症療法的援助になり，手段と目的とが交錯するとしている。問題規定説の分類には，当面する問題状況の除去や解決が第一義的な関心となり，その問題状況をつくり出している背景や環境などへの多面的な配慮には欠ける点もあるが，今日では多くの場面で用いられている対象把握の方法である。

サービス規定説とは，提供できるサービス水準に該当するかどうかで対象を選択する，援助者側の条件規定である。現実的でわかりやすいが，制度を立案する側の意図に依存することになり，限定的な特徴をもっている。

課題規定説とは，人間の抱えている問題状況を，自らが解決し成長したいという意欲と要求をもった人間の目標の達成を課題としてとらえ，援助しようとするものである。したがって，その課題をもった行動の主体者を対象として積極的に規定しようとする立場であり，問題克服への欲求を具体的課題に置き換えて，積極的に行動を試みる人々を対象ととらえるところに特徴がある。

社会問題規定説とは，社会体制や社会構造上の矛盾を主として問題にし，その被害者として対象をとらえる立場である。したがって，社会問題規定説では，社会体制の矛盾によって抑圧されている人々に対する権利の回復として，社会体制への働きかけに焦点が注がれるために，具体的な対象者があいまいになり，社会体制の矛盾によって抑制されている人々というような抽象的な規定になるとしている。

3 社会福祉の主体

　社会福祉の主体とは,社会福祉の対象に対して常に意図をもって働きかけるものを意味する。一般的に社会福祉の主体は,国,地方公共団体,あるいは私人とされており,それらが現実的,具体的にそれぞれの役割を分担し,社会福祉の対象に働きかけを行うものである。特に,主体がもつ意味は重要であり,主体の意図とかかわり方で社会福祉のサービス内容はどのようにも決定される要素をもっている。社会福祉の主体をその役割に応じて分類すると,政策主体,経営主体,実践主体となる。

　政策主体とは,社会福祉政策を策定し,それを展開する主体である。日本国憲法第25条では「国は,すべての生活部面について,社会福祉,社会保障及び公衆衛生の向上及び増進に努めなければならない」と規定しており,国がその主体とされる。つまり社会福祉の増進のために,国の方針として社会福祉政策を立案するとともに予算を決定し実行する。また,都道府県や市町村などの地方公共団体も,法律や国の政策に規定されながら,独自の立場からその政策を展開する社会福祉の政策主体とされている。

　経営主体とは,政策主体によって策定された政策や制度に基づいて,実際に事業を経営していく主体である。公営の社会福祉事業の経営主体としては,国や地方公共団体があり,民間の経営主体としては,社会福祉法人を代表にその他の民間団体や個人がある。経営主体には,政策の効果的な実施の役割を担うとともに,事業の経営によって把握された新たなニーズや問題を指摘し,政策のなかに反映させていく責任を負う必要性があろう。

　実践主体とは,社会福祉の担い手といわれる社会福祉を実践する団体や人々であり,現場の第一線で働く社会福祉従事者やボランティアのことである。実践主体は,利用者に直接援助を提供することから,単なる日常業務の遂行者ではなく,利用者本位のサービス,利用者の権利擁護を保障したサービス,利用者の自立支援を保障するサービスを基本理念においた実践活動を常に展開しなければならない。

第2節
社会福祉の基本理念

　日本における社会福祉の根底にある基本的な理念は，基本的人権の尊重であり，それらを具体化した生存権の保障であるとされている。理念は社会福祉のあるべき理想や方向を示すものであり，日本では日本国憲法に取り入れられた基本的人権の思想によって根拠づけられている。また，生存権の具体化は，新しい時代の社会福祉の基本理念によって展開され，その時代によって変化してきた。

　ここでは社会福祉のあるべき理想や方向を示している基本的人権の尊重と生存権保障について学習する。また，社会福祉法に規定された福祉サービスの基本的理念を検討し，さらには，現代の社会福祉の基本理念と考えられている，ノーマライゼーション，ソーシャル・インクルージョン，ソーシャル・ウェルビーイング，自立生活運動を取り上げ，社会福祉の全体像を理解するための一助としたい。

1 ── 社会福祉の理念の根底

1　基本的人権の尊重と生存権保障

　社会福祉の理念の根底は，基本的人権の尊重であり，それらを具体化した諸権利にある。日本における基本的人権の枠組みは，日本国憲法の「第3章　国民の権利及び義務」によって規定され，とりわけ憲法第25条の生存権保障の規定は，社会保障・社会福祉のあり方を考える基本的な拠りどころである。この生存権保障の規定は，単なる生存の保障ではなく，すべての国民が個人の尊厳を保持して人間らしい社会生活を営むことのできる権利を意味している。

　基本的人権は，人間が生まれながらに有する権利で，この生得の権利はいかなる国家も侵害しえないものであるとされる。自然権思想を基礎として形成され，1776年のアメリカの「独立宣言」，1789年のフランスの「人権宣言」

などで具現化された。その集大成は1966年に国連総会で採択され，1976年に発効した国際人権規約である。国際人権規約は，「経済的，社会的及び文化的権利に関する国際規約（社会権規約，A規約）」「市民的及び政治的権利に関する国際規約（自由権規約，B規約）」およびその選択議定書から構成され，世界人権宣言の内容を基礎として条約化したものであり，国際人権法にかかる人権諸条約のなかで最も基本的で包括的なものとされている。日本は1979（昭和54）年に批准している。

生存権は，20世紀に入り資本主義社会の高度化に伴って，失業・貧困・労働条件の悪化のために，保障されるようになった社会権の一つである。1919年にドイツのワイマール憲法の条項のなかに生存権的基本権として初めて規定された。自由権は国家からの介入を避けるが，生存権などの社会権は，社会的弱者の生存の権利を守るために，国家の積極的な介入を要求するものである。これらの社会権は，第二次世界大戦後の福祉国家を築く根拠となっている。

2　社会福祉法と福祉サービスの基本的理念

日本の福祉サービスの基本的理念の規定は，福祉サービスの基礎をなす社会福祉法において明文化されている。社会福祉法は，日本の社会福祉の目的・理念・原則と，各種の社会福祉関連法に関する福祉サービスに共通する基本的事項を規定した法律である。本法は1951（昭和26）年に社会福祉事業法という名称で制定されたが，社会福祉基礎構造改革の検討を経て内容を大幅に改正し，2000（平成12）年5月に現在の名称に変更され同年6月から施行されている。

社会福祉法は12章で構成され，「社会福祉を目的とする事業の全分野における共通的基本事項を定め，社会福祉を目的とする他の法律と相まって，福祉サービスの利用者の利益の保護及び地域における社会福祉（地域福祉）の推進を図るとともに，社会福祉事業の公明かつ適正な実施の確保及び社会福祉を目的とする事業の健全な発達を図り，もって社会福祉の増進に資すること」（第1条）を目的としている。

現在の福祉サービスの理念は，社会福祉基礎構造改革で検討され一連の福

祉改革のなかで明確化された。社会福祉法第3条の「福祉サービスの基本的理念」では,「福祉サービスは,個人の尊厳の保持を旨とし,その内容は,福祉サービスの利用者が心身ともに健やかに育成され,又はその有する能力に応じ自立した日常生活を営むことができるように支援するものとして,良質かつ適切なものでなければならない」と規定し,さらに第4条の「地域福祉の推進」では,「地域住民,社会福祉を目的とする事業を経営する者及び社会福祉に関する活動を行う者は,相互に協力し,福祉サービスを必要とする地域住民が地域社会を構成する一員として日常生活を営み,社会,経済,文化その他あらゆる分野の活動に参加する機会が与えられるように,地域福祉の推進に努めなければならない」と規定されている。すなわち,今日の福祉サービスの基本的理念は,国民が自らの生活を自らの責任で営むことを基本にし,自らの努力では維持できない場合には,社会連帯の考え方に立った支援の確立を図り,個人の尊厳の保持を旨として,家庭や地域を基盤に,その人らしい安心した日常生活が送れるよう自立支援することを謳ったものである。

　また,これらの基本的理念を具体化するために,福祉サービスを提供する経営者等に対して,サービス情報の提供,福祉サービスの質の自己評価,利用者からの苦情の解決に努めることなどを規定するとともに,都道府県社会福祉協議会に運営適正化委員会などの苦情の適切な解決を図るための仕組みを創設している。さらに,福祉サービス利用者と提供者(経営者等)との対等の関係をより一層推進させることが求められている。

❷——社会福祉の基本理念

1　ノーマライゼーション

　ノーマライゼーションは,1950年代からバンク‐ミケルセン（Bank-Mikkelsen, N.E.）らによってデンマークの知的障害者施設の改善運動として始まった。巨大施設に隔離されている子どもたちを地域に帰し,市民と同等の権利が与えられることを目指した運動であった。その後,1981（昭和56）

年の国際障害者年において世界的な広がりを見せ，今日では障害者はもとより，児童，高齢者などを含むすべての国民に対する社会福祉の基本理念として広がりをもつようになっている。

ノーマライゼーションは，「社会を構成する人々のなかに障害者や高齢者が存在することが普通（ノーマル）の姿であり，これらの人々が人間らしく生活できるような社会こそ正常（ノーマル）な社会である」とする考え方である。その背景には，障害者などに対する差別や偏見と，そこから生まれた保護主義や隔離主義などの人権無視の扱いに対する深い反省があった。デンマークやスウェーデンでは，ノーマライゼーションの思想が着実に具体化され，巨大施設の廃止，地域に根ざしたグループホームでの自由な生活，法律による経済的保障，人権の保障などが実現している。

日本においても，社会福祉のあり方を考える際の基本的な視点として，ノーマライゼーションの理念を障害者分野だけではなく，社会福祉全体に共通の基本理念とすることが提言されている。すでに自立生活の思想と結びつき，地域福祉・在宅福祉の分野に新しい視点とその対策を提起している。児童や高齢者，傷病者，妊産婦などを含むすべての人々に適用される普遍的な理念としてのバリアフリーの考え方も提起している。また，新しい街づくりへの取り組みを目指したユニバーサルデザインの実現も提起している。

このようにノーマライゼーションの思想は，当初の知的障害者の人権運動にとどまらず，社会福祉の基本理念として定着してきている。

2　ソーシャル・インクルージョン

ソーシャル・インクルージョンを訳すと，「社会的包括」「社会的包摂」となる。1980年代のイギリスの社会福祉政策を立てる際の理念となる言葉として使われ始めたとされる。

ソーシャル・インクルージョンとは，社会的に孤立しやすく，社会的に排除される可能性のある人々を，社会的なつながりのなかに内包し，社会の構成員として支え合うことを意味する言葉である。これは，それぞれの個性が十分に尊重され，多様な価値観を許容できる社会であることを前提に，誰も差別されたり排除されたりしない相互共生的な社会の構築を目指したもので

あり，真のノーマライゼーションの姿ともいえるものである。ヨーロッパ諸国では，近年の社会福祉の再編にあたっての政策理念とされている。

　日本では，2000（平成12）年12月に厚生労働省がまとめた「社会的な援護を要する人々に対する社会福祉のあり方に関する検討会」報告書において，ソーシャル・インクルージョンの推進を謳っている。報告書では，貧困問題に加えて，心身の障害や不安（社会的ストレス問題，アルコール依存など），社会的排除や摩擦（路上死，中国残留孤児，外国人の排除と摩擦など），社会的孤立や孤独（孤独死，自殺，家庭内の虐待・暴力など）といった問題が重複・複合化していると指摘する。特に，社会による排除・摩擦や社会からの孤立の現象は，地域と社会の支え合う力の欠如や対立・摩擦，無関心などを示唆するものであり，すべての人々を孤独や孤立，排除や摩擦から援護し，健康で文化的な生活の実現につなげるよう，社会の一員として包み支え合うソーシャル・インクルージョンの理念を推し進めることが重要であることを提言している。

3　ソーシャル・ウェルビーイング

　ソーシャル・ウェルビーイングとは，これまでのウェルフェアという言葉がもつ保護的福祉観を取り除き，生活者の視点から，「一人ひとりの生活が快適である状態」を目指した福祉を実現することである。生活の質（QOL）の豊かさを示す概念でもあるが，言葉としては，日本語に訳さずにそのまま用いられることが多い。ソーシャル・ウェルビーイングという考え方は，子ども家庭福祉の領域を中心に頻繁に使われるようになっている。児童の権利に関する条約（1989（平成元）年）が採択される前後から，現代的な社会福祉の理念として議論され，国際家族年（1994年）ではキーワードとして使用された。これらを契機として，日本では子どもは単に保護の対象ではなく，権利の主体として認められるものと理解されるようになった。

　国際連合などの国際機関や欧米諸国においても，救貧的・慈恵的な思想を背景とするウェルフェアに代えて，より積極的に人権を尊重し，自己実現を保障する概念として定着してきている。この概念が注目されてきた背景には，福祉問題が普遍化するなかで，これまでの保護的福祉観からの転換が必

要となり，福祉サービスの利用によるスティグマの解消が指向されていることがある。近年，ソーシャル・ウェルビーイングは社会福祉全般の基本理念となりつつある。

4 自立生活運動

　自立生活運動は，1960年代後半のアメリカで障害をもつ学生の運動から始まったとされている。この運動は黒人の公民権運動やノーマライゼーション思想と並んでアメリカ全土に拡大し，その後日本を含む世界各国に影響を及ぼし障害者運動の新しい考え方として発展している。

　従来の伝統的な自立観では，身辺自立の困難な重度障害者，経済的職業的自立が容易でない障害者は自立困難な存在としてみられ，隔離的，被保護者的な生活を余儀なくされてきた。これに対して自立生活運動の特徴は，障害者本人のもつ力に着目し，たとえ全面的な介助を受けていても人格的には自立していると考え，障害者本人の自己決定権の行使を自立ととらえる新たな自立観を提起している。具体的には，障害者がたとえ日常生活で介助者のケアを必要とするとしても，自らの人生や生活のあり方を自らの責任において決定し，また自らが望む生活目標や生活様式を選択して生きる行為を自立とする考え方であり，生活主体者として生きる行為を自立生活とする理念である。

　自立生活運動は，国際障害者年（1981（昭和56）年），およびそれに続く，国連・障害者の10年（1983（昭和58）～1992（平成4）年）のスローガン「完全参加と平等」，WHOの国際障害分類や国際生活機能分類，さらには「障害を持つアメリカ人法（ADA）」にも影響を与えたとされている。

▶ 引用・参考文献

1) 岡村重夫『社会福祉原論』全国社会福祉協議会，p.118，1983.
2) 古川孝順「社会福祉の概念と機能」『社会福祉概論』有斐閣，pp.23-28，1995.
3) 孝橋正一『全訂 社会事業の基本問題』ミネルヴァ書房，p.24，1962.
4) 秋山薊二「社会福祉の基礎」『社会福祉の基礎体系──視座の拡大とその展開』中央法規出版，pp.14-20，1985.

5）太田義弘「対象のシステム理解」『ソーシャル・ワーク──過程とその展開』海声社，pp.52-57，1984．

- 三浦文夫『増補版 社会福祉政策研究』全国社会福祉協議会，1987．
- 山縣文治・岡田忠克編『よくわかる社会福祉 第11版』ミネルヴァ書房，2016．
- 日本ソーシャルインクルージョン推進会議編『ソーシャル・インクルージョン──格差社会の処方箋』中央法規出版，2007．
- 社会福祉学習双書編集委員会編『社会福祉概論Ⅰ』全国社会福祉協議会，2016．
- 仲村優一『社会福祉概論』誠信書房，1984．

第3章 社会福祉の史的発展

第1節
社会福祉の歴史を学ぶ意義とは

　2008（平成20）年11月,「リーマンショック」と呼ばれた金融危機は, 瞬く間に世界的不況に至り, 日本でも「派遣切り」と呼ばれる大規模な派遣労働者の解雇・雇い止めが発生した。失業と同時に雇用先の寮も退出を迫られ, 極寒の年末年始のなか, 路頭に迷う人々を支援するために, NPOや労働組合, ボランティアなどにより日比谷公園に開設された臨時の避難所・相談所は,「年越し派遣村」と呼ばれた。数日で約500人の人が「派遣村」村民となった。資本主義社会が生み出した不況により, 雇用の調整弁として多くの労働者が労働市場から強制退場させられ困窮に陥った実態であった。

　社会福祉の歴史と聞くと, 何か遠い世界の昔話のように感じるかもしれない。しかし, 実際は, 多くの人々が日々の生活を営むなか, 困窮状態に陥る。それを助け合おう, 改善しようと人々が活動する。その遠い過去からのプロセスの積み重ねが「今」につながり, 社会福祉の歴史をつくってきているといえるのではないだろうか。

　「年越し派遣村」と同じような様相が, 今から学ぶ社会福祉の歴史のなかで繰り返し登場する。われわれは, 何を大切に考え, 判断し, 行動していくのか。社会福祉の歴史を学ぶことは, あなたがこれからつくるであろう社会福祉の歴史の一助になると考える。

第2節 イギリスの社会福祉の歴史

1 ── 救貧法の成立と展開

　資本主義経済発展以前，中世に確立したイギリス封建社会においては，領主は土地（荘園）を所有し，領主の支配の下で，農奴が生産・労働を行い従属するという階級社会が形成されていた。農奴は，荘園内において村落共同体を形成しており，地縁・血縁により相互扶助関係を構築し，疾病や凶作などにおいても助け合い，生活していた。農奴は領主のいわば財産であり，生産を担う不可欠なものであったため，飢饉や疫病など農奴の困窮に際しては，領主もしばしば恩恵的な救済を行っていたのである。また，封建社会においてキリスト教会も大きな勢力をふるっており，教区や修道院，救貧院などを通して困窮した貧民の救済活動を行っていた。階級制度に基づく封建社会において，多くの農奴である人民は，権力者に支配されると同時に，そのなかで救済される機能をもち，そのシステムが保持されていたといえる。

　しかし，16世紀イギリス封建社会は，資本主義経済の成長とともに崩壊することとなる。それまでの浮浪貧民は，領主の支配からの逃散であったのが，第1次囲い込み（エンクロージャー）では，農奴たちは土地を追われ，それまでの生産手段や労働を奪われた結果，浮浪せざるを得なくなり貧民となっていった。16世紀のイギリス国内は，羊毛による毛織物産業が急速に発達し輸出が増加するが，それに伴い，原料となる羊毛の確保のため，荘園領主は農奴の耕作地を牧羊のため牧場へ転換することとした。その際，生け垣や溝で土地を囲い込み，農奴を排除していった結果，大量の浮浪貧民と化していったのである。

　職を失い浮浪貧民と化した人々は，仕事を求めて都市に移動し，ロンドンへ人口が集中することにより都市問題が悪化した。また，物乞いや困窮により罪を犯すことに至る場合もあり，エドワード3世の下，1349年に労働者規制法が制定された。労働可能な物乞いの勤労の義務づけ，違反者の処罰など，治安・社会秩序維持のため浮浪者や貧民への対策として開始され，国家

の貧民への関心の芽生えとなった。貧民に対する国家的対策としては，これ以降，囲い込みの制限をはじめ繰り返し改正され，1601年のエリザベス救貧法により完成されることとなった。

1601年，エリザベス1世によりエリザベス救貧法が制定された。エリザベス救貧法では，それまで各地方が個々に行っていた救貧対策を，国の中央行政機関である枢密院が執り行い，国王の下，地方行政に就いていた治安判事がキリスト教区内の救済の指揮監督に就いた。教区内では，有力者が貧民監督官に任命され，教区委員とともに救済税の徴収と救済実務を執り行った。

ここでの貧民は，①有能貧民（労働能力を有する貧民（the able-bodied）），②無能貧民（労働能力を持たない貧民（the impotent）），③児童に分類された。

①の有能貧民は，麻，亜麻，羊毛，糸，鉄等の必要な道具や原料を準備し就労させる。拒否する者は，犯罪者とみなし懲治院や監獄へ送致。②の無能貧民は，親族に扶養の義務があるとされ，不可能な場合は，在宅での金品の給付による生活の扶養，もしくは救貧院へ収容された。③の児童は，親族に扶養の義務があるとされ，男子は24歳，女子は21歳または結婚まで徒弟奉公が強制された。

社会福祉政策の源流としてとらえられるエリザベス救貧法であるが，労働能力を有する者は労働の義務が課せられ，違反者は処罰するとして，その主眼は，有能貧民の浮浪貧民化の抑制と，抑圧による社会秩序・治安の維持にあったといえる。

しかし，実施されなかった地方教区もあり，1642年から1649年にかけてのピューリタン革命以降のブルジョア政権では，救貧行政は枢密院から地方教区へと委譲される。そのなかで，救貧税負担の軽減や経済的側面を意図し，貧民の教区間の移動を制限する1662年をはじめとする居住地法（定住法）の制定や，労働可能な貧民を労役場（ワークハウス）に収容・就業させるワークハウステスト法（1722年）が制定された。労役場には，児童，老人，病人などのあらゆる貧民を混合収容し，過酷な労働や劣悪な処遇により「第2の牢獄」と標榜されるものであった。

イギリスにおける18世紀後半から生じた産業革命では，工場制機械工業が

出現し産業構造が大きく変化する。多くの労働力を必要とする大工場は，都市部への人口集中をもたらした。そして，児童・女性労働問題，長時間労働問題，不衛生な生活環境問題，これらにまつわる健康問題など，失業や困窮など社会問題と呼ばれるものが一斉につくり出されたのである。そのようななかで，ギルバート法（1782年）は，貧民のなかでも労働意欲をもつ者への院外救済を認め，また，1795年のスピーナムランド制度では，パン価格と家族人数で保護水準を設定し，生活費がこれに満たない者に対して救貧税から手当てを支給した。しかし，凶作やナポレオン戦争後の不況下において，救貧費が増大することとなる。マルサス（Malthus, T.R.）は1798年の『人口論』において，貧困は個人的な怠惰と不注意であり，人為的な救済は貧困を深刻化させるとし，資本支配階級の不満を論拠づけ救貧法の修正に向かっていった。1834年の『救貧法調査委員会報告書』を受け，同年「新救貧法」が成立する。

新救貧法は，①救貧法行政の全国的統一，②劣等処遇の原則，③院内救済（ワークハウスシステム）が基本的原則とされた。救貧行政の中央集権化が進められるが，実際には貧民の増大により救貧税支出の上昇を抑制できず，また，個人の怠惰によると考えられていた貧困は拡大し，ワークハウスへの完全収容は困難となる地方もあり多様な対応となっていく。過酷なワークハウスでの処遇など，あまりに厳しい新救貧法は，市民による新救貧法反対運動へとつながり批判されることとなる。

また，急速な産業革命は，児童や女性も含む労働者に1日約15時間の労働を強制するなど過酷を極めた。教区で発生した孤児を工場に預ける代わりに，工場は無給で労働させるなど，ここから発生した健康被害は，将来の労働力も奪うこととなった。また，女性は男性よりも劣った安価な労働力として工場労働者の多くを占めていた。1802年，1819年と工場法が規定されるが監督制度が確立しておらず実効性に欠け，1833年の工場法において監督官制度が義務化され，労働時間の制限や教育の義務が規定され成人労働者への規制にもつながるものとなった。

新救貧法は，貧困は個人の怠惰に由来するとした個人主義の考えに基づき抑圧的に展開されたが，同時に，救貧税の軽減を目的に熟練労働者らによる

相互扶助組織の友愛組合（friendly society）や，民間の慈善事業が活発化していった。

❷──ソーシャルワークの発生

19世紀後半のイギリスでは，「世界の工場」として資本主義経済が繁栄するが，その構造的矛盾として恐慌や失業，貧困その他の社会問題は拡大する。公的救済が十分でないなか，これに対応しようとしたのが民間慈善事業の慈善組織協会（Charity Organisation Society：COS）やセツルメント運動（settlement movement）であり，ケースワーク，グループワーク，コミュニティワークに発展するソーシャルワークの源流ともいわれるものである。

COSは，貧困を個人の生活や習慣の問題ととらえ，貧困発生の社会的背景ではなく，その援助対象を「救済に値する貧民」と「救済に値しない貧民」とに選別し，自助努力をしている「救済に値する貧民」を対象に自立を促す慈善活動を行った。

1820年代，スコットランドの教会牧師であったチャルマーズ（Chalmers, T.）の，貧困家庭への訪問や住民の相互扶助に着目し組織的に慈善活動を行おうとした隣友運動が先駆けとなり，1869年，ロンドンにて慈善組織協会が設立された。当時，多くの慈善団体が個々に慈善活動するなかで，救済や救貧の漏救・濫救が発生してしまうという弊害を防止する必要性から慈善団体を組織化したものである。チャールズ・ロック（Loch, C.）は，その代表的指導者として挙げられるが，慈善組織協会は，ロンドンの各地区に地区委員会を組織し，ボランティアが個別訪問調査・ケース記録を集積し，ほかの慈善団体と連絡・調整・協力を行った。

また，セツルメント運動は，社会による教育の欠如が貧民を生み，自活を阻んでいると考え，知識人が貧困地域に住み込み（settle），人格的交流・接触により貧困者を救済し社会改良につなげうると考えた。セツルメント運動の代表的活動家として，バーネット（Barnett, S.）夫妻やトインビー（Toynbee, A.）が挙げられる。トインビーは活動するなか31歳で早逝する

が，1884年にロンドンのイーストエンドにセツルメント・ハウスが設立されトインビー・ホールと名づけられた。初代館長にバーネットが就き，セツルメント運動の拠点となる。セツルメント運動によるトインビー・ホールの活動は，①労働者・児童への教育事業，②住民の環境改善と生活向上に向けた活動，③協同組合・労働組合の組織化，④セツラーの行政への参加，⑤社会調査の展開と社会改良の喚起などが挙げられる。

　貧困とは，個人貧であるとして，個人の責任，個人の自助努力の失敗によるものととらえる伝統的貧困観を保持したCOSと，社会貧であるとして，資本主義社会が構造的に生み出す社会的な欠陥によるものととらえるセツルメントの活動として，貧困という問題に対しての異なる視点がこの間の慈善活動に顕在化したといえる。

③——貧困の発見から福祉国家の形成

　産業革命は，イギリス資本主義に大きな富をもたらしたが，同時に深刻な貧困問題が発生した。これに対し，ブース（Booth, C.）がロンドンにて1886～1903年の間に3回にわたって行った調査では，人口の約3割が貧困線以下の生活にあり，社会的要因，特に不規則労働，低賃金雇用や疾病，大家族といった環境の問題が大きな原因であることを明らかにした。また，ラウントリー（Rowntree, B.S.）が地方のヨーク市にて行った貧困調査（1899年）では，肉体的維持が深刻な貧困状況家庭（第1次貧困）が1割，貧困家庭（第2次貧困）が2割の計3割が貧困状態であることを明らかにした。これらの調査によって，貧困の原因は，個人の責任によるものではなく，経済変化，自然災害，疾病，老齢，低賃金などによる，社会的に，かつ都市や地方にかかわらず全国的な課題であることが認識されるようになったといえる。

　社会的に生産された貧困が明らかになりつつあったとはいえ，公的・私的な救済は個人を堕落させるとした考えが支配的であったが，そのようななかで，フェビアン社会主義者であったウェッブ（Webb, S.）は1897年の『産業民主制論』においてナショナルミニマムを提唱し，最低生活保障の制度化，社会保障構築の先駆けとなる。

ウェッブ夫妻とも交流のあったベヴァリッジ（Beveridge, W.H.）は，1942年の『社会保険及び関連サービス』通称ベヴァリッジ報告において，人間の生存を脅かすものとして五つの巨悪（窮乏，疾病，無知，不潔，怠惰）を挙げ，これに対応する総合的な社会政策の重要性を指摘した。同報告では，①既存システムの改革，②社会保険・社会保障制度の構築，③ナショナルミニマムの保障を原則とした。また，スティグマの克服のため，社会保険のシステムを普遍的に人々が権利として行使できることを前提とした。ベヴァリッジ報告の社会保障制度は家族手当法（1945年），国民保険法（1946年），国民保健サービス法（1946年），国民扶助法（1948年），児童法（1948年）と，第二次世界大戦後次々と制定される。ナショナルミニマムの原則を取り入れ，「ゆりかごから墓場まで」の福祉国家を構想したベヴァリッジ報告は，多くの国民に支持され，世界各国にも影響を及ぼした。

第3節 アメリカの社会福祉の歴史

——ソーシャルワークの発展とその背景

イギリスの植民地であったアメリカでは，1600年代に各地において院外救済を基本とするさまざまな救貧の規定が設けられていた。また，その救貧行政単位はキリスト教区やタウンあるいは各地方自治体とさまざまであった。

1776年にアメリカはイギリス植民地から独立し，13州からなる連邦国家として独立宣言を行ったが，連邦制をとるアメリカの国家としての役割は限定的であり，具体的な救貧施策は州政府によって対応される課題となっていた。辺境地を開拓するこの時代，ヨーロッパと比較してもアメリカの人口は少なく，土地や資源が豊富で獲得できる可能性をもつ環境のなかでの貧困は，個人の怠惰や努力の欠如と認識され，自己責任，個人貧として考えられていた。

アメリカにおける産業も徐々に発展に至るが，1819年からの不況において

は，困窮者が増加することとなった。これに対する貧困救済制度について，1821年のクインシー・レポートや1824年のイェーツ・レポートが出されるが，ここでは救貧費が増大する居宅保護を問題視し，貧困者の救済施設への収容，ワークハウスなどによる就労の強制が勧告された。これらの報告は，以降のアメリカ各地での救貧行政に対して，救済は個人の依存を助長し自助・自立の精神を阻むとして労働可能な貧民の救済を抑制し，救貧院の設置・院内救済へと向かわせることとなった。

　年間何十万人もの移民が，身体一つで渡航してくる事態に，州や郡の公的救済だけでは不十分であり，民間団体の救済や支援なしにその定着・自立は困難であった。連邦国家は州への介入をよしとしない状況のなか，アメリカでは民間セクターのソーシャルワークが発展し，大きな役割を果たしていくことになる。

　1877年，アメリカにおいてもイギリスで発生した慈善組織協会（Charity Organization Society：COS）が，バッファローにて聖職者ガーティン（Gurteen, S.H.）の導入により設立した。それまでの各地での組織化されていない慈善活動により，救済の漏救・濫救が起こるなか，急速にこの活動が発展することになる。

　COSは，個別訪問調査，ケース記録の集積，慈善組織間の連絡・調整・協力を行っていたが，アメリカでは後のソーシャルワーカーにつながるボランティアの友愛訪問員（friendly visitor）が各教区を回り，「施しではなく友情を」として貧困家庭を支援していた。1890年代には，無償の友愛訪問員が有給化するに至り，専門職業としての意識が高まったが，この有給化された友愛訪問員が現在のソーシャルワーカーの起源である。

　COSの友愛訪問活動による個人や家族を対象とした援助技術は，ケースワークとしてリッチモンド（Richmond, M.E.）により体系化された。リッチモンドは，ボルティモアのCOSに会計補佐として就職した後，COSのリーダーとなり「ケースワークの母」と称されるに至るが，その後はソーシャルワークの理論化に貢献した。リッチモンドは，「ソーシャル・ケース・ワークは，人と環境との間を，個別に意識的に調整することを通して，パーソナリティを発達させる諸過程から成り立っている」とし，ケースワークの過程

を「インテーク―社会調査―社会診断―社会治療」の四つのプロセスを示した。社会改良の一環としてケースワークを位置づけていたリッチモンドであるが，その後のケースワークではリッチモンドの社会学的視点は弱められ，貧困の問題は個人の社会生活への不適応にあるとして，パーソナリティの発達による適応能力の育成が援助の焦点となっていった。

アメリカでのセツルメント運動としては，1886年ニューヨークにネイバーフッド・ギルドがコイツ（Coit, S.）により設立された。そして，1889年シカゴにハル・ハウスがアダムズ（Adams, J.）らにより設立され，その後世界最大規模のセツルメント運動の拠点となった。スラム街に設立されたセツルメントハウスにて，保育所や職業訓練，移民支援など貧困層を対象に支援を展開した。人々の生活や労働状況の改善を目指し，貧困の原因を社会システムに見出し，社会改良の視点をもち活動していた。地域において主にグループを対象に支援していたセツルメント運動からは，グループワークやコミュニティワークの技術が生まれ体系化に至った。

また，リッチモンドは，1897年の慈善矯正会議（National Conference of Charities and Corrections）にて「応用博愛学校の必要性」について呼びかけ，専門職業における伝達可能な知識の共有として教育の必要性を示し，アダムズらと学校として展開するなかで，ソーシャルワークの発展を導いた。

②──社会保障制度の展開

第一次世界大戦後のアメリカ資本主義社会の繁栄は，1929年の世界恐慌により深刻なダメージを受けることになった。長期にわたり経済状況は悪化し続け，1933年には失業率が24.9％まで悪化，構造的失業は大量の困窮者を発生させ貧困の大衆化が進行した。これに対し州・地方政府や慈善団体は，大量の救済者発生に対し救済費用が底をつき始めるが，大統領であったフーヴァー（Hoover, H.）は連邦政府によるいかなる救済も反対する「自由」と「自立」を重視する伝統的立場を取り続けた。

1933年に全国的に暴動やストライキ・デモが起こる大不況のなか，ルーズベルト（Roosevelt, F.D.）が大統領に就任し，救済・経済回復・改革を掲げ

たニューディール政策により連邦政府が国民の救済と公共事業による失業対策を進めることが示された。この公的扶助（連邦緊急救済法）による救済事業は，初期のニューディール政策の基本的政策であり，アメリカ史上，初めて国家の責任において救済が行われたものである。

また，1935年には支配的であった自由放任主義派を押し切り，資本主義社会で初めての社会保障法を制定させた。老齢年金保険制度，失業保険制度，特別扶助制度（高齢者扶助・要扶養児童扶助・視覚障害者扶助）と社会福祉サービスからなる社会保障制度が整えられたが，医師会等の反対により医療保険制度は含まれていなかった。この社会保障制度は，どの国民もその対象とされる普遍性，国家責任による生存権の保障，生存権保障のための体系的制度の確立が特徴として挙げられ，「資本主義社会の分配の失敗を国家の再分配政策によって補正」する福祉国家体制につながっていった。

しかし，ニューディール政策についての真価が問われるより前に，アメリカでは第二次世界大戦に向けての戦時経済化が進んでいくことになる。大不況がもたらした大量の失業者と貧困の問題は，第二次世界大戦とそれに続く東西の冷戦体制がもたらした経済的繁栄のなかで縮小し潜在化していったのである。

③──貧困の再発見から福祉権運動

1950年代から1960年代のアメリカの公的扶助政策は，建国以来のアメリカ国民の「自助の精神」と，貧困は個人の怠惰によるとする貧困観を背景に，非嫡出子であることを理由に扶助を拒否するといったことや，真夜中に突然保護の適格性調査に訪問するなど極めて広く多様な形で公的扶助の引き締めが行われていた。

経済成長の傍らで，ハリントン（Harrington, M.）の記した『もう一つのアメリカ──合衆国の貧困』（1962年）では全人口の20％から25％が貧困状態であることが明らかにされるなど，次々と「貧困の再発見」となる国民の貧困に関する調査が明らかにされたのである。これらを受けてジョンソン（Johnson, L.）大統領の掲げた「貧困戦争」宣言につながり，「史上はじめて

貧困を克服することができる」としたが，それらを担保する財源が当初から乏しく，1969年にニクソン（Nixon, R.M.）大統領により敗北宣言が出されることになった。

　貧困かつ公的扶助の引き締めに困窮する公的扶助受給者を中心として，1960年代に福祉権運動が起こることとなる。同時期の公民権運動では，1964年の公民権法，1965年の投票権法が成立に至る。要扶養児童家庭扶助においては，受給者の半数以上が黒人であった。黒人への経済的差別が明確になるなかで，公民権運動と福祉権運動は連携し全国組織結成へと取り組み，1967年には全国福祉権組織（The National Welfare Rights Organization：NWRO）が結成された。福祉権運動は，①扶助基準の引き上げ，②資力調査活動の縮小，③家族単位原則の撤廃，④プライバシー保護，⑤追加所得理由の扶助削減の反対，⑥法的諸権利の尊重といった生存権保障の権利要求運動であった。運動の背景には，貧困の原因が個人の無能や怠惰にあるのではなく，生活を規定する社会制度の側に原因があるとする視点をもっており，全国に広がった大規模な運動は，連邦政府の政策形成にも影響を及ぼす存在となっていった。

第4節 日本の社会福祉の歴史

――古代から近世社会における慈善救済

　古代日本社会における慈善救済は，相互扶助を基盤として，天皇や豪族が行った政策的救済や寺院や僧による宗教的慈善が展開されてきた。仏教伝来以降，仏教思想を基盤とした慈善事業の源流となるのが，593（推古元）年に聖徳太子によって設立されたといわれる四天王寺である。四箇院（悲田院：困窮者・孤児等の救済施設，敬田院：仏教僧の修行所，施薬院：薬草の栽培・施与施設，療病院：無縁病人のための施設）からなり，723（養老7）年には，光明皇后により悲田院，施薬院がハンセン病者等の救済施設として奈

良にも建立された。救済の制度としては，718（養老2）年に養老令により戸令が成立し，その鰥寡条において，救済は，近親者での相互扶助を前提として「鰥寡孤独貧窮老疾」を対象とした。

また，僧による救済も行われた。奈良時代末期には僧の行基が全国を布教するなかで，架橋，池や道・堀・布施屋（行き倒れ困窮者の収容施設）の修築など，公共的事業の実施により，困窮する人々の生活基盤の整備と救済を行った。

中世武家社会においては，仏教僧による慈善救済が引き続き行われていた。叡尊，忍性，重源などにより，公共的事業である勧進，ハンセン病者に対する施療等を展開するなかで布教・救済が実践された。政治的には，度重なる飢饉や災害による困窮に対し，1186（文治2）年に源頼朝は未納年貢免除を実施し，北条泰時は米支給による困窮者救済を行うなど封建領主による恩恵的救済も行われた。また，キリスト教の伝来により，キリスト教の布教と救済活動が実施されるが，1557（弘治3）年にアルメイダ（Almeida, L.）によって救貧・孤児保護のほか大分に南蛮医学による病院が建設された。

近世幕藩制社会においては，各藩にて飢饉時，困窮者に対し儒教的思想に基づく救済が行われた。七分積金制度や五人組制度が設立されたが，その基本となるのは親族扶養であった。親族近親者で救済が困難となった場合は，五人組として近隣住民による相互扶助に基づき救済が実施された。五人組は，救済機能だけでなく年貢納入，治安維持，教育機能，逃散防止の監視機能など連帯責任も同時に求められるものであった。また共同体においては，「結」や「講」と呼ばれる互助組織も発展した。

②──公的福祉制度の遅れと慈善事業

1868（明治元）年に明治政府が誕生し，廃藩置県，地租改正など体制が大きく変化するなかで，経済的困窮に陥る士族や税に苦しむ農民の困窮を背景に，1874（明治7）年に日本で初めての公的救済制度として恤救規則が制定された。その前文にて，救済は「人民相互ノ情誼」，すなわち共同体や親族間の情誼（思いやり・したしみ）によりなされるべきであるとし相互扶助が

基本であることを示した。そして，それらが叶わぬ「無告の窮民」（頼る人がいない者，極貧独身者，70歳以上者，労働不能者，障害者，病人，13歳以下の児童）のみを公的救済の対象とする制度であり，以降1932（昭和7）年の救護法の施行まで続くこととなった。貧困の原因は，個人の怠惰にあると考えられており，国は「救済は惰民養成」と考え，救済を制限した。明治初期には慈恵的救済として二十数か所の困窮者施設と児童保護施設が存在したが，地域での子どもから高齢者に至るまでの生活困窮者を混合収容する施設や孤児に対する施設であった。その後，非行少年への保護の必要性から感化事業が都市を中心に開始される。天皇制に基づく公的救済は天皇の恩恵として，その適用の対象や適用水準が厳しく極めて制限的に機能するなかで，生活困窮者は増大し，公的救済を補完する働きとして発展したのが民間社会事業である。

　代表的な近代的慈善事業として，1887（明治20）年に岡山にて石井十次は，現在の児童養護施設となる岡山孤児院を設立した。里親委託，家族的小舎制，無制限収容などイギリスの影響を受けながら，一時は濃尾地震や東北地方の冷害による困窮等のため1200人を超える児童を全国から保護した。また，濃尾地震により孤児となった児童のなかに知的障害児も保護されていたところから，1891（明治24）年に石井亮一は滝乃川学園（旧，聖三一孤女学院）を設立した。1895（明治28）年には山室軍平により日本に救世軍が設立され，出所者保護，婦人保護，廃娼運動を展開した。1897（明治30）年には，片山潜によりセツルメント運動を展開するキングスレー館が，東京神田に日本で最初の隣保館として設立された。1899（明治32）年には，留岡幸助により現在の児童自立支援施設となる巣鴨家庭学校が設立された。また，1900（明治33）年に野口幽香はスラム地区の子どもたちの教育の必要性から東京四谷に二葉幼稚園を設立する。1908（明治41）年には，慈善組織化の動きのなかで「中央慈善協会」（現在の全国社会福祉協議会）が設立された。

　明治20年代以降，日本の産業革命がさらに進行するなかで，都市のなかでの貧困・困窮の問題，農村部での困窮問題の深刻化による厳しい労働・生活実態は，横山源之助『日本之下層社会』（1899（明治32）年）や河上肇『貧乏物語』（1916（大正5）年），農商務省『職工事情』（1903（明治36）年），

内務省「細民調査」(1911（明治44）年，1912（大正元）年）によって明らかとなった。

③──戦間期の不況と軍国主義

　1914（大正3）年からの第一次世界大戦は，日本に好景気を招いたが，それに伴う貧富の拡大，物価上昇，労働条件の悪化，米価の高騰をもたらした。1918（大正7）年富山県から始まった米騒動の勃発は全国へ広まり，国や地方自治体は困窮者対策が求められることとなる。1918（大正7）年には大阪府知事林市蔵のもと「方面委員制度」が設置された。方面委員制度は，困窮者の相談・支援にあたる現在の民生委員制度の元となった。国は，社会体制維持のためにも慈恵ではなく社会政策・社会事業が必要であると認識するに至り，1920（大正9）年に国が行う政策として「社会事業」という言葉が初めて公的に明記された。

　1920年代に入り不況を迎えた日本は，1923（大正12）年の関東大震災により大きな被害がもたらされた。さらに，不況が続くなかでの1929（昭和4）年にアメリカに端を発した世界恐慌が起こり，日本でも企業の倒産，失業者の増大といった社会問題の深刻化と社会不安の増大を招いた。

　このような状況に従来の恤救規則では対応が困難となり，1929（昭和4）年に救護法が制定されたが，財政難を理由に1932（昭和7）年に遅れて施行となった。救護法の対象者として，①65歳以上の老衰者，②13歳以下の幼者，③妊産婦，④不具廃疾，疾病，精神，身体の障害などのために労働が行えず貧困状態にあるものを対象とした。扶助区分として，①生活，②医療，③助産，④生業，⑤埋葬の給付が設けられた。貧困の救済は，社会的な責任においてなされるべきであるという公的扶助義務主義が明確にされ，扶助対象や扶助内容が拡大されたものであった。しかし，国の責任を認めながら保護請求権は認められず，選挙権を剥奪，労働能力のある貧民を除外するなど課題もあった。

　1930年代に入ると，日本は満州事変（1931（昭和6）年）以降，日中戦争（1937（昭和12）年）の開始，国家総動員法（1938（昭和13）年）の制定と

戦争体制へと進んでいった。そのなかで，救護法の課題を補うかたちで，軍事扶助法（1937（昭和12）年）や戦時の人的資源確保・軍人遺族保護として母子保護法（1937（昭和12）年），国民健康保険法（1938（昭和13）年）や医療保護法（1941（昭和16）年）が制定された。また，1938（昭和13）年には内務省社会局と衛生局を統合した厚生省が「国民体力の向上」と「国民福祉の増進」を目的として設置された。

❹──戦後から福祉三法体制へ

1945（昭和20）年8月，第二次世界大戦終戦を迎え，連合国軍最高司令官総司令部（General Headquarters, Supreme Commander for the Allied Powers：GHQ）による占領下におかれた日本は，引揚者，浮浪者，孤児，傷病者など生活困窮者に溢れる敗戦後の混乱にあった。GHQ は，1946（昭和21）年「社会救済に関する覚書」（Supreme Commander for the Allied Powers Instruction：SCAPIN775）を日本政府に提出し，公的扶助の国家責任，無差別平等，公私分離，最低生活保障の原則を示した。これに基づいて1946（昭和21）年に旧生活保護法が制定されたが，欠格条項があり，保護請求権が明確化されていなかった。同年，日本国憲法公布により第25条の生存権が明確化された。日本国憲法第25条に基づく制度として1950（昭和25）年に新生活保護法が成立する。新生活保護法の基本原理として，国家責任，無差別平等，最低生活保障，保護の補足性を原理とし，不服申し立ての権利や保護請求権が明確化された。戦後の浮浪児・戦災孤児対策を背景に児童の福祉の向上を目指して1947（昭和22）年に児童福祉法が，傷痍軍人や戦傷病者への対応を背景として1949（昭和24）年に身体障害者福祉法が公布された。これらは生活保護法と併せて福祉三法体制と呼ばれている。そして，1951（昭和26）年には，社会福祉事業を実施するための組織や運営に関する社会福祉事業法（現，社会福祉法）が制定された。

こうして戦後の福祉体制が形成されていくなか，1957（昭和32）年には，生活保護基準に関して「朝日訴訟」が起こされた。「健康で文化的な最低限度の生活」ができないとして提訴された裁判であったが，人が人らしく生き

る権利を問うこの裁判は，その後の生活保護だけに留まらず社会保障・社会福祉に関しても大きな影響を与えた。

⑤ ── 高度経済成長から社会福祉基礎構造改革へ

1950年代後半から1970年代前半まで，日本は高度経済成長期に入り，戦後の復興と飛躍的な経済成長を遂げた。経済成長に伴う健康問題や高齢や疾病といった一般的に誰にでも起こりうる問題に対して安心して生活できることを目指し，1958（昭和33）年国民健康保険法，1959（昭和34）年国民年金法が公布された。1961（昭和36）年に国民皆保険・皆年金制度が最終的に完成し社会保障の拡充が進められた。また，1960（昭和35）年精神薄弱者福祉法，1963（昭和38）年老人福祉法，1964（昭和39）年母子福祉法が制定され，児童福祉法，身体障害者福祉法，生活保護法と併せ福祉六法体制が確立した。

高度経済成長に伴い，都市部への人口集中，核家族化に伴う家族の福祉的機能（子育てや介護）の変化により，社会福祉の政策は，防貧・救貧に留まらない生活を支援する意味をもつこととなる。しかし，実際には1990年代の在宅福祉推進の動向が高まるまでは，施設入所施策を中心に展開されてきた。

1973（昭和48）年，政府はこの年を「福祉元年」にするとして，老人医療費無料化や年金の物価スライド制導入等を行ったが，同年10月のオイルショックにより一転，景気の低迷，経済成長が鈍化することとなる。そうしたなか，社会保障費を抑制する「福祉見直し論」や，親族近親者による自助や地域での相互扶助を目指す「日本型福祉社会」の構築が打ち出され，大きな転換点を迎えることとなった。

1980年代半ばから，社会福祉制度の検討が進められていったが，この背景として，わが国の人口構造の急激な変化が想定されていた。1970（昭和45）年に7％を超えた日本の高齢化率は，2014（平成26）年には26％となり世界に類をみない超高齢化社会を迎えた。合計特殊出生率の低下，高齢化率の上昇といった社会的ニーズに応えられるよう，社会福祉の計画化が進められる

なか，社会福祉士・介護福祉士の国家資格化やゴールドプラン，エンゼルプラン，障害者プランが策定されていった。1990（平成2）年には，「老人福祉法等の一部を改正する法律」が施行され，福祉関係八法の改正が行われた。ここにおいては，福祉行政の地方への権限委譲，地域福祉の充実，在宅福祉の推進へと転換が図られた。

　1998（平成10）年，中央社会福祉審議会から「社会福祉基礎構造改革について（中間まとめ）」が提出された。このなかでは，利用者とサービス供給者との対等な関係の確立，地域における福祉・医療・保健サービスの連携，福祉事業者主体の多様化，競争を通じたサービスの効率的提供といった方向性が示された。この検討過程からの方向性を取り入れた介護保険法（1997（平成9）年）が成立し，児童福祉法改正（1997（平成9）年）では保育所利用方式の導入，2003（平成15）年には障害分野での支援費制度の導入に至り，行政による措置から，利用者が選択・決定する契約制度への導入が進められている。これら一連の改革により，日本の福祉国家体制が変換期にあるといえる。

▶参考文献
- 鈴木幸雄編著『現代の社会福祉』中央法規出版，2012．
- 髙島進『社会福祉の歴史――慈善事業・救貧法から現代まで』ミネルヴァ書房，1995．
- 古川孝順・右田紀久恵・髙澤武司編『新版 社会福祉の歴史――政策と運動の展開』有斐閣選書，2001．
- 仲村優一『改訂版 社会福祉概論』誠信書房，1991．
- 遠藤興一『史料でつづる社会福祉のあゆみ』不昧堂出版，1991．
- 年越し派遣村実行委員会編著『派遣村――国を動かした6日間』毎日新聞社，2009．
- リッチモンド，小松源助訳『ソーシャル・ケース・ワークとは何か』中央法規出版，1991．
- ハリントン，内田満・青山保訳『もう一つのアメリカ―合衆国の貧困』日本評論社，1965．

第4章 社会福祉の法と実施体制

第1節 社会福祉の法制

1 ── 社会福祉法制の基本理念

わが国における社会福祉に関する法律や命令等の展開は、日本国憲法第25条において「社会福祉」が初めて用語として使用され、生存権保障を明記したところから始まる。これは、国が社会福祉について責任をもつということの明記であり、この社会福祉制度によりわが国の社会福祉は発展してきた。

日本国憲法
〔生存権, 国の生存権保障義務〕
第25条　すべて国民は、健康で文化的な最低限度の生活を営む権利を有する。
②　国は、すべての生活部面について、社会福祉、社会保障及び公衆衛生の向上及び増進に努めなければならない。

生存権とは、人間に値する生活という理念に基づく、日本国憲法が認める重要な基本的人権の構成部分とされている。

②──社会福祉の法体系

1 社会福祉法制の展開と社会福祉法──福祉六法の確立から「福祉改革」へ

　社会福祉法制の展開は，第二次世界大戦後における生活保護法，児童福祉法，身体障害者福祉法という福祉三法体制の成立から始まり，さらに経済成長期を背景にして精神薄弱者福祉法，老人福祉法，母子福祉法という福祉六法体制が確立し，わが国の福祉の基盤が整った。経済の低成長時代に入り，将来の高齢化に合わせて，社会福祉費用の抑制や施設福祉サービスから在宅福祉サービス重視へと方向転換が図られるなどの「福祉改革」が行われ，老人保健法（1982（昭和57）年）の制定や社会福祉のマンパワー確保を意図とした社会福祉士及び介護福祉士法（1987（昭和62）年）の制定に続き，戦後につくられた社会福祉の実施体制の転換を図ることも目的とした，福祉関係八法（福祉六法に加えて社会福祉事業法と社会福祉・医療事業団法）の改正（1990（平成2）年）が行われ，ノーマライゼーションなどの新しい理念も法律に反映された。

　社会福祉の基礎構造改革は，「高齢者保健福祉十か年戦略（ゴールドプラン）」（1989（平成元）年），障害者基本法（1993（平成5）年），「今後の子育て支援のための施策の基本的方向について（エンゼルプラン）」（1994（平成6）年），高齢社会対策基本法（1995（平成7）年），「障害者プラン～ノーマライゼーション7か年戦略～」（1995（平成7）年），精神保健及び精神障害者福祉に関する法律（1995（平成7）年），精神保健福祉士法（1997（平成9）年），児童福祉法の改正（1997（平成9）年，保育の措置から実施へ），介護保険法（1997（平成9）年）と続き，社会福祉法（2000（平成12）年）をもって行政措置による福祉は，利用システムへと大きく変換することになった。さらに，少子化対策基本法（2003（平成15）年），障害者自立支援法（2005（平成17）年），介護保険法の改正（2005（平成17）年，地域包括支援センター・地域密着サービスの創設），子ども・子育て支援法（2012（平成24）年），障害者総合支援法（2012（平成24）年）と「福祉改革」は続

いている。

社会福祉法は、社会福祉事業法が改正されたものであり、社会福祉の実施、運営を行ううえでの規則を定めたものである。

> 社会福祉法
> （目的）
> 第1条　この法律は、社会福祉を目的とする事業の全分野における共通的基本事項を定め、社会福祉を目的とする他の法律と相まって、福祉サービスの利用者の利益の保護及び地域における社会福祉（中略）の推進を図るとともに、社会福祉事業の公明かつ適正な実施の確保及び社会福祉を目的とする事業の健全な発達を図り、もって社会福祉の増進に資することを目的とする。

約半世紀にわたって大きな改正を行っていなかった社会事業、社会福祉法人、措置の仕組みなどの社会福祉の基盤をなす制度について、今後増大・多様化が見込まれる国民の福祉ニーズに対応するための改正を行い、すでに施行されている介護保険制度の円滑な実施や成年後見制度の補完、地方分権の推進などを目指すものである。

特に、福祉サービス利用者を「自らの意思によってサービスを選択し利用する主体」としてとらえ、事業者との立場の対等性と利用者の利益保護のため、情報の提供、福祉サービスの利用援助などを規定している。また、地域住民、事業者、社会福祉活動を行う者が互いに協力し、地域福祉の推進に努めることを求めている。

また、社会福祉審議会、社会福祉事務所、社会福祉主事、社会福祉法人、社会福祉従事者に関する事項、地域福祉計画、社会福祉協議会、共同募金等、社会福祉に関する行政機関や体制、施策なども規定した。

2　社会福祉サービスの給付内容に関する法

貧困問題と法

1946（昭和21）年に制定された生活保護法（旧生活保護法）は、わが国で

初めての近代的公的扶助に関する法律である。保護請求権を認めるまでには至っていないが、生活困窮者（経済的な課題をもつ人）への援助について国家責任と無差別平等が初めて明記され、戦前の恤救規則（1874（明治7）年）や救護法（1929（昭和4）年）から大きな変化を遂げている。

1950（昭和25）年に制定された現行法である生活保護法は、要保護者（国民）に保護請求権を保障し、最低限度の生活の保障、自立の助長を目的にしている。基本原理として、国家責任、無差別平等、最低生活の保障、保護の補足性を掲げている。生活保護受給者は、1995（平成7）年を境に増加に転じ2015（平成27）年に過去最高となったが、その後わずかながら減少傾向にある。

生活保護には、生活扶助（衣食住の補助）、教育扶助（義務教育の学用品や給食費の補助）、住宅扶助（家賃や地代の補助）、医療扶助（医療の提供）、出産扶助（出産費用の補助）、生業扶助（就職や開業費用の補助）、葬祭扶助（葬儀費用の補助）、介護扶助（介護保険と同様のサービスの提供）がある。扶助とは、費用の補助や現物・サービスの支給をいう。

衣食その他、日常生活の需要を満たすための基準は国民の消費動向等に対応して改定している（水準改定方式）。

児童福祉に関する法

児童にかかわる法律としては、児童福祉法、母子保健法、児童手当法、児童扶養手当法、特別児童扶養手当法が挙げられる。また、母子及び父子並びに寡婦福祉法、児童虐待の防止等に関する法律（以下、児童虐待防止法）や民法のなかの親子、親権、後見に関するものが挙げられる。

児童福祉法は1947（昭和22）年に制定され、0歳から18歳の児童の健全育成と要保護児童への援助を行うもので、児童を育成する国民の責務と児童の権利（すべて児童は、ひとしくその生活を保障され、愛護されなければならない）を基本理念としている。さらに、国および地方自治体と児童の保護者の児童育成の責任を明らかにしている。制定当初の目的は、戦後の混乱期に戦災孤児を保護するところにあった。行政機関・政策としては、児童相談所、児童福祉司、児童福祉の措置、児童福祉施設などについて定めている。

母子及び父子並びに寡婦福祉法（1964（昭和39）年）は，母子福祉法として施行され，20歳未満の子どもを育てている配偶者のいない世帯と，かつて母子家庭で現在子どもが成人した女性の生活保障を目指しているが，2003（平成15）年4月からは父子世帯も対象となっている。母子福祉資金および寡婦福祉資金の貸付，日常生活支援事業，母子福祉施設などを定めている。

子ども・子育て支援法等関連3法（2012（平成24）年）は，幼児期の学校教育，保育，地域の子ども子育ての総合的推進を行う。すべての子育て家庭への支援を行うとしている。

障害者福祉に関する法

身体障害者福祉法（1949（昭和24）年）は，身体障害者の自立と社会経済活動への参加を促進するため，援助と保護をもって福祉の増進を図ることを目的とする。戦争による傷痍軍人などの身体に障害を負った者への救済対策として制定され，当初は社会復帰を目的としたリハビリテーション理念が中心であったが，現在では，障害者自立支援法や知的障害者福祉法とともに，障害者の自立と社会参加の理念に重点がおかれている。また，専門的機関として，都道府県には身体障害者更生相談所が設置されている。

知的障害者福祉法（1960（昭和35）年）は，制定当初の名称は精神薄弱者福祉法であったが，1998（平成10）年に現在の名称へと改称された。知的障害者の自立と社会経済活動への参加を促進するため，援助と保護をもって福祉の増進を図ることを目的とする。児童福祉法の対象にならない成人の知的障害者への対応であり，これによって児童からの一貫したサービスが可能になった。障害者自立支援法と合わせて，地域就労の促進や生活支援の展開がみられる。また，専門的機関として都道府県には知的障害者更生相談所が設置されている。

障害者自立支援法（2006（平成18）年）は，障害者の自立を支援する観点から，これまでの障害種別ごとの福祉サービスを共通の制度として一元的に提供するものである。利用者負担として定率負担（原則1割の応益負担）が導入されたが，2012（平成24）年4月からは応能負担を原則とすることとされた。2012（平成24）年には，障害者の日常生活及び社会生活を総合的に支

援するための法律（障害者総合支援法）に改正され，制度の谷間がなく，利用者負担を応能負担とする総合的な制度をつくることを目指している。

また，精神障害者に対する保護を目的として精神衛生法（1950（昭和25）年）が制定されたが，1995（平成7）年には，精神保健及び精神障害者福祉に関する法律（精神保健福祉法）に改正された。基本的人権を享受する個人としての尊厳にふさわしい日常生活，社会生活を営むことができるようにと精神保健福祉手帳の交付が始まり，サービスを受けやすくなった。

高齢者福祉に関する法

老人福祉法（1963（昭和38）年）は，高度経済成長期に高齢者人口の増大と家族形態の変容により家庭における介護が困難になったことなど，高齢者問題を背景にして制定された。老人福祉に関する原理の解明と，老人の心身の健康保持と生活の安定のために必要な措置を講じ，老人福祉の向上を図ることを目的としている。当初は，おおよそ措置によるサービス提供であったが，介護保険法（1997（平成9）年）の成立によって，高齢者のサービス利用が社会保険と契約方式によるものとなった。これにより，介護保険法や老人保健法と連携を図り，介護保険では対応できない，低所得者や急迫時の対応などを規定することになった。

③――社会福祉法制の課題

1　契約制度化とサービスの質

介護保険制度のもと，国による基準の設定とそれに基づく事業者への必要な規制指導は引き続き行うが，何より新たに登場した介護サービス市場において，利用者が自ら望ましい，よりよいサービスを選択することを通じて，業者間の競争が生じ，サービスの質の向上や事業の効率化が進むことが期待されている。このような措置から契約への変化は，介護保険制度に限定したことではなく，社会福祉法制定により助産施設・母子生活支援施設は保育所方式に，障害者については支援費支給方式に変わった。利用者の立場に立っ

た福祉制度の構築として，確かに社会福祉法において情報提供と福祉サービスの質向上のための努力義務が規定されたが，法的には，①サービスの利用に関する不服申立て，②サービス提供中の事故の責任，③サービスの質の保証など，行政がかかわらないことについて公的責任の後退が懸念されている。

2　地方分権と社会福祉法制

　社会福祉法が求めているのは，国および地方自治体はサービスの基盤整備と利用促進という基本責任を両輪として，経営・活動主体の多様化を想定した制度の円滑な運営，利用者支援などの包括的な施策調整を行うことであり，自治体は単に諸改革のマニュアルに従うのではなく，地域に根ざした総合的・包括的な福祉戦略をもたねばならない。地域共生社会の実現のために「支え手と受け手に分けるのではなく，地域のあらゆる住民が役割をもち支え合う」仕組みづくりとして社会福祉法改正を含む，地域包括ケアシステムの強化のための介護保険法等の一部を改正する法律が2018（平成30）年4月から施行される。

　また，社会福祉事業法から社会福祉法への改正の際，併せて民生委員法の改正も行われた。これにより，民生委員は「常に住民の立場に立って相談に応じ，及び必要な援助を行い，もって社会福祉の増進に努める」との理念の下，援助を必要とするものが福祉サービスを適切に利用するために必要な情報の提供その他の援助業務が追加されたほか，住民の福祉の増進を図るための活動が規定された。また，名誉職とされていた規定が削除され，給与は支給しないと明確化された。福祉行政への協力という二面性をもちながらも，ボランティア精神の発揮がより求められているといえる。

　地域の専門職である福祉事務所の任用資格がようやく社会福祉士・精神保健福祉士に開かれたが，福祉事務所制度のあり方や社会福祉施設職員等の資質の見直しを含めた検討が望まれる。

第2節
社会福祉の行財政

① ——社会福祉行政と機関

　私たちが社会福祉サービスの利用を考えるとき，多くの場合，福祉事務所や児童相談所などにおいて，申し込みをすることから始まる。日本国憲法第25条により理念規定されたわが国の社会福祉は，行政機関が法律に定める要件に該当するかどうかを決定し，利用者の居住する地方公共団体が福祉サービスの提供を行うという制度を構築してきた。近年，人口の高齢化や家族機能の縮小，女性の社会進出に加えて，国家財政の逼迫などを背景にして，「介護」や「保育」に関する福祉サービスをはじめとして供給体制の構造に大きな転換が図られた。社会福祉法などの内容に留意しながら，社会福祉の供給体制や国・地方自治体の機関（図4-1），民間組織と相互の関係について概観する。

1　供給体制

　戦後，日本国憲法，福祉六法を基盤とした行政による社会福祉実施体制が構築され，わが国において社会福祉の主体の中心は，国および地方自治体とみなされてきた。しかし，これまでの福祉サービスの供給は，国および地方自治体が一元的に担ってきたわけではない。社会福祉法人やボランティア，個人の篤志家の果たした役割は多大なものがある。今日の少子高齢社会における財政動向と福祉サービス供給体制としては，国および地方自治体を越えた多様な供給主体によるサービス供給を社会福祉サービスとしてシステム化することが求められている。以下は供給主体の概説である。
① 公共部門
・国および地方自治体型
いわゆる行政サービスであり，事業運営では公立と呼ばれるものである。

図4-1　わが国の社会福祉の実施体制

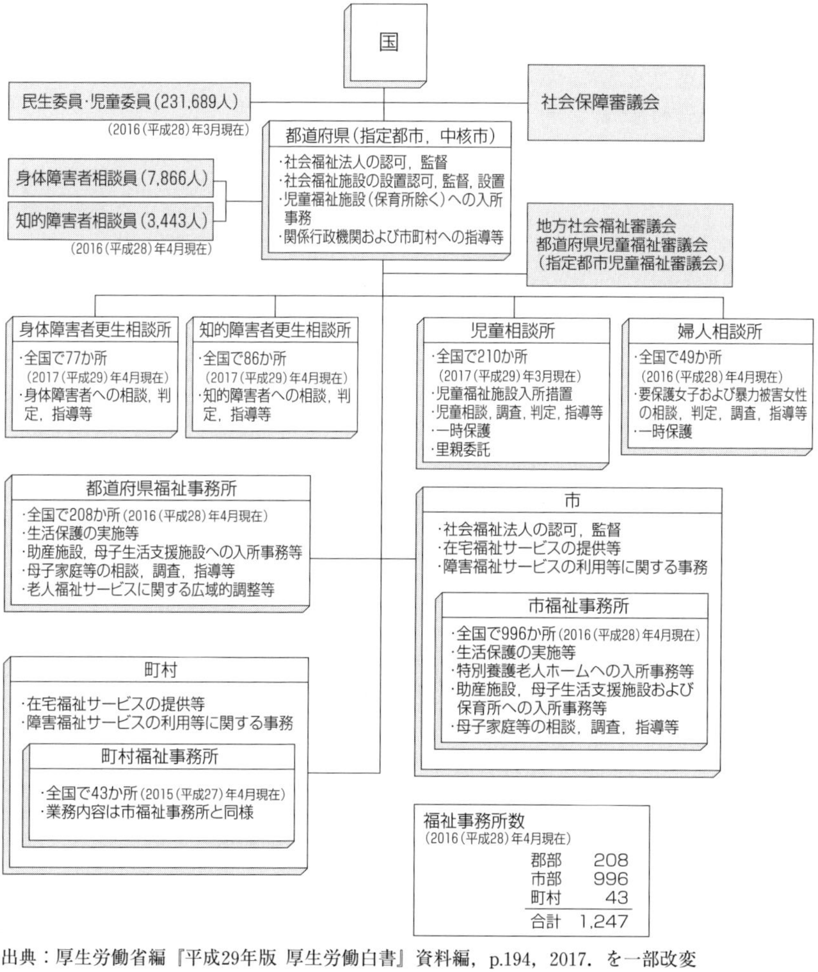

国

社会保障審議会

民生委員・児童委員（231,689人）
（2016（平成28）年3月現在）

都道府県（指定都市，中核市）
- 社会福祉法人の認可，監督
- 社会福祉施設の設置認可，監督，設置
- 児童福祉施設（保育所除く）への入所事務
- 関係行政機関および市町村への指導等

身体障害者相談員（7,866人）
知的障害者相談員（3,443人）
（2016（平成28）年4月現在）

地方社会福祉審議会　都道府県児童福祉審議会（指定都市児童福祉審議会）

身体障害者更生相談所
- 全国で77か所（2017（平成29）年4月現在）
- 身体障害者への相談，判定，指導等

知的障害者更生相談所
- 全国で86か所（2017（平成29）年4月現在）
- 知的障害者への相談，判定，指導等

児童相談所
- 全国で210か所（2017（平成29）年3月現在）
- 児童福祉施設入所措置
- 児童相談，調査，判定，指導等
- 一時保護
- 里親委託

婦人相談所
- 全国で49か所（2016（平成28）年4月現在）
- 要保護女子および暴力被害女性の相談，判定，調査，指導等
- 一時保護

都道府県福祉事務所
- 全国で208か所（2016（平成28）年4月現在）
- 生活保護の実施等
- 助産施設，母子生活支援施設等への入所事務等
- 母子家庭等の相談，調査，指導等
- 老人福祉サービスに関する広域的調整等

市
- 社会福祉法人の認可，監督
- 在宅福祉サービスの提供等
- 障害福祉サービスの利用等に関する事務

市福祉事務所
- 全国で996か所（2016（平成28）年4月現在）
- 生活保護の実施等
- 特別養護老人ホームへの入所事務等
- 助産施設，母子生活支援施設および保育所への入所事務等
- 母子家庭等の相談，調査，指導等

町村
- 在宅福祉サービスの提供等
- 障害福祉サービスの利用等に関する事務

町村福祉事務所
- 全国で43か所（2015（平成27）年4月現在）
- 業務内容は市福祉事務所と同様

福祉事務所数
（2016（平成28）年4月現在）

郡部	208
市部	996
町村	43
合計	1,247

出典：厚生労働省編『平成29年版　厚生労働白書』資料編，p.194，2017．を一部改変

- 認可型

 社会福祉法人などが法律に基づき，認可を受けて行う福祉サービス。行政の強力な関与，監督を受けて行われる。
② 民間非営利部門
- 参加組織型

 NPOやボランティア団体など利用者や住民が組織運営して行われる。
- インフォーマル

 家族や知人，近隣の助け合いなどのことで，自助と社会連帯の社会システムを構築するには重要な「社会福祉サービスの担い手」としての期待がかけられてきた。
③ 民間営利部門
- 企業型

 必ずしも純粋の利潤追求を前提とせずに，財源と供給を切り離す形で私企業のサービスの効率化を活かすことにねらいをおく。

2 国の機関

 国の機関の中心的役割を担うのは厚生労働省である。憲法の生存権保障を実施する機関として，社会福祉と関連する施策についての企画・立案・指導・監査を行っている。社会福祉行政には，社会・援護局，雇用均等・児童家庭局，老健局，社会・援護局障害保健福祉部がある。

 大臣の諮問機関である各種審議会は，基本的な政策型審議会としての「社会保障審議会」「厚生科学審議会」「労働政策審議会」等に整理統合された。

3 地方自治体の社会福祉機関

 地方自治体における社会福祉行政の執行機関は，都道府県知事と市区町村長である。地方自治法の定めにより，社会福祉行政の多くは，都道府県，市区町村により実施されている。これは，国が社会福祉行政を独占せず，地域住民と日常的に接する地方自治体に分担させることによって，実態に即した行政が期待できることによる。さらに福祉サービスを市区町村において一元的に提供されるように，地方分権が推進されている。

都道府県知事の事務部局は，民生部，福祉部，生活福祉部等の形でおかれている。また，必要に応じて，社会課，児童課等に分課されている場合もある。知事の下の機関として，福祉事務所，児童相談所，身体障害者更生相談所，知的障害者更生相談所，婦人相談所が設置を義務づけられている。なお，政令指定都市は都道府県と同様の権限が与えられており，中核市にも権限の移譲が行われている。社会福祉行政における都道府県は，専門的な福祉サービスの基盤整備に立脚した圏域内の市町村への支援の役割を受けもっている。

　市区町村長の事務部局は，社会福祉課，保健福祉課，児童課等の名称でおかれている。社会福祉に関する専門の行政機関としての福祉事務所は，社会福祉法により都道府県，指定都市，中核市，特別区，市に設置が義務づけられている。町村は任意設置である。

福祉事務所

　福祉事務所は，正しくは，「福祉に関する事務所」である。社会福祉法に設置を規定され，福祉六法に各々詳細に業務内容が規定されており，援護，育成，更生の事務を執り行うものとされている。社会福祉全般の事務を取り扱うことから，民生委員や災害救助の事務も受けもっている。福祉事務所には，指導監督を行う所員と現業を行う所員が配置されており，これら所員は主として社会福祉主事，社会福祉士，精神保健福祉士の資格が必要である。社会福祉主事は，大学等で社会福祉に関する科目を修めて卒業したものが任用されるが，福祉事務所等地方自治の現場に有資格者が少ないという現状があった。

児童相談所

　児童相談所は，児童福祉の第一線の専門行政機関であり，「子ども家庭センター」などの名称の場合もある。児童福祉法第12条に基づき都道府県と政令指定都市に設置が義務づけられている。業務内容は，児童に関する相談，調査並びに判定，調査・判定に基づく指導や児童養護施設等への措置，虐待児童などの一時保護である。その他必要に応じて巡回相談・巡回指導や家庭

裁判所への親権喪失，親権停止，管理権喪失の審判の請求を行うことができる。一時保護は，家出，虐待等の緊急保護のほかに，短期治療や指導・観察等のために併設の一時保護所において行われる。児童福祉司，心理判定員，相談員，児童指導員，保育士，医師などが配置されている。改正児童虐待防止法（2004（平成16）年）において，国民の通告義務の拡大と虐待児童の自立支援についての国と自治体の責務が明記され，相談体制も見直されたことを受け，2005（平成17）年の児童福祉法改正により，専門性の高い事例は児童相談所が中心となって対応することが明確となった。さらに，児童相談所強化プラン（2016（平成28）年）により，児童相談所の体制，専門性等の強化を計画的に行うこととなった。

身体障害者更生相談所

　身体障害者福祉法第11条に基づき都道府県に設置が義務づけられている。政令指定都市は任意設置である。身体障害者の更生・援助のための相談判定機関として，身体障害者の相談に応じ，心理学的，医学的，職能的判定を行っている。また補装具の適合判定，市町村に対する情報の提供や専門的な技術的援助のほか，市町村間の連絡調整の役割も担っている。

　身体障害者福祉司，心理判定員，職能判定員，医師，保健師，看護師が配置されている。

知的障害者更生相談所

　知的障害者福祉法第12条に基づき都道府県に設置が義務づけられている。18歳以上の知的障害者の福祉増進のための相談判定機関である。知的障害者の自立支援について，家族などからの相談に応ずるとともに，医学的・心理的・職能的判定や必要に応じて指導を行っている。知的障害者福祉司，心理判定員，職能判定員，医師，看護師等が配置されている。

婦人相談所

　売春防止法第34条に基づき都道府県に設置義務がある。要保護女子（性行または環境に照らして売春を行う恐れのある女子）のための相談，保護更生

を行う機関である。婦人相談員，心理判定員，医師，社会福祉主事の資格を必要とする相談員が配置されている。保護を必要とする女子および家庭についての相談に応じるとともに必要な調査や，医学的・心理的・職能的判定を行っている。緊急一時保護所が併設されており，一般の女性の駆け込み寺（緊急避難場所）の役割を担うことになってから利用範囲が拡大している。女性援助センターの名称もある。

保健所・保健センター

保健所は，地域保健法第5条に基づいて，都道府県，特別区，政令指定都市，中核市，保健所政令市に設置されている。住民の公衆衛生を実施する第一線の機関である。社会福祉に関する業務として，児童福祉法に定める障害児の療育指導や，自立支援医療（育成医療）の給付，児童福祉施設に対する栄養の改善指導など，重要な役割を担っている。市町村が設置する保健センターは，住民に身近な健康相談，保健指導などの地域保健を実施する機関である。母子保健法に定める母子健康手帳の交付や乳幼児・妊産婦の保健指導，3歳児健康診査等を行っている。

4 民間の社会福祉組織

社会福祉法人

社会福祉活動を行うことを目的として設立された公益法人である。民間社会福祉活動の経営主体として重要な位置を占めており，国および地方自治体からの委託や助成を受けることができる。また，税制上の優遇措置や共同募金会や独立行政法人福祉医療機構よりの融資を受けることができる。それだけに公共性の確保が必要となり，法人の設立，経営，事業運営については，厳しい規制や指導監督（公の支配）を受けることが課されている。

社会福祉法人は，今後とも福祉サービスの提供においては中心的な役割を担うとされてはいるが，福祉実践による地域への公的貢献という使命は，これからも市場原理に優位する経営理念として位置づけられるだろう。それだけに社会的使命を強く自覚し実践と経営効率の改善という課題に適切に対応し，経営理念や事業計画の総合的な見直し，サービスや労務管理の適切化や

人材育成などの再構築が期待されていた。2016（平成28）年3月の社会福祉法等の一部を改正する法律により，社会福祉法人改革が行われ，経営ガバナンス強化や運営の透明性の向上等，サービスの充実への取り組みが図られている。

社会福祉協議会

　市町村社会福祉協議会は，社会福祉法に規定される民間組織である。その区域における社会福祉事業等を経営する者の過半数が参加して組織され，社会福祉を目的とする事業の調査，総合企画，連絡調整および助成，普及および宣伝や住民の参加のための援助，社会福祉協議会相互の連絡調整を行っている。市町村社会福祉協議会は，これまでも，福祉関係者や住民が主体となって他分野の関係者に参加を要請しつつ，地域の実情に応じた住民の福祉の増進を目的とした活動を行ってきた。さらに地域福祉の推進を目的とし，社会福祉を目的とする事業を経営するものおよび社会福祉に関する活動を行うものが参加するようになった。

　都道府県・政令都市社会福祉協議会は，社会福祉事業者の養成研修，社会福祉を目的とする事業に関する指導助言として，福祉利用者の権利保護のための「日常生活自立支援事業（福祉サービス利用援助事業）」や，苦情解決の仕組みとしての「運営適正化委員会」も担っている。福祉コミュニティ形成に向けて住民の参加，相互協力や福祉サービスの質の確保と適切な利用を考えるとき，社会福祉協議会に寄せられる期待は大きい。

共同募金会

　共同募金は，社会福祉法人である共同募金会によって，都道府県ごとに組織され，年に一度「赤い羽根」として募金活動と国民の福祉啓発が行われている。その趣旨から寄付金の分配は，社会福祉事業と更生保護事業へ過半数配分が定められ，その地域の社会福祉協議会の意見を聞き，配分されてきた。配分委員会の設置が義務づけられ，大規模災害に対する広域配分も行っている。

ボランティア・NPO

　地域における社会福祉にかかわる勢力として注目されているのが，ボランティアである。ボランティアには，自発的な地域住民参加型のボランティア活動や当事者組織などNPO（非営利組織）として活動し法律に依拠して行政庁から委嘱されたボランティアがある。

　ボランティアは，制度や行政だけでは満たすことのできない個別的なニーズにきめ細やかにサービスを提供するなど，施設・団体の運営に参加することによって地域社会の進歩に貢献する。ボランティアをめぐっての新しい動きとして，①活動の担い手の拡大，②地域づくりや在宅福祉活動，国際交流活動など活動内容の多様化，③活動形態のグループ化とグループの組織化の進展，④行政によるボランティア活動振興の基盤整備や環境醸成などが挙げられる。これらの活動は，公共性・互酬性を特色とするシステム的活動といえる。

　民生委員，児童委員は行政委嘱型ボランティアである。都道府県知事が推薦し，厚生労働大臣が委嘱する。任期は3年で，その任務は，①常に調査を行い住民の生活状態を把握しておくこと，②要保護者を適切に保護指導すること，③社会福祉施設と密接に連絡し，その機能を助けること，④福祉事務所その他の関係行政機関の業務に協力することなどとされている。

② 社会福祉の措置体系（契約制度）と社会福祉施設

1 「措置」から「契約」へ

　福祉サービスの利用を希望しサービスの利用を申し込むと，行政機関（福祉事務所・児童相談所）は，法律の定めるところによりサービスの提供を決定する。この決定を措置という。措置により地方公共団体は，自らの事務として福祉サービスを提供するが，社会福祉法人等に措置を委託することが許されている（措置委託）。憲法第89条には，公の支配に属さない民間の社会福祉事業には，公金の支出または利用は制限されるとある。しかし，現実の社会福祉行政は，国が直接住民へのサービスを行うことが困難なため，地方

公共団体に事務を委託，ないし地方公共団体の長に機関委任をしてきた。また，社会福祉法人が，第1種社会福祉事業の経営に参加するのを認め，公私分離の原則（公的責任を民間に転嫁しない，不当に公的援助を仰がない）を示しながら，本来行政が行うべきことに公金を支出することによって，民間に代行させることとしたのが措置制度である。制度創設時において，社会事業家が，その個人的資産を提供して設立し，その能力と責任によって経営されると考えられていた社会福祉法人は，措置委託制度の定着化によって，社会福祉事業の具体的実施において重要な役割を果たすとともに寄付金や収益事業に頼らずに安定した経営を確保することとなった。

保育所は，「措置」から利用者が選択可能な「保育の実施」に変わったのだが，市町村の責任で福祉サービスが提供されていると考えられている。

介護保険制度では，基本的に行政はサービスを提供する主体ではなくなり，多様な事業者が，利用者と相対して，契約に基づいてサービスを提供することになった。その仕組みは，サービスを受けようとするとき，被保険者は，保険者である市町村に支給申請をする。そこで，「要支援」または「要介護」の認定を受け，認定がなされると，「要介護度」に応じて保険給付の支給限度額が決定する。利用者は，支給額と自己負担などを検討し，利用するサービスを具体的に決定し，直接指定業者と連絡して「契約」を結ぶとサービスの提供を受けられる。つまり利用者は，サービスの利用に関しては，行政とは関係しない。

2　社会福祉施設

社会福祉施設は，サービス給付概念の現物給付の位置づけをもって，施設利用者への入所，通所という形で，家庭代替的機能や治療教育的機能（人的・物的な）や設備を提供してきた。

社会福祉施設の種類と動向

社会福祉施設は，社会福祉法および福祉六法に基づいて規定されている。利用者の多くが生活上の困難を抱えているだけに，社会福祉法において，第1種，第2種社会福祉事業に分け，特に第1種社会福祉事業は，利用者の人

権を尊重し，公共性を確保するような事業を規定している。

　また，社会福祉施設は，利用の形態によって，入所施設，通所施設，利用施設に分類できる。入所施設も入所受け入れにとどまらず，近年の地域福祉，在宅福祉の重視から，地域の社会資源として施設のもつ機能や人材を開放し，また地域住民の参加促進の取り組みとして自宅から通うデイサービスやグループホーム，小規模作業所，在宅の利用者へ出向いてサービス提供を行うなどの機能の多様化，施設の社会化が図られている。

　施設の経営主体は，公立施設と民間施設に大別して分類される。公立施設は，国立，都道府県立，市町村立があり，民間施設には，社会福祉法人，公益法人（財団および社団法人），宗教法人，個人，民間企業等によって設立・運営されているものがある。今後，公立施設の民間移管等による行政部門の役割縮小や，生活協同組合や学校法人などの民間非営利部門の拡大のほかに，株式会社などの民間営利部門の参入が求められるなど，福祉多元主義が顕在化してくると思われる。

社会福祉施設の課題

　これからの社会福祉施設は，利用者の援助・処遇について施設内にとどまらず，利用者と地域社会との関係づくりを支援し，生活の質の向上を意図した施設の住宅化を志向するべきである。単に施設の個室化や小規模化を図るのではない。入所者・通所者にとっての地域福祉の拠点としての機能を担っていくことが求められている。これには，①在宅サービスの実施，②在宅介護センターのような各種サービスのコーディネート，③ボランティアの受け入れや多様な交流を通じての福祉教育の実施，④地域の福祉向上のための各種取り組みなどが挙げられる。このような実践の延長上に，グループホームや福祉ホームを位置づけることにより利用者，地域住民，相互の関連が図られる。施設が地域に開かれ，サービスの提供の場としてのみでなく地域住民の社会生活を支える福祉拠点となり，地域における利用者の主体性の尊重や権利擁護を保障するシステムを確立していくことで社会福祉施設の存在意義が明確になっていくであろう。

③──社会福祉の財政と費用負担

1　社会福祉の財政

　社会福祉にかかる費用の主なものは，租税（国が支出する国庫負担や地方公共団体が支出する地方負担）と社会保険料（介護保険制度），民間資金（共同募金等）を財源にしている。

　国家予算における社会保障関係費の推移をみると，平成29年度の一般会計当初予算は総額97兆4547億円であり，そのうち社会保障関係費が32兆4735億円で全体の33.3％を占めており，年々増加傾向をみせている。社会保障関係費の内訳は，年金給付費と医療給付費を合わせると7割を占めており，年金給付費が11兆4831億円で35.4％，医療給付費が11兆5010億円で35.4％，次いで生活扶助等社会福祉費が4兆205億円で12.4％，介護給付費が3兆130億円で9.3％，少子化対策費が2兆1149億円で6.5％となっている（表4-1）。

　わが国の財政は危機的状況にあり，一方で社会保障関係費の割合は，増大する社会保障給付費を賄うために，費用負担増・利用者負担増が今後も予想される。財政再建の先が見えない現状にあって，社会保障費の抑制と増税を内容とする社会保障・税一体改革による社会保障改革が取り組まれている。

　地方自治体は社会福祉の充実のために社会福祉施設の整備および運営，生活保護の実施を行っている。地方財政における施策推進に要する経費である民生費は，平成27年度では前年度増3.3％で25兆2548億円となっている。その内訳は，老人医療費や老人ホーム設置運営費など老人福祉費が24.3％，保育所の設置運営費など児童福祉費が31.2％，障害者対策などの社会福祉費が26.1％，生活保護費が16.0％の順となっている。この民生費の性質別内訳をみると，扶助費（生活困窮者に対する生活扶助費，保育所，老人ホームなどの入所者処遇費，老人医療などの医療費，児童手当等）のうち，児童福祉費が41.9％と最も多く，以下，生活保護費28.1％，社会福祉費が23.3％となっている。扶助費に充当される財源内訳をみると，生活保護費負担金や子どものための金銭給付交付金等が，国庫支出金から出されている。これまで高齢者給付金に力を尽くしてきたことから，方向性が変化しつつある。

第4章 社会福祉の法と実施体制

表4-1 国の予算における社会保障関係費の推移
(単位：億円・％)

区 分	90 （平成2）	95 （7）	2000 （12）	05 （17）	10 （22）
社会保障関係費	116,154(100.0)	139,244(100.0)	167,666(100.0)	203,808(100.0)	272,686(100.0)
生活保護費	11,087 (9.5)	10,532 (7.6)	12,306 (7.3)	19,230 (9.4)	203,363 (74.6)
社会福祉費	24,056 (20.7)	34,728 (24.9)	36,580 (21.8)	16,443 (8.1)	22,388 (8.2)
社会保険費	71,953 (61.9)	84,700 (60.8)	109,551 (65.3)	158,638 (77.8)	39,305 (14.4)
保健衛生対策費	5,587 (4.8)	6,348 (4.6)	5,434 (3.2)	4,832 (2.4)	4,262 (1.6)
失業対策費	3,471 (3.0)	2,936 (2.1)	3,795 (2.3)	4,664 (2.3)	3,367 (1.2)
厚生労働省予算	120,521 (6.4)	144,766 (2.9)	174,251 (3.9)	208,178 (3.1)	275,561 (9.5)
一 般 歳 出	353,731 (3.8)	421,417 (3.1)	480,914 (2.6)	472,829(△0.7)	534,542 (3.3)

区 分	13 （平成25）	14 （26）	15 （27）
社会保障関係費	291,224(100.0)	305,175(100.0)	315,297(100.0)
年金医療介護保険給付費	218,475 (75.0)	225,557 (73.9)	231,107 (73.3)
生活保護費	28,614 (9.8)	29,222 (9.6)	29,042 (9.2)
社会福祉費	38,610 (13.3)	44,480 (14.6)	48,591 (15.4)
保健衛生対策費	3,539 (1.2)	4,093 (1.3)	4,876 (1.5)
雇用労災対策費	1,986 (0.7)	1,824 (0.6)	1,681 (0.5)
厚生労働省予算	294,316 (10.3)	307,430 (4.5)	299,146(△3.0)
一 般 歳 出	539,774 (5.3)	564,697 (4.6)	573,555 (1.6)

区 分	16 （平成28）	17 （29）
社会保障関係費	319,738(100.0)	324,735(100.0)
年金給付費	113,130 (35.4)	114,831 (35.4)
医療給付費	112,739 (35.3)	115,010 (35.4)
介護給付費	29,323 (9.2)	30,130 (9.3)
少子化対策費	20,241 (6.3)	21,149 (6.5)
生活扶助等社会福祉費	40,080 (12.5)	40,205 (12.4)
保健衛生対策費	2,865 (0.9)	3,042 (0.9)
雇用労災対策費	1,360 (0.4)	368 (0.1)
厚生労働省予算	303,110 (1.3)	306,873 (1.2)
一 般 歳 出	578,286 (0.8)	583,591 (0.9)

注1：四捨五入のため内訳の合計が予算総額に合わない場合がある。
注2：（ ）内は構成比。ただし、厚生労働省予算および一般歳出欄は対前年伸び率。△は減。
注3：平成13年度以前の厚生労働省予算は、厚生省予算と労働省予算の合計である。
注4：2015（平成27）年4月より保育所運営費等（1兆6977億円）が内閣府へ移管されたため、平成27年度における厚生労働省予算の伸び率は、その移管後の予算額との対比による。
資料：厚生労働省大臣官房会計課調べ
出典：厚生労働省編『平成29年版 厚生労働白書』資料編，p.18, 2017. を一部改変

2 国と地方の負担割合と利用者負担

　社会保障給付や社会福祉施設の運営費，福祉サービスなどへの財政負担は，国と地方とに分けられる。その負担割合は，①生活保護費は，原則として，国が4分の3，都道府県，市または福祉事務所を設置する町村が4分の1を負担する。②社会福祉施設の設置費（施設・設備整備費）は，一部の施設を除いて，国が2分の1，都道府県が4分の1，設置者（市町村，社会福祉法人等）が4分の1を負担する。③社会福祉施設の運営費（措置費と保育単価制運営費）は，事務費（人件費，施設の維持管理費に当てられる）と事業費（入所者の生活費，処遇費に当てられる）で構成されている。利用者負担額（費用徴収基準額）を差し引いた，おおむね2分の1を国が，地方自治体が2分の1を負担する。④在宅福祉サービスの運営費は，国が2分の1，地方自治体が2分の1となっている（表4-2）。

3 サービス利用者の費用負担と費用徴収の考え方

　社会福祉サービスに要した費用のうち，利用者負担は，福祉サービスの利用者または扶養義務者から，措置に要する費用の全部または一部を徴収することができるという定めに基づいている。サービスの実費を負担するのではなく，あくまで受益者の負担能力（収入から必要経費を差し引いた金額を対象とする）に応じた金額の徴収ということで「応能負担」といわれている。これに対して，「応益負担」とは，享受している利益の程度に応じて費用を負担することで，一律の負担を求められることになる。応益負担は必ずしも「受益者負担」と同義ではなく，「社会の成員として当然求められる自立自助の努力として応分の負担があることが自立意識の助長につながるという観点から費用負担の合理的設定について検討する[1]」という理由からのもので，定率の負担を意図していなかったとされている。

第 4 章　社会福祉の法と実施体制

表 4-2　社会福祉施設の措置費（運営費・給付費）負担割合

施設種別	措置権者(注1)	入所先施設の区分	措置費支弁者(注1)	費用負担			
				国	都道府県指定都市中核市	市	町村
保護施設	知事・指定都市市長・中核市市長	都道府県立施設市町村立施設私設施設	都道府県・指定都市・中核市	3/4	1/4	—	—
	市長(注2)		市	3/4	—	1/4	—
老人福祉施設	市町村長	都道府県立施設市町村立施設私設施設	市町村	—	—	10/10(注4)	
婦人保護施設	知事	都道府県立施設市町村立施設私設施設	都道府県	5/10	5/10	—	—
児童福祉施設(注3)	知事・指定都市市長・児童相談所設置市市長	都道府県立施設市町村立施設私設施設	都道府県・指定都市・児童相談所設置市	1/2	1/2	—	—
母子生活支援施設助産施設	市長(注2)	都道府県立施設	都道府県	1/2	1/2	—	—
		市町村立施設私設施設	市	1/2	1/2	1/4	1/4
	知事・指定都市市長・中核市市長	都道府県立施設市町村立施設私設施設	都道府県・指定都市・中核市	1/2	1/2	—	—
保育所幼保連携型認定こども園小規模保育事業(注6)(所)	市町村長	私設施設	市町村	1/2	1/4(注7)	1/4	
身体障害者社会参加支援施設(注5)	知事・指定都市市長・中核市市長	都道府県立施設市町村立施設私設施設	都道府県・指定都市・中核市	5/10	5/10	—	—
	市町村長		市町村	5/10	—	5/10	

注1：母子生活支援施設，助産施設および保育所は，児童福祉法が一部改正されたことに伴い，従来の措置（行政処分）がそれぞれ母子保護の実施，助産の実施および保育の実施（公法上の利用契約関係）に改められた。
注2：福祉事務所を設置している町村の長を含む。福祉事務所を設置している町村の長の場合，措置費支弁者および費用負担は町村となり，負担割合は市の場合と同じ。
注3：小規模住居型児童養育事業所，児童自立生活援助事業所を含み，保育所，母子生活支援施設，助産施設を除いた児童福祉施設。
注4：老人福祉施設については，平成17年度より養護老人ホーム等保護費負担金が廃止・税源移譲されたことに伴い，措置費の費用負担は全て市町村（指定都市，中核市含む）において行っている。
注5：改正前の身体障害者福祉法に基づく「身体障害者更生援護施設」は，障害者自立支援法の施行に伴い，2006（平成18）年10月より「身体障害者社会参加支援施設」となった。
注6：子ども・子育て関連3法により，2015（平成27）年4月1日より，幼保連携型認定こども園および小規模保育事業も対象とされた。また，私立保育所を除く施設・事業に対しては利用者への施設型給付および地域型保育給付（個人給付）を法定代理受領する形に改められた。
注7：指定都市・中核市は除く。
出典：厚生労働省編『平成29年版 厚生労働白書』資料編，p.201，2017．を一部改変

▶ 引用・参考文献

1）岡部耕典「障害者自立支援法における「応益負担」についての考察」『社会保障研究』第44巻第2号，p.187，2008.

- 藤村正之『福祉国家の再編成──「分権化」と「民営化」をめぐる日本的動態』東京大学出版，1999.
- 今泉礼右『社会福祉要論』中央法規出版，1998.
- 厚生労働統計協会編『国民福祉の動向 2011/2012』2011.
- 栃本一三郎『新しい視点で学ぶ社会福祉──保育士を志す人のために』光生館，2004.
- 厚生労働省編『平成29年版 厚生労働白書』2017.
- 総務省編『平成29年版 地方財政白書』2017.
- 社会福祉の動向編集委員会編『社会福祉の動向 2017』中央法規出版，2017.
- ミネルヴァ書房編集部編『社会福祉小六法 2017』ミネルヴァ書房，2017.

第5章

児童・家庭の問題と社会福祉

第1節
児童福祉の概念と対象

1 ── 子ども観と子どもの権利

1　子ども観の発展過程

　1601年，イギリスではエリザベス救貧法が制定された。救貧に対する，世界初の国家的な取り組みとして，注目に値するものであったが，身寄りのない子ども（児童）は，徒弟に出すことがその内容に盛り込まれていた。このことは，子どもに労働を強制することを意味しており，この時点では，子どもを児童労働から守るという視点はない。

　それから約160年後の1762年，ルソー（Rousseau, J. J.）は『エミール』を著した。そのなかで，彼は「子どもを子どもとして考えなければならない」と説き[1]，発達の途上にある子どもには，大人とは異なる独自のニーズがあることを明らかにしている。

　ルソーの著書からおよそ140年が経過した1900年には，スウェーデンの女性思想家，エレン・ケイ（Key, E.）が，『児童の世紀』を著した。彼女はルソーの思想の流れを受け継ぎ「全生涯を通じて子どもの時代ほど平和を必要とする時期は絶対にない」とし[2]，子ども時代が，人間の生涯のなかにおいても特別の意味をもつことを明らかにしている。ケイは「20世紀は児童の世紀になる」とし[3]，子どもの保護と，子どもが子どもらしく生活できることの重要性を訴えている。

国際的な流れのなかでは，1924年に国際連盟が採択した「児童の権利に関するジュネーヴ宣言」（ジュネーヴ宣言）が重要である。これにより，児童の権利は国際的規模で初めて承認されることとなった。この前文において「人類は児童にたいして最善の努力を尽くさねばならぬ」として[4]，児童の身体上・精神上の発達の保障，生命の安全の保障，あらゆる種類の搾取からの保護が明記され，児童の権利の保障が宣言されている。この段階においては，保護を受ける存在としての児童，つまり受動的な存在としての子ども観が根強い。

　その後，1959年には国際連合によって「児童権利宣言」が採択された。この宣言は，「児童の権利に関するジュネーヴ宣言」と「世界人権宣言」（1948年）の流れを汲み，「児童の最善の利益について，最高の考慮が払われなければならない」（第2条）と謳われ[5]「児童の最善の利益」という文言がこのとき，初めて登場した。

　上記の「児童権利宣言」が採択された30年後の1989年11月には，「児童の権利に関する条約」（通称：子どもの権利条約）が国連総会において採択された。この条約は，1924年のジュネーヴ宣言，1959年の児童権利宣言の流れを汲みつつ，子どもの権利条約以前の権利宣言が子どもの保護や救済をその目的としていたのに対し，子どもの権利条約では，子どもの意見表明権や表現の自由，思想・良心・宗教の自由，結社・集会の自由が明文化され，子どもを権利の主体として位置づけている。それまでの「受動的な存在としての子ども」観から，自らの意見を表明し決定に参加していく「能動的な権利主体としての子ども」観がみて取れる。日本は1994（平成6）年にこの条約を批准した。

2　わが国における児童福祉の展開過程

　1945（昭和20）年8月，日本は第二次世界大戦を終えた。焼け野原の日本には，家を失った親子，失業者，戦災で親を失った孤児，引揚者，戦争で身体にハンディキャップを負った人々への援助など，社会福祉の諸問題が凝縮していた。GHQの指令・勧告のもと，1946（昭和21）年には日本国憲法と生活保護法（旧法）が，翌年の1947（昭和22）年12月には，児童福祉法が制定された。

1951（昭和26）年5月5日に制定された「児童憲章」は，わが国における児童の権利に関する宣言である。その前文において「児童は，人として尊ばれる。児童は，社会の一員として重んぜられる。児童は，よい環境の中で育てられる。」と明記され，この憲章のなかで，初めて，児童は一人の人格をもつ存在として取り扱われている。しかしこの憲章では，大人から保護される「受動的な存在」としての子ども観がみて取れる。

❷──児童福祉とは

1　児童福祉の概念

　これまでみてきたように，子どもをどのような存在としてとらえるかは，それぞれの歴史段階によって異なっていたが，現在では，1989年の子どもの権利条約が子ども観と子どもの権利保障の理念のベースになっている。

　柏女霊峰は，「児童福祉とは，理念的には人格主体として理解されながら，実際には自分の立場を主張したりそれを守る力の弱い子どもを，その保護者とともに，国，地方自治体および社会全体がその生活と発達，自己実現を保障する活動の総体をいう」と定義している。重要な点は，第一に，子どもを一人の独立した人格をもつ存在として理解すること，第二に，しかしながら，子どもは心身ともにまだ十分な発達を遂げていないため，発達の過程にあるものとして子どもを理解すること，第三に，それゆえ，子どもには発達する権利，成長する権利，学ぶ権利が十分に保障される必要があることの3点である。

　児童の幸福を実現する営みを児童福祉とするならば，児童福祉が子どもの潜在的な可能性（ケイパビリティ）を十分に引き出せるようにするためには，子どもは日常的に家庭において生活していることから，子どものみならず，子どもと直接的にかかわり監護する立場にある保護者，また子どもに直接的にかかわっているそのほかの大人への働きかけも重要となる。子どもの幸福を実現させるためには，子どもが日常的に生活を営んでいる家庭全体を視野にいれた支援が必要になるため，1994（平成6）年の国際家族年以降は児童

福祉にかわって,「子ども家庭福祉」という考え方が提示されるようになっている。

2 児童福祉の対象

例えば,児童福祉サービスの一つである保育サービスの場合,サービス対象は子どもであるが,その保護者が保育サービスの利用を希望しなければ,保育サービスを受けることはできない。また,児童虐待を例に考えると,親権をもつ者が,児童相談所による一時保護を希望しない場合も多い。このように,児童福祉のサービスを本来必要としている子ども自身に行き届かせるためには,「子どもの最善の利益」が保障されているかどうかという視点が重要になる。この視点から,保護者が福祉サービスを求めていくこと,また保護者が子どもの最善の利益を実現できない状況にあるときには,保護者に代わり専門機関が,子どもの最善の利益の実現のために必要な福祉サービスを求めることが必要となる。

第2節 児童福祉の施策

── 児童福祉の法体系

1 児童福祉法

児童福祉に関して,最も中心となる法律は児童福祉法である。児童福祉法は,福祉六法のなかでも,比較的早い段階の1947(昭和22)年に制定された。この法律の総則部分で,児童福祉法の基本理念が提示され,すべての児童が分け隔てなく,健康に生まれ,育てられ,生活が保障され,愛護されなければならないことが明言されている。また,児童の育成責任は,保護者だけではなく,国と自治体にもその責任があることが明記されている。

2　児童福祉法における児童の定義

　児童福祉法第4条では「この法律で，児童とは，満18歳に満たない者」とされ，さらに乳児，幼児，少年と三つに区分されている。乳児とは「満1歳に満たない者」，幼児とは「満1歳から，小学校就学の始期に達するまでの者」，少年とは「小学校就学の始期から，満18歳に達するまでの者」をいう。

② ──児童福祉に関する中心的な法律

　児童福祉は，児童福祉法のほか，以下の五つの法律を中心に，実施されている。

1　児童扶養手当法（1961（昭和36）年制定）

　児童扶養手当法は，「父又は母と生計を同じくしていない児童が育成される家庭の生活の安定と自立の促進に寄与するため，当該児童について児童扶養手当を支給し，もって児童の福祉の増進を図ること」を目的としている。以前は母子家庭のみが対象だったが，2010（平成22）年の改正により，父子家庭もこの法律の対象となった。

2　特別児童扶養手当等の支給に関する法律（1964（昭和39）年制定）

　この法律は，「精神又は身体に障害を有する児童について特別児童扶養手当を支給し，精神又は身体に重度の障害を有する児童に障害児福祉手当を支給するとともに，精神又は身体に著しく重度の障害を有する者に特別障害者手当を支給することにより，これらの者の福祉の増進を図ること」を目的としている。

　この法律では，精神または身体に障害のある20歳未満の子どもを養育する者への手当（特別児童扶養手当），精神または身体に重度の障害のある子ども本人への手当（障害児福祉手当），精神または身体に著しく重度の障害のある20歳以上の者への手当（特別障害者手当）の三つに手当が区分され，その内容が明記されている。

3 母子及び父子並びに寡婦福祉法（1964（昭和39）年制定）

母子及び父子並びに寡婦福祉法の前身は，1964（昭和39）年に制定された「母子福祉法」であったが，1981（昭和56）年の法改正で「寡婦」も対象となり，法律名も「母子及び寡婦福祉法」に改められた。母子家庭等および寡婦に対して，その生活の安定と向上のために必要な措置を講じ，母子家庭等および寡婦の福祉を図ることを目的としている。また，2002（平成14）年の法改正で，「父子家庭」もこの法律の対象となり，2014（平成26）年には，法律名が現在のものに改められた。この法律において「母子家庭等」とは「母子家庭及び父子家庭」をいうことが明記されている。

4 母子保健法（1965（昭和40）年制定）

この法律は，母性ならびに乳児および幼児に対する保健指導，健康診査，医療その他の措置を講じ，国民保健の向上に寄与することを目的としている。国および地方公共団体は，母性ならびに乳幼児の健康の保持・増進に努めなければならないことが明記されている。

5 児童手当法（1971（昭和46）年制定）

この法律は，児童を養育している者に児童手当を支給することにより，家庭における生活の安定，児童の健全な育成，資質の向上に資することを目的としている。手当額，支給対象や支給期間については，社会や経済の状況の変化に応じて幾度かの改正が行われ，内容の拡充が図られてきた。

③──児童福祉に関連するその他の法律

1 育児休業，介護休業等育児又は家族介護を行う労働者の福祉に関する法律（1991（平成3）年制定）

正式名称は上記のとおりであるが，簡略化して「育児・介護休業法」と呼ばれている。1991（平成3）年に「育児休業等に関する法律」（育児休業法）

として制定されたが，1995（平成7）年に「介護休業」に関する内容が盛り込まれるとともに，法律名も現在のものに改められた。

　この法律は，子の養育または家族の介護を行う労働者等の職業生活と家庭生活の両立に寄与することを通じて，福祉の増進を図り，経済と社会の発展に資することを目的としている。

2　児童虐待の防止等に関する法律（2000（平成12）年制定）

　この法律は，簡略化して「児童虐待防止法」と呼ばれている。児童に対する虐待の禁止，児童虐待の予防および早期発見その他の児童虐待の防止に関する国および地方公共団体の責務，児童虐待を受けた児童の保護および自立の支援のための措置等を定めることにより，児童の権利利益の擁護に資することを目的としている。

3　次世代育成支援対策推進法（2003（平成15）年制定）

　この法律は，2025（平成37）年3月末までの時限立法であり，次世代育成支援対策に関する国，地方公共団体，事業主および国民の責務が定められている。具体的には，国には行動計画策定指針（以下，指針）の策定が，従業員が101人以上の事業主には指針に即した一般事業主行動計画の策定が義務づけられ，また100人以下の事業主には努力義務が課せられている。行動計画における目標の達成など，一定の規準を満たす企業は，申請することによって，厚生労働大臣の認定（くるみん認定）を，さらに認定を受けた企業が，より高い水準の取り組みを行い，一定の基準を満たすと，特例認定（プラチナくるみん認定）を受けることができる。

4　少子化社会対策基本法（2003（平成15）年制定）

　この法律は，少子化に的確に対処するための施策を総合的に推進することを目的としている。政府はこの法律に基づき「少子化社会対策大綱」を定めた。この大綱では四つの重点課題が提示され，「子ども・子育て応援プラン」として具体化された。その後，2010（平成22）年には「子ども・子育てビジョン」が定められた。

5 就学前の子どもに関する教育，保育等の総合的な提供の推進に関する法律（2006（平成18）年制定）

この法律は，認定こども園の根拠となる法律である。2012（平成24）年に法律が改正され，2015（平成27）年4月から，「幼保連携型認定こども園」が学校教育法の学校と，児童福祉法の児童福祉施設の両者の位置づけをもつものとして規定されている。

④──児童福祉の実施体制

1 厚生労働省　子ども家庭局

社会福祉に関する国の行政機関は，厚生労働省であるが，児童福祉については，厚生労働省の局の一つである子ども家庭局が担当している。子ども家庭局では，家庭福祉，保育，母子保健，子育て支援等の児童の福祉に関する基本的な政策の企画・立案が担われている。

2 社会保障審議会

1999（平成11）年の廃止までは，児童福祉に関しては，中央児童福祉審議会が，児童福祉に関する審議を行っていたが，現在は，社会保障審議会において児童福祉に関する諮問への答申，意見具申が行われている。

3 都道府県・指定都市・中核市

都道府県・指定都市[注1]・中核市[注2]では，社会福祉法人の認可・監督，社会福祉施設の設置認可・監督・設置，保育所を除く児童福祉施設への入所事務，関係行政機関および市町村への支援や連絡調整を行っている。

注1　指定都市とは，政令で指定する人口50万人以上の市のこと。2017（平成29）年10月1日現在，全国に20都市ある。
注2　中核市とは，政令で指定する人口が20万人以上の市のこと。

4 市町村

市町村では，保育所の運営など保育の実施，子育て支援事業の実施，児童館・放課後児童クラブの運営，1歳6か月児健康診査，3歳児健康診査などの母子保健業務を担っている。

5 都道府県児童福祉審議会・市町村児童福祉審議会

都道府県に設置が義務づけられており，市町村は任意設置となっている。児童・妊産婦・知的障害者の福祉に関する事項の調査審議，諮問への答申，関係行政庁への意見具申等を行っている。

6 児童相談所

児童相談所は，児童福祉の推進，子どもの権利擁護を目的として，児童に関する相談に応じる行政機関である。都道府県，政令指定都市には設置義務があり，都道府県から児童福祉に関する業務を委託されている。児童相談所の果たす役割として重要な点は，第一に，子どもの一時保護，児童養護施設への入所，里親委託などの措置を実施するなど児童に関する措置権をもっているという点，第二に，親権喪失，親権停止，管理権喪失の審判ならびにこれらの審判の取消しについて，家庭裁判所への請求権をもっているという点が挙げられる。

2004（平成16）年には，多忙化する児童相談所における相談体制の見直しが図られ，一般的な相談支援は市町村で対応し，専門的な相談業務に関しては児童相談所で対応するといった役割分担が図られた。さらに，2016（平成28）年には，専門職の増員等，資質の向上，関係機関との連携強化等を内容とした「児童相談所強化プラン」が策定された。強化プラン期間は，平成28年度から平成31年度までの4年間である。

児童相談所における相談援助活動は，①相談受付，②受理会議，③一時保護／調査，④診断，⑤判定，⑥援助方針会議，⑦援助の決定・実行という流れで進む。

7　福祉事務所

　福祉事務所は，都道府県および市に設置が義務づけられているが，町村は任意設置となっている。郡部福祉事務所と市部福祉事務所とでは，役割内容・業務内容が異なっているが，助産施設，母子生活支援施設への入所事務等は，郡部においても市部においても福祉事務所が担当をしている。また，母子家庭等への相談，調査，指導等の業務も，郡部・市部の福祉事務所で行われている。一方，保育所への入所事務については，市部では福祉事務所が，郡部では町村がその役割を担っている。

　また，福祉事務所には家庭児童相談室が設置され，社会福祉主事と家庭相談員が配置され，育児や児童に関する相談に対応している。

8　保健所・保健センター

　保健所は，都道府県，指定都市，中核市，その他政令で定める市または特別区に設置が義務づけられており，保健センターは，市町村に任意で設置される。

　保健所の主な業務内容としては，児童の保健に関する正しい衛生知識の普及，児童の健康相談，健康診査の実施，身体に障害がある児童および疾病により長期間の療養を要する児童の療育に関する指導，児童福祉施設への栄養改善，衛生に関する助言などが挙げられる。

　市町村保健センターは，1994（平成6）年に改題された「地域保健法」に法的根拠をもつ。地域住民への直接的な人的サービスは，市町村の保健センターによって担われている。

9　児童福祉施設

　児童福祉施設は，児童福祉法を根拠とする社会福祉施設であり，児童の福祉を図ることを目的として設置されている。その内容を表5-1に示す。

　これらの施設が行う事業は，社会福祉法によって，その種別は第1種社会福祉事業と第2種社会福祉事業に分けられる。12の施設は，その内容によってさらに15の施設に分けられる。

表5-1 児童福祉施設の種類と内容

種別	児童福祉施設名		施設の目的・内容
第2種	助産施設		保健上必要があるにもかかわらず，経済的理由により入院助産を受けることができない妊産婦を入所させ，助産を受けさせる。
第1種	乳児院		乳児（保健上，安定した生活環境の確保その他の理由により特に必要のある場合には，幼児を含む）を入院させて，養育し，退院した者については相談その他の援助を行う。
第1種	母子生活支援施設		配偶者のない女子またはこれに準ずる事情にある女子およびその者の監護すべき児童を入所させて，保護するとともに，自立の促進のためにその生活を支援し，退所した者について相談その他の援助を行う。
第2種	保育所		保育を必要とする乳児・幼児を日々保護者の下から通わせて保育を行う。
第2種	幼保連携型認定こども園		満3歳以上の幼児に対する教育および保育を必要とする乳児・幼児に対する保育を一体的に行い，これらの乳児または幼児の健やかな成長が図られるよう適当な環境を与えて，その心身の発達を助長する。
第1種	児童養護施設		保護者のない児童，被虐待児，その他環境上養護を要する児童を入所させて養護し，退所した者については相談その他の援助を行う。
第1種	障害児入所施設	福祉型障害児入所施設	障害児を入所させて，保護，日常生活の指導および独立自活に必要な知識技能の付与を行う。
		医療型障害児入所施設	障害児を入所させて，保護，日常生活の指導，独立自活に必要な知識技能の付与および治療を行う。
第2種	児童発達支援センター	福祉型児童発達支援センター	障害児を日々保護者の下から通わせて，日常生活における基本的動作の指導，独立自活に必要な知識技能の付与または集団生活への適応のための訓練を行う。
		医療型児童発達支援センター	障害児を日々保護者の下から通わせて，日常生活における基本的動作の指導，独立自活に必要な知識技能の付与または集団生活への適応のための訓練および治療を行う。
第1種	児童心理治療施設		家庭環境，学校における交友関係その他の環境上の理由により社会生活への適応が困難となった児童を，短期間，入所させ，または保護者の下から通わせて，社会生活に適応するために必要な心理に関する治療および生活指導を主として行い，退所した者について相談その他の援助を行う。
第1種	児童自立支援施設		不良行為をなし，またはなすおそれのある児童および家庭環境その他の環境上の理由により生活指導等を要する児童を入所させ，または保護者の下から通わせて，個々の児童の状況に応じて必要な指導を行い，その自立を支援し，退所者については相談その他の援助を行う。
第2種	児童家庭支援センター		地域の児童の福祉に関する各般の問題につき，児童に関する相談のうち，専門的な知識および技術を必要とするものに応じ，保護を要する児童またはその保護者に対する指導を行い，児童相談所，児童福祉施設等との連絡調整，援助等を総合的に行う。
第2種	児童厚生施設	児童館	児童に健全な遊びを与え，その健康を増進し，情操をゆたかにする屋内型施設。
		児童遊園	児童に健全な遊びを与え，その健康を増進し，情操をゆたかにする屋外施設。

第3節
児童虐待と社会的養護

①——児童虐待の問題

2000（平成12）年に児童虐待の防止等に関する法律（児童虐待防止法）が制定され、児童虐待に対する社会の意識は高まりを見せているが、児童相談所における児童虐待相談処理件数は、増加の一途をたどっている。同法第2条では、「児童虐待」を「保護者（親権を行う者、未成年後見人その他の者で、児童を現に監護するものをいう。以下同じ。）がその監護する児童（18歳に満たない者をいう。以下同じ。）について行う次に掲げる行為」として、以下の四つを挙げている。

1　身体的虐待

児童の身体に外傷が生じ、または生じるおそれのある暴行を加えること。

2　性的虐待

児童にわいせつな行為をすることまたは児童をしてわいせつな行為をさせること。

3　ネグレクト（保護の怠慢・拒否）

児童の心身の正常な発達を妨げるような著しい減食または長時間の放置、保護者以外の同居人による前二号または次号に掲げる行為と同様の行為の放置その他の保護者としての監護を著しく怠ること。

4　心理的虐待

児童に対する著しい暴言または著しく拒絶的な対応、児童が同居する家庭における配偶者に対する暴力（配偶者（婚姻の届出をしていないが、事実上婚姻関係と同様の事情にある者を含む。）の身体に対する不法な攻撃であって生命または身体に危害を及ぼすものおよびこれに準ずる心身に有害な影響

を及ぼす言動をいう。）その他の児童に著しい心理的外傷を与える言動を行うこと。

　特に，児童が同居する家庭における配偶者に対する暴力は，児童の目の前で家庭内暴力（ドメスティック・バイオレンス＝ＤＶ）が行われることから，「面前ＤＶ」と呼ばれる。心理的虐待のなかでも，特に，次はいつ自分が虐待されるかわからないという恐怖と隣り合わせにある「面前ＤＶ」の問題は，子どもの心に大きなダメージを与えることを認識しておく必要がある。

❷──社会的養護

　一般的には家庭がもつとされる「養育機能」をなんらかの理由により，家庭で果たすことができない，もしくは，その家庭で育つことが子どもにとって最善の利益につながらない場合など，保護者に代わって公的責任で子どもを保護し，養育する仕組みを社会的養護という。社会的養護には，大きく分けて，乳児院，児童養護施設で子どもの養育を行う「施設養護」と，里親および小規模住居型児童養育事業（ファミリーホーム）で行う「家庭養護」の二つがある。

　乳児院，児童養護施設の概要については表5-1に示した。ここでは，里親と小規模住居型児童養育事業（ファミリーホーム）について述べる。

　里親とは，保護者のない児童や保護者に監護させることが適当ではないと認められる児童（要保護児童）を，保護者に代わって養育することを希望する者のうち，研修を受けたうえで，自治体の認定・登録された者をいう。里親には，要保護児童を預かる「養育里親」，被虐待経験，非行，障害など専門的な援助を必要とする児童を養育する「専門里親」，実親の死亡や行方不明等の理由から祖父母らの親族が育てる「親族里親」，養子縁組を前提とした「養子縁組里親」がある。

　小規模住居型児童養育事業（ファミリーホーム）とは，要保護児童の養育について，相当の経験をもつ者や，児童養護施設等で児童の養育の経験がある者が，養育者となり，養育者の住居において5～6人の要保護児童の養育

を行う事業である。この事業では，夫婦である養育者2名と補助者1名，または養育者1名と補助者2名を配置する必要がある。

第4節
ひとり親家庭と母子保健

①──ひとり親家庭の問題

1 ひとり親家庭とは

　ひとり親家庭とは20歳未満の子どもと母親，もしくは，20歳未満の子どもと父親を構成員とする家庭を指し，母子家庭と父子家庭を合わせて，ひとり親家庭と呼ぶ。ひとり親家庭の呼称は，近年の母子家庭および父子家庭の増加に伴い，単親家庭を問題家庭や「欠けている」家庭としてとらえることに対する批判から，「ひとり親家庭」という呼称が定着している。カナダの保健省は子育て中の親の学習のために『Nobody's perfect』という5冊のシリーズ本を発行しているが，そのなかの1冊である『PARENTS／親』の「ひとり親家庭」のページでは，子どもは，「ふたり親家庭」であっても，「ひとり親家庭」であっても，「同じように幸せに育つことができる」ことが明記されている[7]。「ひとり親家庭」であっても，「ふたり親家庭」であっても，子どもにとっては，かけがえのない家庭なのであり，その家庭を支えていくことが児童福祉の役割として求められる。

2 ひとり親家庭の現状

　2016（平成28）年の国民生活基礎調査によれば，母子のみにより構成されている母子世帯数は約71万世帯，父子のみにより構成されている父子世帯数は約9万世帯である。平成28年度全国ひとり親世帯等調査結果によれば母子世帯になった理由は，離婚によるものが約80％，死別が約8％，父子世帯になった理由は，離婚によるものが約76％，死別が約19％と，母子・父子家庭

ともに，離婚が母子・父子家庭に至った主な理由となっている。

　2016（平成28）年の人口動態統計によれば，離婚件数は，21万6798件だった。そのうち，未成年の子どもがいる離婚件数は12万5946件で，全体の58.1％と，6割弱が未成年の子どもを育てる家庭での離婚となっている。

　2016（平成28）年の国民生活基礎調査によれば，母子世帯の年間総所得は270万3000円で，児童のいる世帯の年間総所得の707万8000円の約38％にとどまっていることが明らかになった。親の経済的な状況によって，子どもが子どもらしく暮らせる状況が奪われないようにする視点が，子ども家庭福祉を考えるうえでは重要である。

3　ひとり親家庭への福祉施策

　ひとり親家庭への福祉は，主に「母子及び父子並びに寡婦福祉法」および「児童扶養手当法」を根拠として実施されている。2014（平成26）年の上記二法の法改正により，支援体制の充実，就業支援施策および子育て・生活支援施策の強化，施策の周知の強化，父子家庭への支援の拡大，児童扶養手当と公的年金等の併給制限の見直しが実施された。また，2016（平成28）年の児童扶養手当法の改正により，第2子，第3子以降の加算額の最大倍増が実施された。

　また，母子家庭の母及び父子家庭の父の就業の支援に関する特別措置法が2012（平成24）年に制定され，就業支援に関する措置も拡大された。

4　ドメスティック・バイオレンス（DV）の問題

　配偶者からの暴力の防止及び被害者の保護等に関する法律（配偶者暴力防止法）では，配偶者からの暴力を「配偶者からの身体に対する暴力（身体に対する不法な攻撃であって生命又は身体に危害を及ぼすものをいう。）又はこれに準ずる心身に有害な影響を及ぼす言動（以下「身体に対する暴力等」と総称する。）をいい，配偶者からの身体に対する暴力等を受けた後に，その者が離婚をし，又はその婚姻が取り消された場合にあっては，当該配偶者であった者から引き続き受ける身体に対する暴力等を含むものとする。」と定義している。

ドメスティック・バイオレンス（以下，DV）の語は，法律のうえでは，明確な定義はないが，「夫婦や交際相手など親密な関係にある，もしくは過去にそうした関係にあった者からの暴力」として理解可能である。吉中は，DV について，「身体的暴力」のほか，「心理的暴力」「経済的暴力」「性的暴力」「子どもを利用した暴力」「強要，脅迫，威嚇」「男性の特権をふりかざす」「過小評価，否認，責任転嫁」「社会的隔離（孤立させる）」の各面から整理をしている。[8]

　DV の問題は，離婚問題，ひとり親家庭の問題，子どもの目の前で行われる親への暴力（面前 DV）の問題へと，別の問題に連鎖していくことにこの問題の根深さがあるといえる。DV の問題に，子どもが巻き込まれないような社会の仕組みが求められるといえよう。

　DV 被害にあった場合には，配偶者暴力支援相談センターや警察への相談・援助・保護を求めるなど，問題解決に向けた対応が必要である。

②──母子保健の施策

1　母子保健に関するサービスの概要

　母子保健の施策は，主に母子保健法に基づいて行われている。母子保健法に基づくサービスの概要は，以下のとおりである。

① 保健指導：妊娠，出産，または育児に関する保健指導の実施
② 新生児の訪問指導：育児上必要な場合の新生児の保護者訪問の実施
③ 健康診査：満1歳6か月を超え満2歳に達しない幼児（1歳6か月児健康診査），満3歳を超え満4歳に達しない幼児（3歳児健康診査）のほかに，妊産婦健康診査，乳幼児健康診査の実施
④ 栄養の摂取に関する援助：妊産婦，乳児，幼児に対する栄養摂取に関する援助
⑤ 母子健康手帳：市町村による母子健康手帳の交付の実施
⑥ 妊産婦の訪問指導等：健康指導を要する妊産婦への訪問指導の実施
⑦ 低体重児の届出：体重2500グラム未満の乳児の保護者による市町村への

届出
⑧ 未熟児の訪問指導：養育上必要のある未熟児への訪問指導の実施
⑨ 養育医療：入院する未熟児に対する市町村の養育医療給付の実施

その他の母子保健施策として，予防接種法を根拠とする予防接種の実施がある。また，先天性代謝異常の早期発見のため，新生児マス・スクリーニング検査も実施されている。

2　子育て世代包括支援センター事業

2017（平成29）年4月より改正母子保健法が施行され，「子育て世代包括支援センター（母子保健法上の名称は「母子健康包括支援センター」）」の設置が市町村の努力義務とされた。子育て世代包括支援センター（母子健康包括支援センター）の業務としては，①妊産婦・乳幼児等の実情を把握すること，②妊娠・出産・子育てに関する各種の相談に応じ，必要な情報提供・助言・保健指導を行うこと，③支援プランを策定すること，④保健医療または福祉の関係機関との連絡調整を行うこと，の4点がある。

3　健やか親子21（第2次）

「健やか親子21」は，2001（平成13）年から始められた，母子の健康水準向上のための国民運動計画である。2015（平成27）年からは，新たな計画が開始された。

この第二次計画は，平成36年度まで実施される予定で，「すべての子どもが健やかに育つ社会」をテーマに，3つの基盤課題（①切れ目ない妊産婦・乳幼児への保健対策，②学童期・思春期から成人期に向けた保健対策，③子どもの健やかな成長を見守り育む地域づくり）と，特に重点的に取り組むべき2つの重点課題（①育てにくさを感じる親に寄り添う支援，②妊娠期からの児童虐待防止対策）を掲げている。

第5節 子育て支援施策と子ども・子育て支援新制度

子育て支援施策

1 子育て支援施策の展開過程

　1989（平成元）年の合計特殊出生率が，1966（昭和41）年の「丙午」の1.58を下回る1.57だったこと（いわゆる「1.57ショック」）を受け，1994（平成6）年には「今後の子育て支援のための施策の基本的方向について」（エンゼルプラン）が策定された。このエンゼルプランを出発点とし，わが国の子育て支援施策は展開していく。少子化対策推進基本方針（1999（平成11）年12月）のもと，1999（平成11）年策定の「重点的に推進すべき少子化対策の具体的実施計画について」（新エンゼルプラン）を経て，2002（平成14）年には「少子化対策プラスワン」が策定され，さらなる少子化対策が推進された。

　2003（平成15）年には，少子化社会対策基本法，次世代育成支援対策推進法，改正児童福祉法が制定され，2004（平成16）年には少子化社会対策基本法に基づく少子化社会対策大綱，その具体的実施計画としての「子ども・子育て応援プラン」，2010（平成22）年には「子ども・子育てビジョン」が定められている。さらに，次世代育成支援対策推進法を根拠に，平成17年度から5年を1期とする前期行動計画が全市町村で策定され，平成22年度からは，後期行動計画が全国で一斉に実施された。2015（平成27）年には新たな「少子化社会対策大綱」が策定されている。

表5-2　わが国の子育て支援施策の流れ

1994（平成6）年	エンゼルプラン・緊急保育対策等5か年事業
1999（平成11）年	新エンゼルプラン（子育て相談支援などが追加）
2004（平成16）年	子ども・子育て応援プラン
2010（平成22）年	子ども・子育てビジョン
2015（平成27）年	子ども・子育て支援新制度の施行

表5-3 地域子ども・子育て支援事業の種類と概要

事業名	概　　　要
①利用者支援事業	子どもおよびその保護者等の身近な場所で，教育・保育・保健その他の子育て支援の情報提供および必要に応じ相談・助言等を行うとともに，関係機関との連絡調整等を実施する事業
②地域子育て支援拠点事業	乳幼児およびその保護者が相互の交流を行う場を提供し，子育てについての相談，情報の提供，助言その他の援助を行う事業
③妊婦健康診査	妊婦の健康の保持および増進を図るため，妊婦に対する健康診査として，①健康状態の把握，②検査計測，③保健指導を実施するとともに，妊娠期間中の適時に必要に応じた医学的検査を実施する事業
④乳児家庭全戸訪問事業	生後4か月までの乳児のいるすべての家庭を訪問し，子育て支援に関する情報提供や養育環境等の把握を行う事業
⑤・養育支援訪問事業	養育支援が特に必要な家庭に対して，その居宅を訪問し，養育に関する指導・助言等を行うことにより，当該家庭の適切な養育の実施を確保する事業
・子どもを守る地域ネットワーク機能強化事業（その他要保護児童等の支援に資する事業）	要保護児童対策地域協議会（子どもを守る地域ネットワーク）の機能強化を図るため，調整機関職員やネットワーク構成員（関係機関）の専門性強化と，ネットワーク機関間の連携強化を図る取り組みを実施する事業
⑥子育て短期支援事業	保護者の疾病等の理由により家庭において養育を受けることが一時的に困難となった児童について，児童養護施設等に入所させ，必要な保護を行う事業（短期入所生活援助事業（ショートステイ事業）および夜間養護等事業（トワイライトステイ事業））
⑦子育て援助活動支援事業（ファミリー・サポート・センター事業）	乳幼児や小学生等の児童を有する子育て中の保護者を会員として，児童の預かり等の援助を受けることを希望する者と当該援助を行うことを希望する者との相互援助活動に関する連絡，調整を行う事業
⑧一時預かり事業	家庭において保育を受けることが一時的に困難となった乳幼児について，主として昼間において，認定こども園，幼稚園，保育所，地域子育て支援拠点その他の場所において，一時的に預かり，必要な保護を行う事業
⑨延長保育事業	保育認定を受けた子どもについて，通常の利用日および利用時間以外の日および時間において，認定こども園，保育所等において保育を実施する事業
⑩病児保育事業	病児について，病院・保育所等に付設された専用スペース等において，看護師等が一時的に保育等する事業
⑪放課後児童健全育成事業（放課後児童クラブ）	保護者が労働等により昼間家庭にいない小学校に就学している児童に対し，授業の終了後に小学校の余裕教室，児童館等を利用して適切な遊びおよび生活の場を与えて，その健全な育成を図る事業
⑫実費徴収にかかる補足給付を行う事業	保護者の世帯所得の状況等を勘案して,特定教育・保育施設等に対して保護者が支払うべき日用品,文房具その他の教育・保育に必要な物品の購入に要する費用または行事への参加に要する費用等を助成する事業
⑬多様な事業者の参入促進・能力活用事業	特定教育・保育施設等への民間事業者の参入の促進に関する調査研究その他多様な事業者の能力を活用した特定教育・保育施設等の設置または運営を促進するための事業

②── 子ども・子育て支援新制度

「就学前の子どもに関する教育，保育等の総合的な提供の推進に関する法律の一部を改正する法律」「子ども・子育て支援法」「子ども・子育て支援法及び就学前の子どもに関する教育，保育等の総合的な提供の推進に関する法律の一部を改正する法律の施行に伴う関係法律の整備等に関する法律」の子ども・子育て関連3法に基づき，幼児期の教育・保育，地域の子ども・子育て支援の総合的な推進のため，2015（平成27）年4月より，子ども・子育て支援新制度（以下，新制度）が施行された。この制度の実施主体は市町村である。従来の事業ごとに行われていた財政支援を一本化し，「子ども・子育て支援給付」として「施設型給付」（認定こども園，幼稚園，保育所を通じた共通の給付）と「地域型保育給付」（家庭的保育，小規模保育などの地域における小規模な保育を対象とした給付）が新たに設けられた。

さらに，地域の子育て支援については，子ども・子育て支援法第59条を根拠とし，「地域子ども・子育て支援事業」が新たな枠組みで設けられた。また，内閣府に「子ども・子育て会議」が設置され，有識者，地方公共団体，事業主代表・労働者代表，子育て当事者，子育て支援当事者等が参画し，基本方針，具体的実施体制，設備運営基準，公定価格等について検討が行われてきた。都道府県や市町村などでも地方版子ども・子育て会議の設置が努力義務とされ，市町村子ども・子育て支援事業計画の策定が行われている。

表5-3に地域子ども・子育て支援事業の内容を示した。これらの事業は，地域の実情に応じて，市町村が行う事業である。

第6節
児童・家庭福祉の課題

①── 子育て家庭の孤立化

わが国における3歳未満児の約7～8割は，平日の日中，保育所・幼稚園

のいずれにも通わず，家庭で過ごす状況にある[9]。このため，家庭を取り巻く状況が，そのまま乳幼児期の子どもの育ちに直接的にかかわるといってよい。

　高度経済成長期以前の日本の地域社会では，家族にとって必要な財やサービスは，貨幣と商品を交換することのみに依存するのではなく，近隣での相互扶助（例えば，物の貸し借りや，労働の提供）によっても調達されていた。しかし，高度経済成長期の大量生産体制は，それらの調達方法を変化させ，家族は，必要な財やサービスのほとんどを商品として購入し，調達するようになっていった。こうした調達方法が一般的になると，近隣の相互扶助に頼らずとも，家族は，商品購入が可能な限りは，現象的には，生活を切り盛りしていくことが可能になった。この結果，近隣同士の連帯する力は弱まり，家庭一般の孤立化傾向は進展した。こうした状況は，子育て家庭においても，当てはまることである。

　さらに，子育て家庭においては，当然のことながら，子は親を選択できず，また親は子を選択できず，親子はその人間関係から逃げることはできない。親子関係は，人間関係一般には還元されない「逃げられない関係」であるといえる。

　また，親子関係は，「養育する―される」「保護する―される」という関係を伴わざるを得ないため，「非対称性」の関係性が避けられない場合がある[10]。この「非対称性」の関係について，親が自覚的でない場合，「支配する―される」関係に陥ってしまうこともある。

　親が子育てに自信がもてない場合には，自分の子どもをほかの子どもと比較することで安心したり，逆に落ち込んだりと「子育ての模範解答」を求め必死になる。自分の子が「模範解答」から程遠いと感じるときには，さらに自信を失う。また，自分の子育てを叱責されることで，ますます子育てに自信をなくし，嫌悪感が募る。こうして親たちは，新たな模範解答を求めようとするが，それは，社会的圧力を伴った解答であるため，子育て家庭の孤立はさらに深まっていく。子育て家庭の孤立の問題をこうした悪循環のサイクルとしてとらえるならば，その問題解決には，子育てにおける悪循環サイクルを断ち切ることが必要となる。

❷ ヌスバウムのケイパビリティ・アプローチ

　児童虐待の問題も，子育て家庭の孤立化の問題も，子どもを保護する立場にいる大人への支援を必要としている。子どもを救うためには，その子どもの周りにいる大人たちに働きかけ，支援していくことが求められる。

　ヌスバウム（Nussbaum, M.C.）は，人間が人間らしくあるためには，そのための条件が必要であるとし，中心的ケイパビリティを提唱している。[注3]

　子育てや保育，社会的養護を，子どもの中心的ケイパビリティ（生命，身体的健康，身体的保全，感覚・想像力・思考，感情，連帯，自然との共生，遊びなど）を保障するための営みとして考えると，子どもの中心的ケイパビリティを保障するためには，子育てや保育，社会的養護の現場を担っている，家庭の親，保育者，里親，児童福祉施設で働く職員にも，人間らしく活動するための中心的ケイパビリティが保障される必要がある。つまり，親，保育者，里親，児童福祉施設の職員に「人間らしい」生活が保障され，人間としての尊厳が保たれるとき，子どものケイパビリティを保障する機能は保たれるのである。こうした視点からみると，児童虐待，家庭での子育ての行き詰まりも，「人間が人間として生きる」ための条件の欠落，つまり，子どもと子どもの生活を取り巻く大人のケイパビリティの欠如の問題としてとらえることができる。

　児童虐待，子育て家庭の孤立化などの問題に対して，保護者や，関係者・担当者の個人の問題，個人の責任としてのみとらえるのではなく，その人自身が，潜在的な力（ケイパビリティ）をうまく発揮できないような状況におかれているため，さまざまな問題が発生しているととらえるならば，その人の潜在的な力を顕在化できるような条件や環境の整備が求められる。

　人が連帯し，そして学び合うなかから，その人のもつ潜在的な力（ケイパビリティ）は，発揮される。社会福祉は，人々のもつケイパビリティの発現に働きかける必要がある。子どもの権利が実現されるためには，子どもを取

注3　ヌスバウムの中心的ケイパビリティは以下の10のリストからなる。1）生命　2）身体的健康　3）身体的保全　4）感覚・想像力・思考　5）感情　6）実践理性　7）連帯（A・B）　8）自然との共生　9）遊び　10）環境のコントロール　A政治的　B物質的

り巻く大人の権利保障も視野に入れられなければならない。

▶ 引用・参考文献
1）ルソー，今野一雄訳『エミール（上）』岩波書店，p.133，1962.
2）エレン・ケイ，小野寺信・小野寺百合子訳『児童の世紀』冨山房，p.143，1979.
3）同上，p.202
4）保育福祉小六法編集委員会編『保育福祉小六法 2016年版』みらい，p.62，2016.
5）同上，p.63
6）柏女霊峰『子ども家庭福祉論』誠信書房，p.1，2009.
7）子ども家庭リソースセンター編，向田久美子訳『ノーバディズ・パーフェクトシリーズ⑤ PARENTS／親』ドメス出版，p.19，2002.
8）吉中季子「ドメスティック・バイオレンスにおける『経済的暴力』の概念──その予備的考察」『社会問題研究』第66巻，pp.65-77，2017.
9）山縣文治「子育て支援の類型と民間活動」『地域の子育て環境づくり』ぎょうせい，pp.71-72，2008．ほかに『平成22年度北海道地域子育て支援拠点事業』冊子，p.17，2010.
10）稲沢公一「援助者は『友人』たりうるのか──援助関係の非対称性」古川孝順・岩崎晋也・稲沢公一・児島亜希子『援助するということ──社会福祉実践を支える価値規範を問う』有斐閣，pp.161-191，2002.

- ルソー，今野一雄訳『エミール（上）』岩波書店，1962.
- エレン・ケイ，小野寺信・小野寺百合子訳『児童の世紀』冨山房，1979.
- 保育福祉小六法編集委員会編『保育福祉小六法 2016年版』みらい，2016.
- 柏女霊峰『子ども家庭福祉論』誠信書房，2009.
- 子ども家庭リソースセンター編，向田久美子訳『ノーバディズ・パーフェクトシリーズ⑤PARENTS／親』ドメス出版，2002.
- 古川孝順・岩崎晋也・稲沢公一・児島亜希子『援助するということ──社会福祉実践を支える価値規範を問う』有斐閣，2002.
- 大日向雅美ほか編『地域の子育て環境づくり』ぎょうせい，2008.
- 榊ひとみ「子育て家庭の孤立化の論理」『北海道大学大学院教育学研究院紀要』第110号，2010.
- ヌスバウム，池本幸生・田口さつき・坪井ひろみ訳『女性と人間開発──潜在能力アプローチ』岩波書店，2005.
- 山縣文治編『よくわかる子ども家庭福祉 第6版』ミネルヴァ書房，2009.
- 山縣文治・柏女霊峰編『社会福祉用語辞典 第8版』ミネルヴァ書房，2010.
- 福祉小六法編集委員会編『福祉小六法 2017年版』みらい，2017.

第6章 障害（児）者の問題と社会福祉

第1節 障害（児）者福祉の概念と対象

——障害（児）者福祉の動向

　「障害」という言葉は，戦前には「障碍」等の漢字が用いられていた。「障」は妨げや隔てを意味し，「碍」は本来「礙」の字で，大きな岩を前にして人が思案し悩んでいる様子を示すものであった。第二次世界大戦後の当用漢字の制約からも同じ読みの「障害」が当てられ，1949（昭和24）年に制定された身体障害者福祉法において身体に障害のある者全般を指す語として法律に初めて用いられ，現在も使用されている。

　戦後，わが国では日本国憲法のもとに社会福祉関係の法律の制定が進められた。身体障害者福祉法は，戦前の救貧対策の一部としての位置づけから障害者への福祉対策が分離することとなった初の障害者福祉の法律として画期的なものであった。また，戦後の浮浪児，戦災孤児等とともに知的障害児については1947（昭和22）年に制定された児童福祉法において対策が進められたが，成人となった知的障害者への対策が必要となり，1960（昭和35）年に精神薄弱者福祉法（現，知的障害者福祉法）が制定された。1970（昭和45）年には福祉施策だけではなく医療，教育等の広範囲に及ぶ施策の推進を図ることを目的とした心身障害者対策基本法が制定された。1980年代に入り，1981（昭和56）年の国際障害者年，続く1982（昭和57）年に国連総会にて採択された障害者に関する世界行動計画，1983（昭和58）年から1992（平成4）年の国連・障害者の十年等において国際的な行動計画が示されることとな

り，これらの動きのなかでノーマライゼーション（normalization）の思想がわが国でも浸透していった。

いわゆる3障害のうち，精神障害者は保健医療の対象とされていたが，宇都宮病院事件等を機に1987（昭和62）年に精神衛生法から精神保健法への改正，1993（平成5）年に精神保健法の改正，また同年の心身障害者対策基本法から障害者基本法への改正等により精神障害者が障害者施策の対象として位置づけられた。さらに1995（平成7）年には精神保健法が精神保健及び精神障害者福祉に関する法律（以下，精神保健福祉法）に改正された。また，これまで知的障害者としての位置づけが難しかった発達障害者への施策として，2004（平成16）年には発達障害者支援法が制定された。

このように障害（児）者に対する制度・施策は障害の種別や年齢ごとに整備されてきたが，2005（平成17）年に成立した障害者自立支援法によって，障害（児）者が福祉サービスを利用するための共通の仕組みが規定され，サービス体系の再編や新たなサービス体系の創出等がなされた。

2000（平成12）年の社会福祉基礎構造改革以降，サービス利用者と提供者との対等な関係の確立，多様なサービス提供主体の参入促進，市場原理によるサービスの質と効率化の向上が理念として示され，障害（児）者全体は措置の対象から，サービスを利用する者（user），消費者（consumer）等，生活の主体者としてとらえられるようになった。

抜本的な改革を目指して公布された障害者自立支援法ではあったが，定率の利用者負担原則について当初から問題が生じ，緊急措置，利用者の個別減免等負担軽減措置がなされ，2010（平成22）年の同法改正により利用者負担は応能負担となった。2012（平成24）年に地域社会における共生の実現に向けて新たな障害保健福祉施策を講ずるための関係法律の整備に関する法律の成立により，2013（平成25）年4月から障害者の日常生活及び社会生活を総合的に支援するための法律（以下，障害者総合支援法）が施行された。

2006（平成18）年，法的な拘束力のある条約として障害者の権利に関する条約が国連総会で採択され，日本は2007（平成19）年にこの条約に署名した。その後，条約批准に向けて法制度の整備が行われ，2011（平成23）年には障害者虐待の防止，障害者の養護者に対する支援等に関する法律（以下，障害

者虐待防止法）の成立，同年に障害者基本法の改正が行われ，障害者の権利に関する条約を意識したものとなった。さらに2013（平成25）年には障害を理由とする差別の解消の推進に関する法律（以下，障害者差別解消法）が成立，翌年の2014（平成26）年に条約を批准し，国内においても発効した。2016（平成28）年には国内外の動向を踏まえ，発達障害者の支援の充実を図るため発達障害者支援法が制定以来，初めて改正されることとなった。

②――障害の概念

世界保健機関（WHO）は1980（昭和55）年に国際障害分類（International Classification of Impairments, Disabilities and Handicaps：ICIDH）を制定した（図6-1）。ICIDH は障害を生物学的・解剖学的なレベルとしての機能障害（impairment），生活活動の制限または欠陥としての能力障害（disability），個人に生じた不利益であり，その個人の正常な役割を果たすことの制限を意味する社会的不利（handicap）の三つの段階の連続として定義した。この分類は社会通念上の障害者観を体系化した点では重要であった。その後，2001（平成13）年に WHO は ICIDH の改定版として，国際生活機能分類（International Classification of Functioning, Disability and Health：ICF）を採択した（図6-2）。その特徴として，
① 心身機能・身体構造，活動，参加のマイナス的側面を，機能障害，活動制限，参加制約とし，その総称を障害という言葉で整理した。
② 加齢等も含めた広義の健康状態についての概念的枠組みを整理し，中立的な表現を用いた。

図6-1 国際障害分類（ICIDH）モデル

出典：厚生省仮訳「WHO 国際障害分類試案」厚生統計協会，1984.

図6-2 国際生活機能分類（ICF）の構造

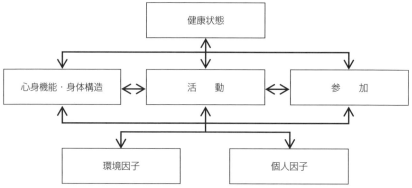

出典：障害者福祉研究会編『ICF 国際生活機能分類—国際障害分類改定版—』中央法規出版, p.17, 2002.

③ 直線的なモデルから各次元や要素が相互に関係している相互作用モデルとした。
④ 心身機能に変調がある個人を多様な要因（環境・個人）との相互関係としてとらえた。

等が挙げられる。

このように ICF は障害状況のマイナス的側面のみに焦点を当てず，生活機能というプラス的側面に注目し，さまざまな因子によって誰にでも起こりうる活動や参加の制限を把握することを可能にした。[1]

3 ── 障害（児）者福祉の対象

ここでは，障害者に関係する各法律に規定されている定義について整理する。

まず，障害者の定義は障害者基本法に規定されている。この法律は日本国憲法と各法律との間にあり，施策の基本事項を定めている。同法において，障害者とは「身体障害，知的障害，精神障害（発達障害を含む。）その他の心身の機能の障害（以下「障害」と総称する。）がある者であって，障害及び社会的障壁により継続的に日常生活又は社会生活に相当な制限を受ける状

態にあるもの」であり，社会的障壁とは「障害がある者にとって日常生活又は社会生活を営む上で障壁となるような社会における事物，制度，慣行，観念その他一切のものをいう」（第2条）と規定されている。

身体障害者福祉法における身体障害者の定義は「別表に掲げる身体上の障害がある18歳以上の者であって，都道府県知事からの身体障害者手帳の交付を受けたものをいう」（第4条）と規定されている。別表では，①視覚障害，②聴覚障害・平衡機能障害，③音声機能障害・言語機能障害・そしゃく機能障害，④肢体不自由，⑤心臓・腎臓・呼吸器・ぼうこう・直腸・小腸・ヒト免疫不全ウイルスによる免疫・肝臓の機能障害といった障害の種類と各種類の障害程度の範囲を示している。

知的障害者福祉法には，知的障害者の定義は明記されていないが，厚生労働省の知的障害児（者）基礎調査の定義によれば「知的機能の障害が発達期（おおむね18歳まで）にあらわれ，日常生活に支障が生じているため，何らかの特別の援助を必要とする状態にあるもの」とされている。このなかで「知的機能の障害」の判定基準は「標準化された知能検査（ウェクスラーによるもの，ビネーによるものなど）によって測定された結果，知能指数がおおむね70までのもの」と規定し，「日常生活能力」は自立機能，運動機能，意思交換，探索操作，移動，生活文化，職業等の項目の到達水準を同年齢の水準と比較し総合的に判定する。

精神保健福祉法における精神障害者の定義は「統合失調症，精神作用物質による急性中毒又はその依存症，知的障害，精神病質その他の精神疾患を有する者をいう」（第5条）と規定されている。ただし，福祉施策の分野では知的障害に関しては知的障害者福祉法の対象となるため同法の対象とはしない。

発達障害者支援法では，発達障害は「自閉症，アスペルガー症候群その他の広汎性発達障害，学習障害，注意欠陥多動性障害その他これに類する脳機能の障害であってその症状が通常低年齢において発現するものとして政令で定めるものをいう」と規定されており，発達障害者を「発達障害がある者であって発達障害及び社会的障壁により日常生活又は社会生活に制限を受けるもの」（第2条）と定義している。

障害児とは，児童福祉法では「身体に障害のある児童，知的障害のある児童，精神に障害のある児童（発達障害者支援法第2条第2項に規定する発達障害児を含む。）又は治療方法が確立していない疾病その他の特殊の疾病であって障害者の日常生活及び社会生活を総合的に支援するための法律第4条第1項の政令で定めるものによる障害の程度が同項の厚生労働大臣が定める程度である児童をいう」（第4条第2項）と規定されている。従来までは主に18歳に満たない身体障害・知的障害が対象であったが，2010（平成22）年の改正で精神に障害のある児童および発達障害児が加えられた。

④──障害（児）者の実態

　身体障害，知的障害，精神障害の3区分による厚生労働省の調査から障害者数の概数をみると，身体障害者392万2000人，知的障害者74万1000人，精神障害者392万4000人であり，人口1000人当たりの人数で見ると，身体障害者は31人，知的障害者は6人，精神障害者は31人となる。複数の障害を併せもつ者もいるが，国民の約6.7％が何らかの障害を有していることになる。

1　身体障害（児）者の実態

　2011（平成23）年の生活のしづらさなどに関する調査（全国在宅障害児・者等実態調査）によれば，身体障害児・者の総数は392万2000人であり，18歳以上の在宅の身体障害者数は376万6000人である。障害の種別の人数は，肢体不自由が170万8800人（44.2％），視覚障害が31万5500人（8.2％），聴覚・言語障害が32万3900人（8.4％），内部障害が93万300人（24.1％）となっており，肢体不自由者が多い。在宅者の年齢階級別では，65歳以上が全体の68.7％を占める265万5000人で，20年前に比べ132万5000人増加している。他の年齢層は減少か横ばいで推移していることからも，高齢化の影響が表れていることがわかる。障害の程度については，最重度である身体障害者手帳1級が最も多く105万2200人（27.2％），2級が58万4800人（15.1％），3級が64万8700人（16.8％），4級66万3000人（17.2％），5級17万8900人（4.6％），6級15万900人（3.9％），不詳58万5300人（15.1％）となっている。

18歳未満の在宅の身体障害児数は7万2700人と推計されている。障害種類別にみると，肢体不自由が4万2300人（58.2％），聴覚・言語障害が1万1800人（16.2％），内部障害が9800人（13.5％），視覚障害が4900人（6.7％）であり，肢体不自由児が半数以上を占めている。

2 知的障害（児）者の実態

2011（平成23）年の生活のしづらさなどに関する調査（全国在宅障害児・者等実態調査）によれば，知的障害児・者の総数は74万1000人であり，そのうち18歳以上の在宅の知的障害者数は46万6000人である。在宅者の年齢階級別では，18～64歳が40万8000人で65.6％と最も多く，65歳以上は5万8000人で9.3％であり，身体障害者と比べて65歳以上の割合が低い特徴がみられる。障害の程度については，療育手帳の重度が24万2000人（38.9％），その他が30万3000人（48.7％），不詳が7万7000人（12.4％）となっている。

18歳未満の在宅の知的障害児数は15万1900人と推計されている。障害の程度別にみると，重度が5万4000人（35.5％），その他が9万人（59.2％），不詳が7900人（5.2％）であり，その他が全体の半分以上を占めている。

3 精神障害（児）者の実態

2014（平成26）年の患者調査によれば，精神障害者の総数は392万4000人であり，20歳以上の精神障害者は365万5000人，20歳未満の精神障害者は26万9000人となっている。外来の精神障害者361万1000人の年齢階層別の内訳は，20歳未満26万6000人（7.4％），20歳以上65歳未満202万3000人（56.0％），65歳以上132万4000人（36.7％）となっており，調査時点の高齢化率26.0％に比べ，高い水準となっている。65歳以上の割合の推移をみると，2008（平成20）年から2014（平成26）年までの6年間で，65歳以上の割合は31.5％から36.7％へと上昇している。外来の精神障害者の精神疾患の種類で最も多いのは気分（感情）障害（躁うつ病を含む）108万7000人で約3割を占め，続いて神経症性障害，ストレス関連障害および身体表現性障害が71万8000人，統合失調症，統合失調症型障害および妄想性障害が60万7000人等となっている。これに対し，入院の精神障害者31万3000人のうち統合失調症，

統合失調症型障害および妄想性障害は16万6000人と最も多く，5割以上を占めている。2016（平成28）年度末現在の精神障害者保健福祉手帳交付台帳登載数は92万1022人で，前年度に比べ5万7373人（6.6％）増加している。1級が11万6012人，2級が55万819人，3級が25万4191人となっており，2級が約6割を占めている。

第2節 障害（児）者福祉の施策

① 障害者自立支援法から障害者総合支援法へ

2003（平成15）年，身体障害者・知的障害者・障害児（居宅生活支援に限る）に対する従来の措置制度に代わり，利用者が自らサービスを選択する支援費制度が導入された。これにより，障害者の自己決定の尊重，利用者本位のサービス提供，利用者と事業者との対等な関係の構築，契約によるサービス利用，ニーズに応じたサービスの質の向上を目指した。その結果，新たなサービス利用者が増加し，地域生活支援が進展した。

一方で，利用者の急増によるサービス費用の増大，全国共通の利用の決まりがなく，サービス提供体制，財政力の違いによるサービス水準の地域間格差がみられた。加えて，障害種別ごとにもサービス格差があり，精神障害は対象とされていなかった。その他，働く意欲のある障害者が必ずしも働けていない等，障害者が地域で当たり前の生活をする基盤が不十分である等の課題が浮上した。このため，厚生労働省は施策の改革が必要であるとし，2005（平成17）年に障害者自立支援法が成立した。

この法律では，自立と共生の社会を実現し，障害者が地域で暮らせる社会を目指し，
① 障害の種別（身体障害・知的障害・精神障害）にかかわらず，障害のある人々が必要とするサービスを利用できるよう，サービスを利用するための仕組みを一元化し，施設・事業を再編

② 障害のある人々に，身近な市町村が責任をもって一元的にサービスを提供
③ サービスを利用する人々もサービスの利用量と所得に応じた負担を行うとともに，国と地方自治体が責任をもって費用負担を行うことをルール化して財源を確保し，必要なサービスを計画的に充実
④ 就労支援を抜本的に強化
⑤ 支給決定の仕組みを透明化，明確化

の五つの改革の基本的な方向性が示された。

　その後，「障がい者制度改革推進本部等における検討を踏まえて障害保健福祉施策を見直すまでの間において障害者等の地域生活を支援するための関係法律の整備に関する法律」が2010（平成22）年に成立し，障害者自立支援法の一部が改正された。さらに，2012（平成24）年6月に「地域社会における共生の実現に向けて新たな障害保健福祉施策を講ずるための関係法律の整備に関する法律」が成立・公布された。この法律で障害者自立支援法の名称が障害者総合支援法に改められたほか，障害者自立支援法に規定していた法律の目的を変更し，自立に代わり基本的人権を享有する個人としての尊厳を示し，障害者基本法を踏まえた新しい基本理念を掲げた。また，障害（児）者の制度の谷間を埋めるため，障害者の範囲に難病等を加え，障害程度区分を見直し，障害支援区分が創設された。さらに，障害者に対する支援（①重度訪問介護の対象拡大，②共同生活介護（ケアホーム）の共同生活援助（グループホーム）への一元化，③地域移行支援の対象拡大，④地域生活支援事業の追加）やサービス基盤の計画的整備が盛り込まれた。障害者総合支援法の施行後，常時介護を要する障害者等に対する支援，障害福祉サービスのあり方，障害支援区分の認定を含めた支援決定のあり方，障害者の意思決定支援のあり方等について検討を行い，段階的に施策を実施し，その検討の際には障害者や家族，関係者の意見を反映させるために必要な措置を講じるとした。このため，施行後3年を目途に見直すとした最後の年にあたる2016（平成28）年5月に「障害者の日常生活及び社会生活を総合的に支援するための法律及び児童福祉法の一部を改正する法律」が成立し，2018（平成30）年4月に施行されることになった（一部は公布日の施行）。

②──障害者総合支援法の概要

1 障害者総合支援法の対象者

　障害者総合支援法の対象となる障害者の定義については，第4条第1項に「この法律において「障害者」とは，身体障害者福祉法第4条に規定する身体障害者，知的障害者福祉法にいう知的障害者のうち18歳以上である者及び精神保健及び精神障害者福祉に関する法律第5条に規定する精神障害者（発達障害者支援法第2条第2項に規定する発達障害者を含み，知的障害者福祉法にいう知的障害者を除く。以下「精神障害者」という。）のうち18歳以上である者並びに治療方法が確立していない疾病その他の特殊の疾病であって政令で定めるものによる障害の程度が厚生労働大臣が定める程度である者であって18歳以上であるものをいう」と規定されている。また，障害児については第2項に「児童福祉法第4条第2項に規定する障害児をいう」と規定されている。なお，2017（平成29）年4月から障害福祉サービス等の対象となる難病患者等の疾病が332疾病から358疾病へ拡大された。

2 自立支援給付と地域生活支援事業

　対象者の総合的な自立支援のために，自立支援給付と地域生活支援事業がある（図6-3）。

　自立支援給付は，利用者への個別給付となるサービスの総称で，介護給付と訓練等給付，補装具，自立支援医療，地域相談支援，計画相談支援に区分され，介護給付，訓練等給付が具体的な障害福祉サービス事業に分けられている。なお，介護給付は障害の特性，心身の状況に応じた標準的な支援の度合いによってサービスの対象者が決定するが，訓練等給付は原則としてそのサービスの利用を希望する人が対象となる（共同生活援助のうち身体介護を伴う場合を除く）（表6-1）。その他の自立支援給付として，補装具費，自立支援医療費，地域相談支援給付費，計画相談支援給付費が挙げられる。

　補装具費は，障害（児）者の身体機能を補完し，また代替し，長期間にわたり継続して使用されるもの等で，厚生労働大臣が指定する義肢，装具，車

いす等がある。補装具の購入，修理が必要と市町村が認めた場合に支給される。

自立支援医療費は，従来の身体障害者福祉法に基づく更生医療，児童福祉法に基づく育成医療，精神保健福祉法に基づく精神通院医療を統合・移行したものである。指定自立支援医療機関から障害（児）者の障害の軽減を図り，自立した日常生活または社会生活を営むために必要な医療を受けた場合に支給される。

地域相談支援給付費は，都道府県知事が指定する一般相談支援事業者からの支援を受けた場合に支給される。地域相談支援は，地域移行支援および地域定着支援から構成されており，地域移行支援は施設に入所している障害者または精神科病院に入院している精神障害者について住居の確保その他の地域に移行するための活動に関する相談等を行う。なお，2014（平成26）年からは救護施設，更生施設，矯正施設等の入所者も対象となった。地域定着支援は，地域で一人暮らしをしている障害者と常時の連絡体制を確保し，緊急時に相談，対応等を行う。

計画相談支援給付費は，市町村が指定する特定相談支援事業者から支援を受けた場合に支給される。計画相談支援は，サービス利用支援および継続サービス利用支援から構成されており，サービス利用支援は，障害者の心身の状況やおかれている環境を勘案し，利用するサービスの内容を定めたサービス等利用計画を作成する。継続サービス利用支援は，サービス等利用計画が適切であるかどうかを一定期間ごとに検証し，計画の見直しや変更を行う。

地域生活支援事業は，障害（児）者が基本的人権を享有する個人としての尊厳にふさわしい日常生活，社会生活を送るうえで重要な事業として位置づけられており，市町村地域生活支援事業，都道府県地域生活支援事業がある。

図6-3 自立支援給付と地域生活支援事業の構成

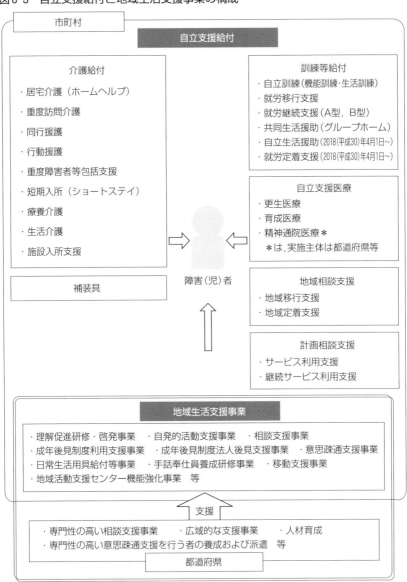

出典：厚生労働省資料を一部改変

表6-1　介護給付と訓練等給付

区分	障害福祉サービス名	サービス内容
介護給付	居宅介護（ホームヘルプ）	自宅で，入浴，排せつ，食事等の介護や掃除，買い物等の家事支援を行う
介護給付	行動援護	知的・精神障害により行動上著しい困難があり，常時介護が必要な人に危険を回避するために必要な支援や外出支援を行う
介護給付	同行援護	視覚障害者に対して，移動に必要な情報の提供（代筆・代読を含む），移動の援護，食事，排せつの介護等の外出支援を行う
介護給付	重度訪問介護	重度の肢体不自由者または知的・精神障害により，行動上著しい困難を有する人で常時介護を必要とする人に，身体介護，家事援助（育児支援含む），移動介護等を総合的に行う。2018（平成30）年4月より，最重度の障害者であるサービスの利用者は，入院中の支援も可能になる
介護給付	重度障害者等包括支援	介護の必要性が著しく高い人に，居宅介護等複数のサービスを包括的に行う
介護給付	生活介護	常時介護を必要とする人に，主に昼間，入浴，排せつ，食事の介護等を行うとともに，創作的活動または生産活動の機会を提供する
介護給付	療養介護	医療と常時介護を必要とする人に，主に昼間，医療機関で機能訓練，療養上の管理，看護等を行う。療養介護のうち，医療にかかるものを療養介護医療として提供する
介護給付	短期入所（ショートステイ）	介護者が病気の場合等に，短期間，障害者支援施設等で入浴，排せつ，食事の介護等を行う
介護給付	施設入所支援	障害者支援施設に入所する人に，主に夜間，入浴，排せつ，食事の介護等を行う
訓練等給付	自立訓練（機能訓練・生活訓練）	自立した日常生活または社会生活ができるよう，一定期間，身体機能または生活能力の向上のために必要な訓練を行う
訓練等給付	就労移行支援	一般企業等への就労を希望する人に，一定期間，就労に必要な知識および能力の向上のために必要な訓練を行う
訓練等給付	就労継続支援（A型：雇用型・B型：非雇用型）	一般企業等での就労が困難な人に，働く場を提供するとともに，知識および能力の向上のために必要な訓練を行う。雇用契約を結ぶA型と，雇用契約を結ばないB型がある
訓練等給付	共同生活援助（グループホーム）	主に夜間，共同生活を行う住居で，相談，入浴，排せつ，食事の介護や日常生活上の援助を行う
訓練等給付	自立生活援助（2018（平成30）年4月〜）	施設入所支援や共同生活援助を利用していた障害者が居宅において日常生活を送れるように，定期的な巡回訪問や随時の対応により，円滑な地域生活に向けた相談・助言等を行う
訓練等給付	就労定着支援（2018（平成30）年4月〜）	就労に向けた一定の支援を受けて通常の事業所に新たに雇用された障害者を対象として，就業に伴う生活面の課題に対応できるよう，事業所，家族等との連絡調整等の支援を行う

③ 日中活動と居住支援の組み合わせ

24時間を同じ施設の中で過ごすのではなく，日中活動と居住の支援を組み合わせて利用できるよう，昼のサービス「日中活動」と夜のサービス「居住支援」に分離させた。これにより，利用者一人ひとりの日常生活に焦点を当て，日中活動の場と暮らしの場を区別し，希望に応じて複数のサービスを選択・組み合わせる形式になっている（図6-4）。

④ 支給決定・サービス利用の流れ

障害者福祉サービスの利用を希望する障害者および障害児の保護者は，市町村の支給決定を受けなければならない。支給決定・サービス利用の流れについては図6-5を参照されたい。

1 介護給付の場合

① 障害者本人または障害児の保護者は市町村に支給の申請を行う。
② 市町村（もしくは委託された指定一般相談支援事業者等）により心身の状態を把握するため認定調査が実施される。認定調査票は，移動や動作等に関連する項目・身の回りの世話や日常生活等に関連する項目・意思疎通

図6-4 日中活動と居住支援の組み合わせ

日中活動の場	居住支援の場
以下から1ないし複数の事業を選択 • 療養介護＊ • 生活介護 • 自立訓練（機能訓練・生活訓練） • 就労移行支援 • 就労継続支援（A型・B型） • 地域活動支援センター（地域生活支援事業） ＊療養介護については，医療機関への入院とあわせて実施	• 障害者支援施設の施設入所支援 または • 居住支援 （グループホーム，福祉ホーム）

出典：厚生労働省資料を一部改変

等に関連する項目・行動障害に関連する項目・特別な医療に関連する項目の5領域80項目からなり，認定調査員が各調査項目に関する特記事項を記入する。

③　5領域80項目の結果と医師意見書の一部項目の結果についてコンピュータ処理を行い，非該当または障害支援区分の1〜6のいずれに該当する可能性が高いか，一次判定を行う。

④　市町村審査会で，一次判定結果・特記事項・医師意見書の内容を総合的に勘案し，二次判定を行う。

⑤　障害支援区分，障害支援区分の有効期限（原則3年），支給決定に関する審査会の意見が市町村に通知される。

⑥　市町村は，指定特定相談支援事業者が作成するサービス等利用計画案の提出を障害者または障害児の保護者に求める（本人，家族，支援者等が作成するセルフプランを提出することもできる）。

⑦　市町村は，市町村審議会の意見，障害支援区分，社会活動や介護者，居住などの状況，サービスの利用意向，訓練・就労に関する評価，サービス等利用計画案をもとに支給決定を行う。

　市町村は，障害福祉サービスの種類ごとに，月を単位として，期間，支給量を定め，それらを記載した障害福祉サービス受給者証を障害者または障害児の保護者に交付する。また，障害支援区分に関する処分や支給・支払決定にかかる処分等に不服がある場合，利用者は都道府県に設置された障害者介護給付費等不服審査会に審査請求を行う。

2　訓練等給付の場合

　訓練等給付は，介護給付と異なり，正式な支給決定前に暫定支給決定が行われる。訓練等給付では利用者にとってそのサービスが適当かどうかを判断するために，一定期間サービスを利用してもらい，訓練効果の可能性や利用者本人の利用意思等を確認する。なお，確認できない場合は，サービスの種類の見直しやほかのサービス提供事業者で再評価を行う。確認できた場合には，サービス事業者が到達目標や支援内容等を具体的に設定（個別支援計画案を作成）し，市町村がこの個別支援計画案をもとに支給期間等を設定し，

図6-5 支給決定・サービス利用の流れ

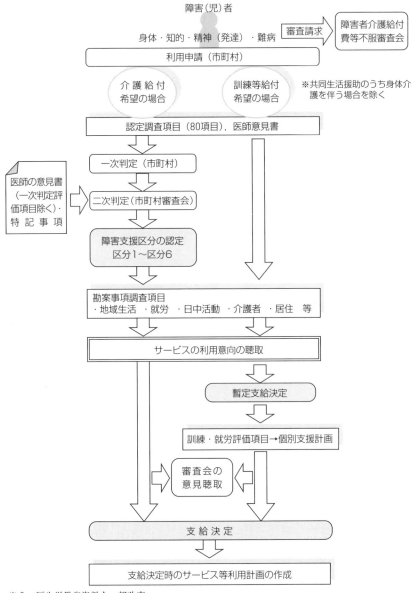

出典：厚生労働省資料を一部改変

支給決定を行う。支給期間が経過した段階で再評価を行い，一定の改善が認められた場合は，サービス提供期間が延期される。支給期間経過後は，原則として更新は行わないが，サービス提供事業者の評価に基づき再評価を行った結果，①訓練による一定の改善がみられている，②給付継続により一般就労等のさらなる成果が期待できる場合に，追加訓練期間等を明示した個別支援計画案を提示し，市町村の審査を受け，支給決定が更新される。

⑤──障害福祉サービス等の利用に対する利用者負担

障害者総合支援法に基づく障害福祉サービスを利用した場合，費用の一部を利用者が負担する。「家計の負担能力その他の事情をしん酌して政令で定める額」が負担上限月額として決められており，利用者は，負担上限額を上回る場合に負担上限月額を負担する。ただし，負担上限月額よりもサービスに要する費用の1割相当額のほうが低い場合には，サービスに要する費用の1割の額を負担する。なお，政令で定める負担上限月額は図6-6，表6-2に示すとおりである。

障害福祉サービスおよび介護保険制度における居宅サービス等を利用した

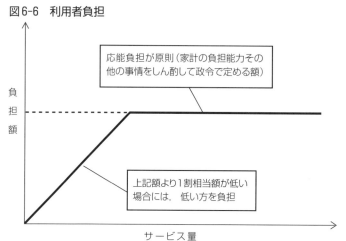

図6-6 利用者負担

出典：社会福祉士養成講座編集委員会編『新・社会福祉士養成講座14 障害者に対する支援と障害者自立支援制度 第5版』中央法規出版，p.124, 2016.

表6-2 負担上限額の設定

区分	生活保護受給世帯	市町村民税非課税世帯	一般（市町村民税課税世帯）				世帯の範囲	
			市町村民税所得割				障害者	障害児
			16万円未満	28万円未満	46万円未満	46万円超		
福祉サービス（居宅・通所）[障害者]	0円	0円	9,300円	37,200円			本人および配偶者 ※	住民基本台帳の世帯 ※
福祉サービス（居宅・通所）[障害児]	0円	0円	4,600円		37,200円			
福祉サービス（入所施設等）[障害者（20歳以上）]	0円	0円	37,200円					
福祉サービス（入所施設等）[障害者（20歳未満）・障害児]	0円	0円	9,300円		37,200円			
補装具	0円	0円	37,200円			全額自己負担		

※施設に入所する20歳未満の障害者または障害児について，当該障害者または障害児を監護する者（保護者等）の属する世帯とする
出典：社会福祉士養成講座編集委員会編『新・社会福祉士養成講座14 障害者に対する支援と障害者自立支援制度 第5版』中央法規出版，p.124，2016.

ことにより利用者負担が著しく高額になった場合，高額障害福祉サービス等給付費が支給される。また，それぞれ障害のある夫婦が同時に障害福祉サービスを利用した場合，利用者負担額が高額になる可能性があることから，高額障害福祉サービス等給付費が支給される。なお，2012（平成24）年4月から，補装具の購入または修理にかかる利用者負担額も高額障害福祉サービス等給付費の合算対象となった。

⑥──障害者総合支援法の改正

2016（平成28）年5月，「障害者の日常生活及び社会生活を総合的に支援するための法律及び児童福祉法の一部を改正する法律」が成立し，2018（平

成30）年4月に施行されることになった（一部は公布日の施行）。改正内容は，2015（平成27）年12月の社会保障審議会障害者部会報告書「障害者総合支援法施行3年後の見直しについて」を踏まえたもので，大きく三つに整理されている。「1　新たな地域生活の展開」においては，本人の意思を尊重した地域生活を支援する自立生活援助や一般就労へ移行した障害者に対する就労定着支援の創設，重度訪問介護の訪問先の拡大，高齢障害者が介護保険サービスを円滑に利用できるよう利用者負担の軽減措置が盛り込まれた。「2　障害者のニーズに対するよりきめ細かな対応」においては，重度の障害等で外出することが著しく困難な障害児に対する居宅訪問型児童発達支援の創設，乳児院等の入所施設で生活する児童についても保育所等訪問支援が利用できるよう支給対象を拡大するほか，自治体の医療的ケアを要する障害児への支援体制の整備，障害児福祉計画の策定の義務づけが明示された。「3　質の高いサービスを持続的に利用できる環境整備」においては，補装具費の支給範囲を拡大し貸与を追加，さらに障害福祉サービス等の情報公表制度の創設，自治体による調査事務・審査事務の効率化が挙げられている。なお，法律の概要については表6-3を参照されたい。

第3節
障害（児）者福祉の課題

　障害者総合支援法に限ってみると，2016（平成28）年改正では，障害（児）者の地域生活支援を基盤に施策の見直しが進められた。前年に社会保障審議会障害者部会がとりまとめた報告書には，今回の改正では取り上げられなかった論点が記載されており，ここから課題や今後の取り組みの必要な事項が見受けられる。

　第一に，常時介護を要する障害者等に対する支援である。障害者の地域生活・地域移行の受け皿として重要な共同生活援助（グループホーム）の整備が進められ，2015（平成27）年には約10万人が利用している。重度障害者が自分らしく地域で生活できるよう，今後もサービス量を確保するとともにマ

表6-3 障害者の日常生活及び社会生活を総合的に支援するための法律及び児童福祉法の一部を改正する法律　概要

【趣旨】
障害者が自らの望む地域生活を営むことができるよう，「生活」と「就労」に対する支援の一層の充実や高齢障害者による介護保険サービスの円滑な利用を促進するための見直しを行うとともに，障害児支援のニーズの多様化にきめ細かく対応するための支援の拡充を図るほか，サービスの質の確保・向上を図るための環境整備等を行う。

【概要】
1　障害者の望む地域生活の支援
　(1)　施設入所支援や共同生活援助を利用していた者等を対象として，定期的な巡回訪問や随時の対応により，円滑な地域生活に向けた相談・助言等を行うサービスを新設する（自立生活援助）
　(2)　就業に伴う生活面の課題に対応できるよう，事業所・家族との連絡調整等の支援を行うサービスを新設する（就労定着支援）
　(3)　重度訪問介護について，医療機関への入院時も一定の支援を可能とする
　(4)　65歳に至るまで相当の長期間にわたり障害福祉サービスを利用してきた低所得の高齢障害者が引き続き障害福祉サービスに相当する介護保険サービスを利用する場合に，障害者の所得の状況や障害の程度等の事情を勘案し，当該介護保険サービスの利用者負担を障害福祉制度により軽減（償還）できる仕組みを設ける

2　障害児支援のニーズの多様化へのきめ細かな対応
　(1)　重度の障害等により外出が著しく困難な障害児に対し，居宅を訪問して発達支援を提供するサービスを新設する
　(2)　保育所等の障害児に発達支援を提供する保育所等訪問支援について，乳児院・児童養護施設の障害児に対象を拡大する
　(3)　医療的ケアを要する障害児が適切な支援を受けられるよう，自治体において保健・医療・福祉等の連携促進に努めるものとする
　(4)　障害児のサービスにかかる提供体制の計画的な構築を推進するため，自治体において障害児福祉計画を策定するものとする

3　サービスの質の確保・向上に向けた環境整備
　(1)　補装具費について，成長に伴い短期間で取り替える必要のある障害児の場合等に貸与の活用も可能とする
　(2)　都道府県がサービス事業所の事業内容等の情報を公表する制度を設けるとともに，自治体の事務の効率化を図るため，所要の規定を整備する

【施行期日】
2018（平成30）年4月1日（2(3)については公布の日（2016（平成28）年6月3日））

出典：厚生労働省資料を一部改変

ンパワーの確保も必須である。また，ボランティア等のインフォーマルサービスの活用やピアスタッフ等の当事者自身が支え手となることも期待される。

　第二に，高齢の障害者に対する支援である。障害者が介護保険サービスを利用するにあたって，これまで利用していた障害福祉サービス事業所とは別の事業所を利用することになる等の課題が指摘されている。また，障害者の心身機能の低下に伴い，従来の事業所の体制・人員では支援が行き届かなくなることや障害者自身も事業所の日中活動への参加が困難となる等の指摘があり，事業所における高齢者に対応する知識や技術の向上が必要である。

　第三に，就労の支援である。就労移行支援・就労継続支援から一般就労に移行した障害者数は，平成20年度の1724人から5年間で約1万人となり，民間企業における障害者雇用についても年々増加している。一般就労に向けた支援や移行実績，就労継続支援B型事業所での高賃金の実現等への適切な評価の実施が必要である。事業所のなかには，障害者のアート作品と一般企業とのコラボレーション商品の開発等，障害者の能力を見出すエンパワメントの視点や一般企業等の社会資源との連携を基盤とした実践が行われており，今後の施策に活かしていくことも重要であろう。

　第四に，障害児に対する支援である。放課後等デイサービスは2012（平成24）年に児童福祉法に位置づけられ，児童発達支援センター等の施設で生活能力の向上の訓練，社会との交流の促進等を行うことと規定されている。障害児が放課後や長期休暇等にさまざまな人とかかわり，子ども同士が遊びを通して多様な経験ができる場として本事業に求められる役割は大きい。一方，事業所数や利用者数の急激な増加や保護者からの相談を受ける体制が十分に整備されていない等が指摘されており，質の向上や担保が必要である。

　以上のように，近年，障害（児）者福祉の制度の見直しが図られるほか，障害者の権利に関する条約の批准に向け，障害者基本法の改正，さらには障害者虐待防止法や障害者差別解消法の成立等，関係する法制度の整備がなされた一方，2016（平成28）年障害者支援施設で施設の元職員による殺傷事件が発生した。これを受け，事件の検証と再発防止策を検討するチームが設置され，報告書を作成した。このなかで，事件の背景に障害者への一方的かつ

身勝手な偏見や差別意識があったことへの指摘とともに，これらを払拭し，一人ひとりの命の重さは障害の有無によって変わることはないという当たり前の価値観を社会全体で共有することの重要性が明記されている。

今回の事件は，障害者基本法が目的とする共生社会の実現の重要性が認識されただけでなく，障害の有無にかかわらず相互に人格と個性を尊重し合いながら，ともに生きる社会の実現に寄与するよう努めなければならない国民の責務について，改めて問われたものとしてとらえなければならない。たった一人の歪んだ考え方によって引き起こされた特異な事例とはせず，今一度この事件を生み出した社会を構成する私たち一人ひとりが，自分事として考えることが求められている。

▶ 引用・参考文献
1) 上田敏『KSブックレット5 ICF（国際生活機能分類）の理解と活用——人が「生きること」「生きることの困難（障害）」をどうとらえるか』きょうされん，pp.15-28，2005．

- 社会福祉士養成講座編集委員会編『新・社会福祉士養成講座14 障害者に対する支援と障害者自立支援制度 第5版』中央法規出版，2016．
- 坂本洋一『図説よくわかる障害者総合支援法 第2版』中央法規出版，2017．
- 日本障害者リハビリテーション協会『ノーマライゼーション 障害者の福祉』第36巻通巻421号，2016．
- 精神保健医療福祉白書編集委員会編『精神保健医療福祉白書 2017——地域社会での共生に向けて』中央法規出版，2016．
- 内閣府『障害者白書 平成28年版』2016．
- 内閣府『障害者白書 平成29年版』2017．
- 厚生労働省社会保障審議会（障害者部会）報告書「障害者総合支援法施行3年後の見直しについて」2015．

第 7 章
高齢者の問題と社会福祉

第 1 節
高齢者福祉の概念と対象

1 ── 高齢者とは

　国際連合の専門機関である世界保健機関（WHO）では，65歳以上の者を高齢者としているが，科学的根拠や心身の状況から明確に定義づけされているわけではなく，わが国では一般的には65歳以上の者を指している。そのなかでも，65歳以上74歳以下を前期高齢者，75歳以上を後期高齢者という。

　65歳以上の高齢者の人口が総人口に占める割合を示す高齢化率が，7％を超えた社会を「高齢化社会」，14％を超えた社会を「高齢社会」，21％を超えた社会を超高齢社会という。日本での高齢化率は，2016（平成28）年現在で27.3％となっている。

　日本における高齢化は，ただ高齢者の割合だけが増加しているという訳ではない。一つ目に，「前期高齢者」における就業者の割合は，13年連続で増加し，2016（平成28）年は770万人と比較可能な1968（昭和43）年以降では過去最多となっており，就業率は，男性が30.9％，女性が15.8％となっている。このうち，65～69歳の就業率は，男性が53.0％，女性が33.3％といずれも前年より高くなっている[1]。

　二つ目に，「後期高齢者」になると疾病や障害を抱え，要介護状態になる割合も大きく増えることが明らかであり，平成27年度末時点の要介護認定者数606万8000人（第1号被保険者）のうち，87.6％（531万3000人）が「後期高齢者」となっている現状である[2]。

このような傾向は，今後の高齢者対策を考えていくうえで，「要支援・要介護者に対する各種介護サービスや介護予防等の充実を図ることだけでよい」などと一概にはいえず，それよりも，いかに健康で元気な高齢者に対する雇用・就業の機会を確保していく取り組みができるかが，今後の課題ともなっていくであろう。

2——人口動向からみる家族形態の変化

わが国は，人口動向からみても高齢者の人口はさらに増加することは明らかで，さらに，65歳以上の者のいる「単独世帯」「夫婦のみの世帯」は65歳以上の者のいる世帯の半数を超えることになる[3)]（図 7-1）。

人口動向からみる時代変化は家族の形が多様化し，夫婦・親子・きょうだいなどの近親者のみならず，事実婚や同性愛の相手，なかにはペットも大切

図7-1　65歳以上の者のいる世帯構造の年次推移

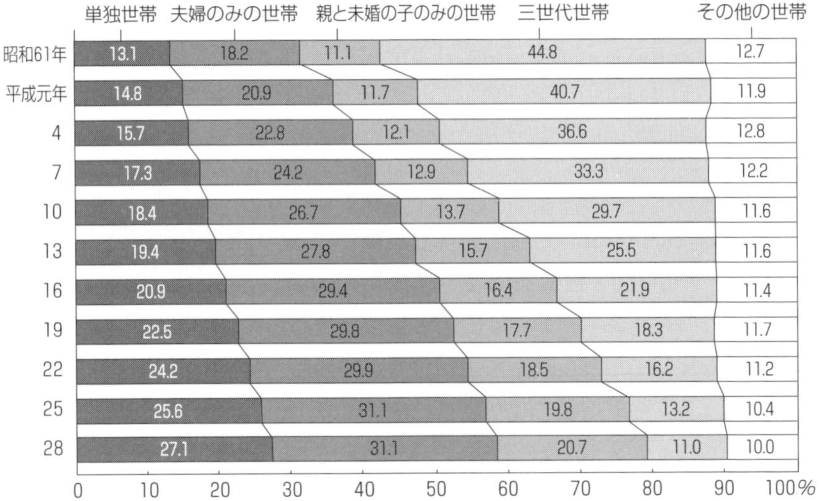
単独世帯
夫婦のみの世帯
親と未婚の子のみの世帯
三世代世帯
その他の世帯
昭和61年 13.1 18.2 11.1 44.8 12.7
平成元年 14.8 20.9 11.7 40.7 11.9
4 15.7 22.8 12.1 36.6 12.8
7 17.3 24.2 12.9 33.3 12.2
10 18.4 26.7 13.7 29.7 11.6
13 19.4 27.8 15.7 25.5 11.6
16 20.9 29.4 16.4 21.9 11.4
19 22.5 29.8 17.7 18.3 11.7
22 24.2 29.9 18.5 16.2 11.2
25 25.6 31.1 19.8 13.2 10.4
28 27.1 31.1 20.7 11.0 10.0
0 10 20 30 40 50 60 70 80 90 100%

注１：1995（平成７）年の数値は，兵庫県を除いたものである。
注２：2016（平成28）年の数値は，熊本県を除いたものである。
注３：「親と未婚の子のみの世帯」とは，「夫婦と未婚の子のみの世帯」および「ひとり親と未婚の子のみの世帯」をいう。
出典：厚生労働省「平成28年 国民生活基礎調査」

な家族の一員に挙げる人も多くなっている。

　日本人はかつて,「イエ」制度のように家長が家族を養う義務があり,家族に絶対的な権限をもち,主に長男を後継者として財産を譲り,親の扶養を前提とした同居が主な家族制度であった。しかし,1946(昭和21)年に日本国憲法第24条で,国民生活における個人の尊厳と両性の本質的平等が定められ,新たな家族制度の誕生は,時代の流れとともに,家族形態に大きな変化をもたらしていった。

　近年の特徴として挙げられる核家族化は,私たちの生活における家族機能の変化そのものであり,まさに少子高齢化時代の流れとともに登場してきた家族形態の一つである。その流れのなか,核家族化がもたらす大きな生活課題として出現してきた一つが,従来の拡大家族の頃のように家族が行ってきた「子どもの養育」や「高齢者の世話」を,第三者にゆだねざるをえない状況となっていることである。家族や地域で互いに助け合うといった相互扶助機能の弱体化は,現代社会の象徴といえるであろう。

③──高齢期における身体機能変化

1　身体機能変化

　一般的に,人間は加齢に伴い足腰が弱くなる,といった身体機能の変化,いわゆる老化が起こってくる。もちろん,疾患や障害の有無,生活の状況等によって各々の状況は異なるが,身体機能の低下による日常生活への支障は避けられないのが事実である。

　身体機能において,特に足腰の筋力低下は,転倒を招く要因として挙げられている。歩幅は狭く,関節可動域の制限によって足が上がりにくくなり,すり足歩行となることで小さな段差にもつまずきやすくなり,介護を必要とする主な原因の第4位でもある転倒につながる(表7-1)。このことから高齢により敏捷性が低下することでリスク回避能力も遅鈍し,普段の生活上の事故率も増大する。

表7-1 要介護度別にみた介護が必要となった主な原因の構成

(単位:％)   平成28年

	総 数	要支援者	要支援1	要支援2	要介護者	要介護1	要介護2	要介護3	要介護4	要介護5
総数	100.0	100.0	100.0	100.0	100.0	100.0	100.0	100.0	100.0	100.0
認知症	18.0	4.6	5.6	3.8	24.8	24.8	22.8	30.3	25.4	20.4
脳血管疾患(脳卒中)	16.6	13.1	11.5	14.6	18.4	11.9	17.9	19.8	23.1	30.8
高齢による衰弱	13.3	16.2	18.4	14.2	12.1	13.6	13.3	12.8	9.1	6.7
骨折・転倒	12.1	15.2	11.4	18.4	10.8	11.5	10.9	8.9	12.0	10.2
関節疾患	10.2	17.2	20.0	14.7	7.0	10.7	7.0	6.4	4.0	1.1
心疾患(心臓病)	4.6	6.7	5.8	7.4	3.8	4.3	4.3	3.3	4.2	0.9
パーキンソン病	3.1	2.4	1.6	3.2	3.4	2.8	3.7	3.2	4.2	3.5
糖尿病	2.7	3.3	3.0	3.6	2.4	2.6	2.5	1.9	3.7	0.9
悪性新生物(がん)	2.4	2.0	1.5	2.3	2.7	3.0	2.5	2.1	1.4	5.5
脊髄損傷	2.3	2.5	2.9	2.1	2.2	2.0	1.3	2.5	2.3	4.4
呼吸器疾患	2.2	2.1	3.0	1.3	2.3	2.9	2.6	1.0	1.9	2.3
視覚・聴覚障害	1.3	1.8	1.7	2.0	1.0	1.1	1.2	1.3	0.9	─
その他	8.2	9.2	9.1	9.3	7.7	7.3	8.2	5.4	7.0	12.3
わからない	1.1	1.4	1.1	1.6	0.8	1.1	0.6	0.9	0.2	0.9
不詳	2.0	2.3	3.3	1.4	0.7	0.6	1.2	0.3	0.6	0.2

注1:「総数」には,要介護度不詳を含む。
注2:熊本県を除いたものである。
出典:厚生労働省「平成28年 国民生活基礎調査」

2 生理的機能変化

　江戸時代の末期に仙厓(1750(寛延3)〜1837(天保8)年)という臨済宗の禅僧が老人の心境を読んだといわれる「老人六歌仙」にも残されているように,「顔に皺より,肌にはほくろができる,腰曲る」「頭は禿げて,髭白くなる」「手はふるえ,足はよろつき,歯は抜ける」「耳遠くなり,目がかすむ」といった,高齢者の特徴が全体的に表出してくる。

　心拍出量も低下し,血管の弾力性低下によって循環が悪くなることで高血圧や,ほかにも肺機能低下による呼吸困難やチアノーゼ,腎機能の低下による腎不全などの疾患を抱えることもある。また,高齢者は,いざというときに発揮される予備力や,状況や環境に応じた適応力も低下する。

3 感覚機能変化

　平衡感覚（バランス感覚）や視覚・聴覚といった，いわゆる感覚器の低下は身体機能変化と同様に転倒を招く要因でもある。平衡感覚の低下は反射的に動くことが難しく，安定した姿勢を保持しにくくなる。視覚は，視力低下にとどまらず白内障の進行，狭窄（きょうさく），半盲，暗点といった目の異常の原因となる疾病が表出する確率も高くなる。聴覚も徐々に低下し，会話が聞き取りにくくなるなど，コミュニケーションへの弊害が表出し，特に高音域を聞き取ることが困難となる。もちろん嗅覚や触覚，味覚の低下も避けられず，個人差はあるが支障をきたすこともある。

4 精神機能

　加齢とともに知能がどのように変化するかについては，心理学や老年学においても高い関心を示していたのは確かである。知能の最も大きな分類は，結晶性知能と流動性知能である。結晶性知能は，物事の判断や概念操作のことで，いわゆる経験によって積み重ねられた「知恵」のようなものであり，60代や70代でも維持されるといわれている。流動性知能は単純な暗記力や計算力，情報処理の速さを表し，60歳ごろまで徐々に上昇し，その後は緩やかに低下していく。ただし，結晶性知能は70歳，80歳で緩やかに低下するが，そのレベルは20代に近い能力が維持される。両知能の特徴を見てもわかるように，必ずしも加齢とともに知能は低下するわけでなく，低下しない知能を有効的に活用することが，高齢者の自信回復や自立支援につながる[4]。

　知能と関連した脳の変化においては，脳の萎縮や脳出血，脳梗塞といった脳の器質的変化によって生じる認知症が，精神的疾患の代表的な一つである。認知症とは，いったんは正常に発達した知能が脳の器質的変化によって後天的に低下した状態を示すものである。認知症の原因として挙げられる代表的なものは脳血管性認知症とアルツハイマー型認知症であり，すべての認知症患者に普遍的に現れる中核症状として，記憶障害（物忘れ）や見当識障害（時間・場所・人物の失見当識），認知機能障害（計算能力の低下・判断力低下・失語・失認・失行・実行機能障害）が現れる。

もう一つ，心理面における変化として，心身の健康・家族とのつながり・経済的自立・生きる目的といった避けることのできない四つの喪失体験がある。これらに対する励ましや否定はプレッシャーとなる可能性が高く，閉じこもりの原因にもなる。そのため，高齢者に対してまずは受容することを優先し，共感する姿勢で寄り添うことが求められる。そのかかわりのなかで，ちょっとした変化を見逃さずに，いち早く気づく力が必要となる。

第 2 節
高齢者福祉の施策

——戦前から戦後の高齢者福祉

1 戦前までの高齢者福祉

1874（明治7）年に制定された恤救規則（じゅっきゅう）は，高齢者や障害者，児童や疾病を抱えた生活困難者に対する公的救済を目的とした法令であったが，救済は国民の相互扶助（家族・親族・近隣など）を基本とするものであった。

1929（昭和4）年に施行された救護法は，恤救規則の改正として制定され，さまざまな理由で生活できない者を救護する法律に変わった。そのなかにおいて，高齢で居宅における生活困難者に限り，救護施設での収容が行われ，養老院（老人ホームの前身）もそこに位置づけられていた。大家族で生活することが当然の当時，身寄りのない困窮の高齢者の生活水準は低く，食事は一汁一菜が基本であり，戦時中は物資も乏しく，処遇は決してよいものといえる内容ではなかった。

2 戦後の高齢者福祉

1945（昭和20）年に戦争が終わり，日本国憲法第25条の生存権が具現化されることで，養老院は保護施設の一つとして，養老施設と名称を変える。その後1963（昭和38）年に施行された老人福祉法では，養老施設は老人ホーム

と改称し，養護老人ホーム（身体や経済的な理由で居宅生活が困難な人），特別養護老人ホーム（常時介護が必要で居宅生活が困難な人），軽費老人ホーム（諸事情で居宅生活が困難な人で低額な料金を負担できる人），といった施設体系が整備され，居宅における生活が困難な高齢者の生活上の問題を解決していくとされていた[6]。

　1970（昭和45）年に日本は高齢化社会へ突入し，より福祉サービスの充実が求められるなか，1973（昭和48）年老人医療費の無料化が実施された。このことによって70歳以上の者に対する医療保険の自己負担がすべて公費となり，高齢者は医療費の心配をすることなく病院受診が可能となった。ただ，一方で同年に起こった第一次オイルショックの影響もあって高度経済成長が終わりを告げるとともに，老人医療費が増大するといった問題を引き起こしたことなどが要因となり，制度が見直されることとなった。

　ますます進む高齢化を総合的に考えるべく，1983（昭和58）年に施行された老人保健法（現，高齢者の医療の確保に関する法律）は，高齢者における適切な医療を確保することはもちろん，医療費の適正化を推進するために老人医療費の一部負担を導入することで，高齢者の福祉増進を目的とした法律でもあった。その後の改正によって，医療機関と福祉施設の役割をもち，在宅復帰に向けたリハビリテーションや介護の重度化を予防することを考えた，老人保健施設（現，介護老人保健施設）といった新たな施設も創設されることとなり，従来からなる施設中心の福祉から脱却し，できる限り在宅での生活を続けることができるように変化してきた現れでもある[7]。

　また，1989（平成元）年には「高齢者保健福祉推進十か年戦略」いわゆる「ゴールドプラン」において，「特別養護老人ホーム」や「老人保健施設」の施設整備とともに，ホームヘルプサービス（訪問介護），デイサービス（通所介護），ショートステイ（短期入所生活介護）といった，「在宅三本柱」が，高齢者への在宅生活支援サービスへの政策として，初めて本格的に登場するようになる。さらに，1990（平成2）年には，地域の高齢者やその家族からの相談に，より身近なところで相談に応じるため，各市町村に在宅介護支援センターが設置されることとなった[8]。

❷──介護保険制度

1 介護保険制度導入の背景

　1994（平成6）年に高齢化率が14％を超えたわが国は，高齢化の進展とともに後期高齢者も増加し，そのことが要介護高齢者の増加につながり，介護の社会化を考えていく大きなきっかけにもなった。かつてのように家族が主体的に行ってきた「高齢者の世話」を第三者にゆだね，介護を社会で支えるといった考え方である。

　介護保険制度は，こうした家族だけで介護することが困難な時代を迎え，必要な介護サービスを総合的に受けることで，将来を安心して過ごせるようにと2000（平成12）年4月に開始された。従来の行政主体から脱却することで，より質の高い介護サービスを提供することを目的として民間の参入を認め，利用者自身がサービスの内容や事業者を選択できることとなった。「措置」から「契約」への移行は，高齢者ができるだけ住み慣れた地域や在宅でいきいきとその人らしく自立した日常生活が続けられる仕組みづくりとしてはじまった。

　また，急速な高齢化の進展は，施設に入所したくても入所できない高齢者が，医学的管理下における病院に長期入院する「社会的入院」は，老人医療費の負担が増し，問題となった。そのため，効率化を図るためにも医療費から介護部分を切り離し，増大する介護費用を介護保険という形で広く国民全体から集めることで，社会全体で支える仕組みをとった。

2 介護保険制度とは

　介護保険制度は，社会保険方式によって増大する介護費用を広く社会全体で支える仕組みであり，要介護（要支援）状態になったときに介護サービスが給付される制度である。介護サービスを受けることができる制度である。[9]

　介護保険制度は，運営の主体である保険者を市町村・特別区としており，被保険者を40歳以上の者としている。65歳以上を「第1号被保険者」，40歳以上65歳未満の医療保険加入者を「第2号被保険者」に区別している（表7-2）。

第1号被保険者と第2号被保険者とではサービスを受けるための要件は異なり，65歳以上の者は要介護状態または要支援状態と判断された場合で，40歳以上65歳未満の者は，起因する16の特定疾病に罹患し要介護状態または要支援状態と判断された場合に保険給付の対象となる。

介護保険制度における財源は，65歳以上の「第1号被保険者」と40歳以上

表7-2　第1号被保険者と第2号被保険者

	第1号被保険者	第2号被保険者
対象者	65歳以上の者	40歳以上65歳未満の医療保険加入者
受給権者	要介護者 要支援者	要介護者・要支援者（要介護状態，要支援状態の原因である障害が老化に起因する「特定疾病」によるもの）
保険料徴収方法	市町村が年金天引で徴収	医療保険者が医療保険料として徴収

図7-2　介護保険制度の仕組み

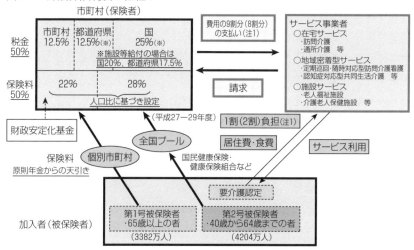

注1：2015（平成27）年8月以降，一定以上所得者については費用の8割分の支払いおよび2割負担。2018（平成30）年8月以降2割負担者のうち特に所得の高い層は3割負担。
注2：第1号被保険者の数は，「平成27年度介護保険事業状況報告年報」によるものであり，平成27年度末現在の数である。
　　第2号被保険者の数は，社会保険診療報酬支払基金が介護給付費納付金額を確定するための医療保険者からの報告によるものであり，平成27年度内の月平均値である。
出典：厚生労働省資料を一部改変

65歳未満の「第2号被保険者」が拠出する保険料が50％と，公費である国（25％），都道府県（12.5％），市町村（12.5％）の50％を財源としており，その財源からサービスにかかった費用の9割を支給し，残りの1割は利用者が負担することで，介護サービス提供事業者の介護報酬となる（図7-2）。なお，2014（平成26）年の制度改正により，一定以上の所得のある利用者の自己負担額は2割へ引き上げられた。さらに，2017（平成29）年には，2割負担者のうち，特に所得の高い層の負担割合を3割とする改正が行われた（2018（平成30）年8月施行）。

3　介護保険の利用手続きとサービス内容

　介護保険制度を利用する際は，まずは市町村の窓口に要介護認定または要支援認定の申請をし要介護または要支援状態にあるか否かの判断を受ける必要がある。申請は，本人や家族はもちろんのこと，居宅介護支援事業者や地域包括支援センターなどに代行を依頼することもできる。

　要介護認定では，介護サービスの必要度合いを判断するために，調査認定書を使用して訪問調査が行われ，その調査結果がコンピューターによる一次判定を経て，二次判定へと移行する。二次判定では主治医の意見書や特記事項をもとに，保険・医療・福祉の学識経験者による介護認定審査会が開かれ，その結果，原則として申請から30日以内に，「非該当」もしくは「要支援1・2」「要介護1～5」のいずれかに区分されることとなる（図7-3）。

　「要支援1・2」と認定された場合，「予防給付」の対象となり，地域密着型介護予防サービス，介護予防サービスが利用可能となる。「要介護1～5」に該当した場合は，「介護給付」の対象となり，居宅サービス，地域密着型サービスのほかに，施設サービスが利用可能となる（図7-4，表7-3・4・5）。「要介護1～5」に該当した場合，要介護度によってサービス利用限度額が決まっており，その利用限度額内において介護サービスを利用すると，利用者負担1割（一定の所得がある人は2割もしくは3割）でサービスを受けることができる。

　2005（平成17）年に制度が改正され，まだまだ増加する要支援・要介護高齢者ができるだけ住み慣れた地域で生活することを目的に，身近な市町村で

第 7 章　高齢者の問題と社会福祉

図 7-3　介護保険の利用手続き

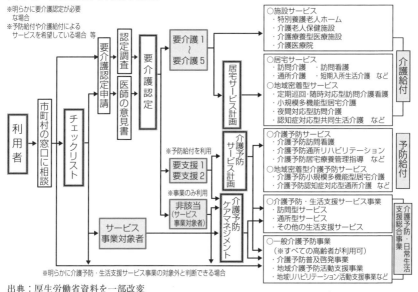

出典：厚生労働省資料を一部改変

図 7-4　介護サービスの種類

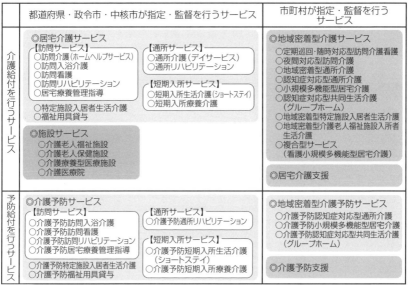

このほか，居宅介護（介護予防）福祉用具購入費の支給，居宅介護（介護予防）住宅改修費の支給，市町村が行う介護予防・日常生活支援総合事業がある。
出典：厚生労働省資料を一部改変

表7-3 介護保険制度における居宅サービス等

サービスの種類	サービスの内容
訪問介護 （ホームヘルプサービス）	ホームヘルパーが要介護者の居宅を訪問して，入浴，排せつ，食事等の介護，調理・洗濯・掃除等の家事，生活等に関する相談，助言その他の必要な日常生活上の世話を行う
訪問入浴介護	入浴車等により居宅を訪問して浴槽を提供して入浴の介護を行う
訪問看護	病状が安定期にあり，訪問看護を要すると主治医等が認めた要介護者について，病院，診療所または訪問看護ステーションの看護師等が居宅を訪問して療養上の世話または必要な診療の補助を行う
訪問リハビリテーション	病状が安定期にあり，計画的な医学的管理の下におけるリハビリテーションを要すると主治医等が認めた要介護者等について，病院，診療所または介護老人保健施設の理学療法士または作業療法士が居宅を訪問して，心身の機能の維持回復を図り，日常生活の自立を助けるために必要なリハビリテーションを行う
居宅療養管理指導	病院，診療所または薬局の医師，歯科医師，薬剤師等が，通院が困難な要介護者について，居宅を訪問して，心身の状況や環境等を把握し，それらを踏まえて療養上の管理および指導を行う
通所介護 （デイサービス）	老人デイサービスセンター等において，入浴，排せつ，食事等の介護，生活等に関する相談，助言，健康状態の確認その他の必要な日常生活の世話および機能訓練を行う
通所リハビリテーション （デイ・ケア）	病状が安定期にあり，計画的な医学的管理の下におけるリハビリテーションを要すると主治医等が認めた要介護者等について，介護老人保健施設，病院または診療所において，心身の機能の維持回復を図り，日常生活の自立を助けるために必要なリハビリテーションを行う
短期入所生活介護 （ショートステイ）	老人短期入所施設，特別養護老人ホーム等に短期間入所し，その施設で，入浴，排せつ，食事等の介護その他の日常生活上の世話および機能訓練を行う
短期入所療養介護 （ショートステイ）	病状が安定期にあり，ショートステイを必要としている要介護者等について，介護老人保健施設，介護療養型医療施設等に短期間入所し，その施設で，看護，医学的管理下における介護，機能訓練その他必要な医療や日常生活上の世話を行う
特定施設入居者生活介護 （有料老人ホーム）	有料老人ホーム，軽費老人ホーム等に入所している要介護者について，その施設で，特定施設サービス計画に基づき，入浴，排せつ，食事等の介護，生活等に関する相談，助言等の日常生活上の世話，機能訓練および療養上の世話を行う
福祉用具貸与	在宅の要介護者等について福祉用具の貸与を行う
特定福祉用具販売	福祉用具のうち，入浴や排せつのための福祉用具その他の厚生労働大臣が定める福祉用具の販売を行う
居宅介護住宅改修費 （住宅改修）	手すりの取り付けその他の厚生労働大臣が定める種類の住宅改修費の支給
居宅介護支援	在宅の要介護者等が在宅介護サービスを適切に利用できるよう，その者の依頼を受けて，その心身の状況，環境，本人および家族の希望等を勘案し，利用するサービス等の種類，内容，担当者，本人の健康上・生活上の問題点，解決すべき課題，在宅サービスの目標およびその達成時期等を定めた計画（居宅サービス計画）を作成し，その計画に基づくサービス提供が確保されるよう，事業者等との連絡調整等の便宜の提供を行う。介護保険施設に入所が必要な場合は，施設への紹介等を行う

出典：厚生労働統計協会編『国民の福祉と介護の動向2017/2018』p.155

表7-4 介護保険制度における施設サービス等

サービスの種類	サービスの内容
介護老人福祉施設	老人福祉施設である特別養護老人ホームのことで，寝たきりや認知症のために常時介護を必要とする人で，自宅での生活が困難な人に生活全般の介護を行う施設
介護老人保健施設	病状が安定期にあり入院治療の必要はないが，看護，介護，リハビリを必要とする要介護状態の高齢者を対象に，慢性期医療と機能訓練によって在宅への復帰を目指す施設
介護療養型医療施設	脳卒中や心臓病などの急性期の治療が終わり，病状が安定期にある要介護状態の高齢者のための長期療養施設であり，療養病床や老人性認知症疾患療養病棟が該当する
介護医療院（2018（平成30）年4月より施行）	主として長期にわたり療養が必要である要介護者に対し，療養上の管理，看護，医学的管理の下における介護および機能訓練その他必要な医療ならびに日常生活上の世話を行う施設

注：介護療養型医療施設の経過措置期間（2018（平成30）年3月末まで）は，2017（平成29）年の法改正により，2024（平成36）年3月末まで6年間延長されている。
出典：厚生労働統計協会編『国民の福祉と介護の動向2017/2018』p.155

表7-5 介護保険制度における地域密着型サービス等

サービスの種類	サービスの内容
定期巡回・随時対応型訪問介護看護	重度者を始めとした要介護高齢者の在宅生活を支えるため，日中・夜間を通じて，訪問介護と訪問看護が密接に連携しながら，短時間の定期巡回型訪問と随時の対応を行う
小規模多機能型居宅介護	要介護者に対し，居宅またはサービスの拠点において，家庭的な環境と地域住民との交流の下で，入浴，排せつ，食事等の介護その他の日常生活上の世話および機能訓練を行う
夜間対応型訪問介護	居宅の要介護者に対し，夜間において，定期的な巡回訪問や通報により利用者の居宅を訪問し，排せつの介護，日常生活上の緊急時の対応を行う
認知症対応型通所介護	居宅の認知症要介護者に，介護職員，看護職員等が特別養護老人ホームまたは老人デイサービスセンターにおいて，入浴，排せつ，食事等の介護その他の日常生活上の世話および機能訓練を行う
認知症対応型共同生活介護（グループホーム）	認知症の要介護者に対し，共同生活を営むべく住居において，家庭的な環境と地域住民との交流の下で，入浴，排せつ，食事等の介護その他の日常生活上の世話および機能訓練を行う
地域密着型特定施設入居者生活介護	入所・入居を要する要介護者に対し，小規模型（定員30人未満）の施設において，地域密着型特定施設サービス計画に基づき，入浴，排せつ，食事等の介護および日常生活上の世話，機能訓練および療養上の世話を行う
地域密着型介護老人福祉施設入所者生活介護	入所・入居を要する要介護者に対し，小規模型（定員30人未満）の施設において，地域密着型施設サービス計画に基づき，可能な限り，居宅における生活への復帰を念頭に置いて，入浴，排せつ，食事等の介護その他の日常生活上の世話および機能訓練，健康管理，療養上の世話を行う
看護小規模多機能型居宅介護	医療ニーズの高い利用者の状況に応じたサービスの組み合わせにより，地域における多様な療養支援を行う
地域密着型通所介護	老人デイサービスセンター等において，入浴，排せつ，食事等の介護，生活等に関する相談，助言，健康状態の確認その他の必要な日常生活上の世話および機能訓練を行う（通所介護事業所のうち，事業所の利用定員が19人未満の事業所。原則として，事業所所在の市町村の住民のみ利用）

注：「看護小規模多機能型居宅介護」は，従来，「複合型サービス」と称していたが，平成27年度介護報酬改定において名称が変更された。
出典：厚生労働統計協会編『国民の福祉と介護の動向2017/2018』p.156

柔軟なサービスが提供されるよう，新たに「地域密着型サービス」が創設された。

　2014（平成26）年の制度改正においては，高齢者が住み慣れた地域で介護や医療サービスはもちろん，生活支援のサポートも受けられるよう，都道府県や市区町村が中心となって，「住まい」「医療」「介護」「生活支援・介護予防」の体制を包括的に整備していくという「地域包括ケアシステム」の構築に向けた取り組みが進められた。これは，2025（平成37）年には団塊の世代（第１次ベビーブーム）が後期高齢者となる，いわゆる2025年問題を前に，住み慣れた地域で自分らしい暮らしを人生の最後まで続けることができるようにと，高齢者の尊厳の保持と自立生活の支援の目的のもとで始まったものである。さらに，市町村が中心となって，地域の実情に応じて，住民等の多様な主体が参画し，多様なサービスを充実することにより，地域の支え合いの体制づくりを推進し，要支援者等に対する効果的かつ効率的な支援等を可能とすることを目指すサービスとして，介護予防・生活支援総合事業が開始された。

　2017（平成29）年の改正では自立支援・重度化防止に向けた保険者強化への取り組みの推進，また医療・介護の連携として，要介護者に対し，長期療養のための医療と日常生活の世話（介護）を一体的に提供する介護医療院が，介護療養型医療施設に変わる新たな介護保険施設として創設されることとなった。介護療養型医療施設の設置は平成35年度末までである。そして，地域共生社会の実現に向けた取り組みも推進され，訪問介護，通所介護，短期入所生活介護については高齢者と障害者が同一の事業所でサービスを受けやすくするように，介護保険と障害福祉両方の制度に共生型サービスが位置づけられた。これらは，2018（平成30）年４月から施行される。

４　要介護認定状況，サービス利用状況，介護者の続柄

　介護保険制度が開始された当初（2000（平成12）年４月末）は218万人だった要支援・要介護者の認定者数は，開始から16年（2016（平成28）年３月末）で620万人に増加し，65歳以上の第１号被保険者の要支援・要介護者の認定者数は606万8000人となっている。なかでも75歳以上の後期高齢者の

要支援・要介護の認定者数は531万3000人で，これは65歳以上の第1号被保険者の要支援・要介護高齢者数の約88％を占める割合となっており，75歳以上の後期高齢者になるといかに介護サービスが必要となるのかがわかる[10]。実際に要介護認定を受けた人の介護サービス受給者割合を見てみると，施設サービスの82.9％，居宅サービスの27.4％が要介護3〜5の人で，要介護度が高いほど施設に入所している割合が高いことがわかる。

次に，要支援・要介護者からみた主な介護者の続柄は，約6割が同居している人が主な介護者である。その主な内訳は，配偶者が25.2％，子が21.8％，子の配偶者が9.7％である。また，性別については，男性34.0％，女性66.0％と圧倒的に女性が多い。なお，要介護者等と同居している主な介護者の年齢は，男性70.1％，女性69.9％が60歳以上であり，いわゆる「老老介護」も相当数存在していることがわかる[11]。

第3節
高齢者福祉の課題

第1節，第2節と高齢者に対する概念，政策について説明してきたが，本節では，そこからみられる高齢者福祉における課題について挙げておく。

まずは，少子高齢化に伴う要介護高齢者の増加と介護サービスの質に関する問題である。2025（平成37）年には，第1次ベビーブーム，いわゆる団塊の世代がすべて後期高齢者となり2000万人を突破するといわれており，さらなる要介護高齢者の増加に伴い，介護や医療のニーズはより高まると見込まれている。厚生労働省の調査によると，需給推計の暫定値（人材需給推計）によれば，2025（平成37）年には約253万人の介護人材が必要と推計されており，少子化の影響で生産年齢人口（15歳〜64歳）もさらに減少が進むことが見込まれていることから，現状の施策を継続した場合，2025（平成37）年には約38万人の介護人材が不足するとの見通しが示されている。こうしたなかで，介護ニーズの高度化・多様化に対応できる介護人材の質的向上も求められることは必至であり，「地域包括ケアシステム」構築のためにも，量・

質ともに安定的に確保することは喫緊の課題となっている。

　次に，介護の社会化に関する問題である。社会全体で高齢者を支える仕組みづくりとしてスタートした介護保険制度も，核家族化が進み，高齢化がより深刻さを増し，ますます増加する要介護高齢者の「老老介護」の支援はもちろん，要介護の主な原因第1位にもなっている認知症が招く「認認介護」をいかに早期発見し，サポートしていくかが大きな鍵となる。単独世帯や夫婦のみの世帯でも，介護サービスを受けることで在宅生活を送ることは可能ではあるが，過疎化が進む地域における多様なサービス提供には限界があり，相互扶助なくして生活していくことは困難となる。さらなる過疎化や高齢化ともなると，「限界集落」の増加も避けられない状況となり，介護保険制度の目指す地域で支える社会づくりとはかけ離れたものとなっていくといえる。このような高齢者福祉の現状をしっかりと理解し，福祉専門職としての支援のあり方を見据えていくことが，今後の豊かな高齢者福祉を築くためにも必要となる。

引用・参考文献

1）総務省統計局「労働力調査」
2）厚生労働省「平成27年度　介護保険事業状況報告の概要」
3）厚生労働省「平成28年　国民生活基礎調査の概況」
4）介護福祉士養成講座編集委員会編『新介護福祉士養成講座12　認知症の理解　第3版』中央法規出版，p.47, 2016.
5）介護福祉士養成講座編集委員会編『新介護福祉士養成講座3　介護の基本Ⅰ　第3版』中央法規出版，pp.3-4, 2016.
6）前出5），p.5
7）相澤譲治編『保育士をめざす人の社会福祉　七訂』みらい，p.137, 2017.
8）前出7），p.137
9）前出7），p.138
10）前出2），p.7
11）前出3），p.30

第 8 章
現代社会の貧困問題と社会福祉

第1節
現代社会と貧困問題

　現代の日本は，格差社会と貧困の拡がりから，ワーキングプアや生活保護世帯が年々増加している。人々は，生活をするなかで貧困ということを意識する人は少なく，一部の人がその苦しみを感じながら生活を送り，抜け出すことが難しい状態が続いている。ここでは，親から子へと世代を超えて貧困の連鎖が生じる可能性が高い子どもと女性についてを取り上げたい。

 子どもの貧困

　日本では，2013（平成25）年に子どもの貧困対策の推進に関する法律が制定された。厚生労働省「平成28年国民生活基礎調査」による子どもの貧困率について，2012（平成24）年の16.3％から，2015（平成27）年には13.9％と2.4％減少している。相対的貧困率も2012（平成24）年の16.1％から，2015（平成27）年には15.6％と0.5％減少している（表8-1）。

　子どもの相対的貧困率は，等価可処分所得の中央値50％（貧困線）以下の所得で生活する18歳未満の割合となっている。日本の子どもの貧困率が2015（平成27）年では13.9％に対して，OECDにおける36か国中の子どもの貧困率平均が2014（平成26）年で13.3％であることから，未だ先進国のなかで貧困率が高い状況にあることが示されている。

　2012（平成24）年から2015（平成27）年の3年間で子どもの貧困率は減少しており，子どもがいる現役世帯についても12.9％と減少となった。しかし，

表8-1 貧困率の年次推移

	昭和63年	平成3年	平成6年	平成9年	平成12年	平成15年	平成18年	平成21年	平成24年	平成27年
相対的貧困率	12.0	13.2	13.8	14.6	15.3	14.9	15.7	16.0	16.1	15.6
子どもの貧困率	10.9	12.9	12.2	13.4	14.4	13.7	14.2	15.7	16.3	13.9
子どもがいる現役世帯	10.3	11.9	11.3	12.2	13.0	12.5	12.2	14.6	15.1	12.9
大人が一人いる世帯	54.5	51.4	53.5	63.1	58.2	58.7	54.3	50.8	54.6	50.8
大人が二人以上いる世帯	9.6	11.1	10.2	10.8	11.5	10.5	10.2	12.7	12.4	10.7

注1：1994（平成6）年の数値は，兵庫県を除いたものである。
注2：2015（平成27）年の数値は，熊本県を除いたものである。
注3：貧困率は，OECDの作成基準に基づいて算出している。
注4：大人とは18歳以上の者，子どもとは17歳以下の者をいい，現役世代とは世帯主が18歳以上65歳未満の世帯をいう。
注5：等価可処分所得金額不詳の世帯員は除く。
出典：厚生労働省「平成28年 国民生活基礎調査」を一部改変

減少傾向のなかでも「大人が二人以上いる世帯」が10.7％に対して，「大人が一人いる世帯（ひとり親世帯）」が50.8％と極めて高いことが特徴的である。ほかの世帯と比べるとひとり親世帯は，厳しい生活状況であることがわかり，今後の日本の大きな課題である。また，もう一つの課題は，ひとり親世帯の子どもの進学についてである。高等学校等への進学率が93.9％と高くなっているが，大学等への進学率が23.9％となっており，大学等への進学をする子どもの割合が極めて低いことが挙げられる。

❷──女性の就労状況

女性の就労状況については，2016（平成28）年の総務省「労働力調査」によると，一般世帯における15～64歳の女性の就業率は66.0％であり，うち，正規職員が44.1％，非正規職員が55.9％となっている（表8-2）。また，平成28年度の厚生労働省「全国ひとり親世帯等調査」によると，母子世帯の就業率は，81.8％であり，うち，正規職員が48.5％，非正規職員が51.5％（パート・派遣社員は48.4％）となっている。母子世帯および一般世帯（女性）では，非正規職員の割合が，概ね半数程度となっている。

平均年間就労収入については，一般世帯の女性は，280万円となっている

表8-2　一般世帯とひとり親世帯の就業状況

		母子世帯	父子世帯	一般世帯(男性)	一般世帯(女性)
就業率		81.8%	85.4%	82.5%	66.0%
	正規職員	48.5%	88.1%	77.9%	44.1%
	非正規職員	51.5%	11.9%	22.1%	55.9%

出典：厚生労働省「平成28年度 全国ひとり親世帯等調査」，総務省「平成28年 労働力調査」を一部改変

表8-3　平均年間就労収入

		母子世帯	父子世帯	一般世帯(男性)	一般世帯(女性)
平均年間就労収入		200万円	398万円	521万円	280万円
	正規職員	305万円	428万円	540万円	373万円
	非正規職員	133万円	190万円	228万円	148万円

出典：厚生労働省「平成28年度 全国ひとり親世帯等調査」，国税庁「民間給与実態統計調査」を一部改変

が，男性は521万円と約250万円前後の差がある（表8-3）。これは母子世帯と父子世帯における経済状況でも同様に大きな差が生じており，母子世帯の平均年間収入が348万円，父子世帯の平均年間収入が573万円となっている。そのなかで母親の就労平均年間収入は200万円，父親の就労平均年間収入は398万円となっていることから200万前後の開きがある（平成28年度全国ひとり親世帯等調査）。

また，ひとり親家庭によっては養育費を受け取る世帯もある。それは生活を送るうえでの重要な費用となるものの，同調査によると養育費の取り決め率が，母子世帯42.9％，父子世帯20.8％となっている。しかし，実際の受け取り率を見ると，母子世帯24.3％，父子世帯3.2％という現状となっている。

ひとり親家庭は，2016（平成28）年時点で全国に141万9000世帯（母子世帯123万2000世帯，父子世帯18万7000世帯）となっており，年々増加の一途を辿っている。ひとり親世帯になった理由としては，9割以上が離別である。母子世帯では約8割が離婚であり，残りが未婚の母となっている。近年では全体の1％程度で未婚の父も現れてきている。

男性と女性の就労収入を比べると女性の収入の低さが顕著となっている。一般世帯とひとり親世帯でも同様に低く示されていることから，女性にとっては生活しづらい経済状況を生み出しており，働いても貧困に喘ぐ女性が多

数いる。一般就労をしながらも貧困状態にある女性が生活しやすい世の中をつくるため，また子育て世帯には安心安全な子育て環境を整えるためにも今後の経済の向上とともに就労形態の見直しが必要不可欠である。

第2節
生活保護制度の概要

❶──生活保護法の目的

　生活保護法は，日本国憲法第25条に規定する理念に基づき，国が生活に困窮するすべての国民に対し，その困窮の程度に応じ，必要な保護を行い，その最低限度の生活を保障するとともに，その自立を助長することを目的としている（第1条）。

❷──生活保護法の基本原理

1　国家責任による最低生活保障の原理

　国が生活に困窮しているすべての国民に対して，困窮の程度に応じて必要な保護を実施し，最低限度の生活を保障すること（第1条）。

2　無差別平等の原理

　すべての国民は，この法律に定める要件を満たす限り，この法律による保護を無差別平等に受けることができる（第2条）。

3　健康で文化的な最低生活保障の原理

　この法律により保障される最低限度の生活は，健康で文化的な生活水準を維持することができるものでなければならない（第3条）。

4 保護の補足性の原理

保護は，生活に困窮する者が，その利用し得る資産，能力その他あらゆるものを，その最低限度の生活の維持のために活用することを要件としている（第4条）。

③──生活保護法の基本原則

1 申請保護の原則

保護は，要保護者，その扶養義務者またはその他の同居の親族の申請に基づいて開始される。ただし，要保護者が急迫したときは，保護の申請がなくても，必要な保護を行うことができる（第7条）。

2 基準及び程度の原則

保護は，厚生労働大臣の定める基準により測定した要保護者の需要をもととし，そのうち，その者の金銭または物品で満たすことのできない不足分を補う程度において行う。この基準は，要保護者の年齢別，性別，世帯構成別，所在地域別その他保護の種類に応じて必要な事情を考慮した最低限度の生活の需要を満たすに十分なものであって，かつ，これを超えないものでなければならない（第8条）。

3 必要即応の原則

保護は，要保護者の年齢別，性別，健康状態等その個人または世帯の実際の必要の相違を考慮して有効かつ適切に行う（第9条）。

4 世帯単位の原則

保護は，世帯を単位としてその要否および程度を定めるものとする。ただし，これによりがたいときは，個人を単位として定めることができる（第10条）。

④ 生活保護の手続き

1 相談

生活保護制度の利用を望む人は，住所のある地域を所管する福祉事務所の相談窓口へ相談をする。生活保護制度の説明，そして生活福祉資金や障害者施策等の各種社会保障等の活用と助言も受ける。

2 保護の申請

生活保護の申請は，住所のある地域を所管する福祉事務所にて行い，原則書面にて手続きを行う。そこから生活状況等を把握する実地調査，預貯金・保険・不動産等の資産調査，扶養義務者に対する扶養の可否の調査，年金等の社会保障給付，就労収入等の調査，就労の可能性の調査が行われる。審査期間は，原則2週間となっている（生活保護法第7条，第24条）。

3 保護費の支給

支給に際しては，最低生活費から収入を引いた額を支給される。その後は，世帯の実態に応じて年数回の訪問調査や就労可能者への就労指導を受けることとなる。

⑤ 世帯の類型と障害者，傷病者について

1 世帯の類型

① 高齢者世帯
男女とも65歳以上の者のみで構成されている世帯か，これらに18歳未満の者が加わった世帯
② 母子世帯
死別，離別，生死不明および未婚などにより，現に配偶者がいない65歳未満の女子と18歳未満のその子（養子含む）のみで構成されている世帯を

指す。「死別」,「離別」と「その他」に区分する。
③　障害者世帯
　　世帯主が障害者加算を受けているか，身体障害，知的障害等の心身上の障害のため働くことができない者である世帯
④　傷病者世帯
　　世帯主が入院（介護老人保健施設入所含む）しているか，在宅患者加算を受けているか，傷病のため働くことができない者である世帯
⑤　その他の世帯
　　上記のいずれにも該当しない世帯

2　障害者

障害者とは，次に挙げる障害により，障害者加算を受けている者または身体障害，知的障害等の心身上の障害のため働くことができない者，もしくはそれと同等の状態にある者をいう。
①　精神障害（※障害者加算を受けている者）
　　精神病等の精神障害による者
②　知的障害
　　知的障害による者
③　身体障害
　　身体障害による者

3　傷病者

傷病者とは，次に挙げる主傷病のうち，入院しているか在宅患者加算を受けている者または傷病のために働くことができない者，もしくはそれと同等の状態にある者を指している。
①　アルコール依存症
　　アルコール依存症およびアルコール精神病による者
②　精神病
　　精神病（精神障害）による者
③　その他

③　①，②以外の傷病による者

6 ── 生活保護の種類と内容

　生活を営むうえで生じる費用に対応して，扶助が支給される（表8-4）。

1　生活扶助

　生活扶助は，飲食物費，被服費，光熱水費等日常生活における必要な基本生活費であり，原則として金銭給付となっている。個人単位の費用である第1類の経費，世帯単位の費用である第2類の経費，各種加算で算出される。各種加算については，妊産婦加算，障害者加算，児童養育加算，母子加算などがある。

　出産，入学，入退院等の場合，新しく保護を受ける場合，最低生活の基盤となる物資の購入が難しい状況の世帯に限り，一時的な支給をする一時扶助が認められている。これは，被服費，入学準備金，移送費などであり，これも原則として金銭給付となっている。

2　住宅扶助

　住居，補修その他住宅の維持のために必要なものを対象とし，原則として金銭給付となっている。借家，アパートなどの家賃が，所在地域別等によって定められている基準額の範囲内の金額が支給される。また，生活扶助と併せて支給されるものとなっている。

3　教育扶助

　義務教育の修学に必要な費用であり，原則として金銭給付となっている。義務教育における学用品費，実験実習見学費，通学用品費，教科外活動費，学校給食費等の費用が小・中学校別に定めた基準額によって支給される。

　生活扶助と併せて支給されるものである。一例として学校給食費の場合は，学校長に直接交付されることが多い。

表 8-4　生活保護基準等体系図（平成28年度4月現在）

種　類			概　要
生活扶助	第1類費		食費や被服費など個人単位の経費
	第2類費		光熱水費や家具什器など世帯単位の経費
	冬季加算		10月〜4月（地域に応じて5か月から7か月）
	入院患者費用品費		病院等に入院している被保護者の一般生活費
	介護施設入所者基本生活費		介護施設に入所している被保護者の一般生活費（歯ブラシ，下着など）
	加　算	妊産婦加算	妊婦および産後6か月までの産婦に対する栄養補給などの経費
		母子加算	母子（父子）世帯における児童の養育に対して支給
		障害者加算	身体障害者1級，2級および3級の身体障害者もしくは国民年金法の1級または2級の障害者に対して，住宅環境改善費用等の経費
		介護施設入所者加算	介護施設に入所している者に対する理美容品等の経費
		在宅患者加算	在宅の傷病者で栄養補給等を必要とする経費
		放射線障害者加算	原爆被爆者で重度の障害を有する者で栄養補給を必要とする経費
		児童養育加算	中学校修了前の児童を養育する者に対して支給
		介護保険料加算	介護保険の第一号被保険者で保険料に相当する経費を支給
	期末一時扶助		年末（12月）に増加する食費などの経費として支給
	一時扶助		保護開始時，出生，入学，入退院時などに際して，必要不可欠な物資を欠いており，かつ緊急やむを得ない場合に限って支給
住宅扶助	家賃，間代等		借家・借間の場合の家賃，転居時の敷金または自己所有の住居に対する土地の地代を支給
	住宅維持費		現に居住する家屋の補修または建具，水道設備などの従属物の修理のための経費
教育扶助			小学校，中学校に対し，義務教育にかかる必要な学用品費，教材代，学校給食費，学費支援費等を支給
介護扶助			介護保険サービスの利用にかかる経費
医療扶助			病院等における医療サービスの利用にかかる経費
出産扶助			出産に伴う分娩介助，検査などの経費
生業扶助	生業費		生計の維持を目的とする小規模の事業を営むための資金または生業を行うための器具，資料代
	技能修得	技能修得費	生計の維持に役立つ生業に就くために必要な技能を修得する経費
		高等学校等就学費	高等学校等に就学し卒業することが当該世帯の自立助長に効果的であると認められる場合に認定
	就職支度費		就職のために直接必要とする洋服類，履物等の購入費用
葬祭扶助			葬祭に伴い必要な葬祭料，読経料などの費用
勤労控除	基礎控除		勤労に伴って必要な経常的需要に対応するとともに勤労意欲の助長を促進
	新規就労控除		新たに継続性のある職業に従事した場合の特別の経費
	未成年控除		未成年の需要に対応するとともに本人および世帯員の自立助長を促進

出典：厚生労働省「生活保護基準等体系」を一部改変

4　医療扶助

　医療扶助は，指定医療機関に委託し，原則として現物給付となっている。入院，診断，投薬，注射，手術等が対象となる。入退院費，通院，転院等における交通費または移送費，治療の一環で必要な輸血，装具，眼鏡等も対象となる。疾病や負傷により入院または通院による治療が必要な場合，委託されている「指定医療機関」から給付を受ける。

　保護の実施機関は，要保護者から申請があった場合，医療要否意見書等を踏まえて医療券を交付する。交付された医療券を用いて指定医療機関へ受診することによって必要な医療を受けられる（現物支給）。

　指定医療機関は，医療機関の開設者による申請により行われるものとなっている。指定については，6年ごとの更新を受けることになる。

5　介護扶助

　対象となるのは，介護保険法に規定されている要介護者および要支援者である。65歳以上の要介護状態または要支援状態の者，特定疾病により要介護状態および要支援状態にある40歳以上65歳未満の者となっている。その内容は，居宅介護，福祉用具，住宅改修，施設介護，介護予防等となっている。

　介護保険法に基づく保険給付がなされる場合，保険給付が優先される（保護の補足性の原理）。ただし，自己負担分については保護費による現物給付となる。

6　出産扶助

　出産時の費用を対象としており，原則として金銭給付となっている。分娩の介助，分娩前および分娩後の処置，分娩に伴う一定の金額内でのガーゼや脱脂綿等の衛生材料の費用を給付する。

7　生業扶助

　生業費や技能修得費および就職支度費を給付する。原則として，金銭給付となっている。要保護者の稼働収入を増加させたり，それを助長することで

自立を図ることを目的としている。

技能修得費とは，必要な授業料，教科書代および教材費，高等学校等就学費が認められている。高等学校等就学費では，授業料，教材費に加えて交通費，学習支援費が認められている。就職支援費とは，就職のために必要な洋服や身のまわり品の購入を必要とする場合に認められている。

8 葬祭扶助

死亡者に対してその遺族または扶養義務者が困窮のため葬祭を行うことができないとき，被保護者であった者が死亡してその葬祭を行う扶養義務者がいないとき，または遺留金品の所持の乏しい死者に対してその葬祭を行う第三者に対して適用される。

被保護者であった者の遺体運搬や火葬，埋葬，その他葬祭に最低限必要なものに対して，原則として金銭給付となっている。ただし，必要に応じて現物給付を行うこともある。

⑦ 保護施設

保護施設は，被保護者に対する適正な保護を確保することを目的としている。保護施設運営については，都道府県知事が必要に応じて指導を行わなければならない重要な施設となっている。

1 救護施設

身体上または精神上著しい障害があるために日常生活を営むことが困難な要保護者を入所させて生活扶助を行うことを目的としている施設である。原則的には，保護施設退所者を対象としている（生活保護法第38条第2項）。

2 更生施設

身体上または精神上の理由により，養護および生活指導を必要とする要保護者を入所させ生活扶助を行うことを目的としている施設である（同法第38条第3項）。

3 医療保護施設

医療を必要とする要保護者に対して医療の給付を行うことを目的とする施設である（同法第38条第4項）。

4 授産扶助

身体上もしくは精神上の理由または世帯の事情により就業能力の限られている要保護者に対して，就労または技能の修得のために必要な機会および便宜を与えて，その自立を助長することを目的としている施設である（同法第38条第5項）。主に生業扶助に取り組む施設である。

5 宿所提供施設

住居のない要保護者の世帯に対して住宅扶助を行うことを目的とした施設である（同法第38条第6項）。

第3節 生活保護制度の課題

――生活保護受給者の増加

生活保護受給者数は，平成27年度で約216万人，約163万世帯となっている。年齢別の被保護人員は，65歳以上の高齢者が全体の45.5％を占めており，高齢者世帯の数が増加している（厚生労働省「被保護者調査」）。平成27年度における生活保護受給世帯数の世帯類型別では，高齢者世帯が80万2811世帯，母子世帯が10万4343世帯，傷病者・障害者世帯が44万2369世帯となっている。日本は高齢化により今後も高齢者世帯の増加が見込まれる。

また，年金の減少などにより保護費の支出が増えていくことが予想される。生活保護費の負担金では，平成27年度3兆7000億円となっている。過去10年間，生活保護費負担金の約半分は医療扶助となっている（厚生労働省

「生活保護負担金事業実績報告」)。医療を受けることは，日常生活を送るなかで必要不可欠であるものの，財源を考えるとこれ以上の医療費の増加は課題であり検討する必要があるだろう。

　高齢の受給者の増加，単身の受給者の増加，また，保護の受給期間の長期化は，日本の高齢化が加速している状況からすると今後も当面の課題となる。

❷──生活保護と自立支援について

　非正規労働者は，2006（平成18）年の1678万人から2016（平成28）年には2016万人と10年間で300万人以上増加している。一度，2009（平成21）年に減少している（総務省「労働力調査」）。母子世帯は，約8割就労しているものの，貧困率は半数を超えており，貧困状態のままとなっている。そのため，家庭での子育て時間や子育て環境の確保が難しく，労働をせざるをえない状況をつくり出している。また，男女での格差構造が改善されていない。2016（平成28）年の1年間を通じて勤務した給与所得者を見ると，平均給与は422万円，男性521万円，女性280万円となっている。正規職員と非正規職員の1年間を通じた平均給与を比較すると正規職員が487万円，非正規職員が172万円となっている。正規職員の男性540万円，女性373万円，非正規職員の男性228万円，女性148万円となっている（国税庁「民間給与実態統計調査」）。このような結果からみても，非正規職員の平均給与が顕著に低いことがわかる。非正規労働の増加から経済的安定はほど遠く，格差や貧困状態が続いているとも考えられる。

　生活保護による最低生活保障水準の金額は，被保護世帯の年齢や人員，所在地域によって異なる。地域別に級地が分けられており，1級地-1，2，2級地-1，2，3級地-1，2となっている。例として，1級地-1を見ると，3人世帯（30代夫婦と5歳）で16万110円，母子世帯（30代母親と5歳）で14万5040円，高齢者単身世帯（60代）で8万870円，高齢者夫婦世帯（60代）で12万720円となる。これに加えて，住宅扶助や教育扶助，介護扶助，医療扶助などの支給がなされる金額を見ると，非正規職員の女性で母子世帯の年間給与金額と極端な差がない可能性もある。

生活保護法第1条の目的の部分で，最低生活の保障と自立を助長すると示されている。第4条には，補足性の原則が掲げられているが，現在の日本の経済状況を考えると，生活保護を活用しながらの安定した生活と自立を必要とする人がいると考えられる。

　これは，女性の貧困の部分でも述べたように，男性に比べ女性の非正規雇用率の高さや低賃金就労により，過重労働と期限付き就労により将来の見通しがつきにくい状況がある。そのような過酷な労働状況に加えて，社会保険となる雇用保険，健康保険，年金等の未加入によって生活状況は，より不安定な状況に陥ってしまう。また，就労環境によっては，うつ病などの精神疾患を罹患してしまう人や，無理をして身体を壊してしまう可能性の高い就労環境を選ばざるをえない人もいる。

　このようなリスクがあるとわかっていても，自立へのビジョンを立てながらも目先の生活を何とかしなければならないと考え，収入を得るために不安定な就労や過重労働を経て，生活が立ちゆかなくなってしまうことが危惧される。見方を変えると，厳しい状況となってから生活保護を活用し始めると，本人の余力はほとんどない状況から自立支援をすることになると考えられる。その前から，生活保護等の福祉の力を活用しながら自立を目指すことも一つの重要な方法であろう。

　ただ，生活保護を担当する福祉事務所は，申請主義であるため，申出がないと始まらないことが現実である。厳しい状況におかれている多種多様な人に対する福祉的な視点と自立支援に向けた適切な手段を効果的に結びつけられるかが課題である。

▶ 引用・参考文献
- 厚生労働省「平成28年度　全国ひとり親世帯等調査」
- 厚生労働省「被保護者調査」
- 厚生労働省「生活保護負担金事業実績報告」
- 厚生労働省「平成28年　国民生活基礎調査」
- 厚生労働省「福祉行政報告例」
- 国税庁「民間給与実態統計調査」
- 内閣府「子供・若者白書」各年版

- 『生活保護手帳 2017年度版』中央法規出版，2017.
- 生活保護制度研究会編『保護のてびき 平成29年度版』第一法規，2017.
- 総務省統計局「労働力調査」

第9章 地域福祉の推進と利用者保護制度

第1節 今日の地域福祉をめぐる状況

——地域福祉の展開

　日本の社会福祉は措置制度を基盤に展開してきた。高齢者問題が主流となった1970年代，低経済成長・社会構造の変化も加速し，従来の生活困窮者を対象とした施設ケア中心の福祉サービスから，多様なニーズに対応できるサービスが求められるようになり，行政主体による福祉供給システムに対する限界が指摘された。そして，「国際障害者年」（1981年）において日本では，ノーマライゼーションの理念・QOL・障害者自立生活運動等の概念とともに，障害者領域だけではなく児童・女性・高齢者等のすべての世代の人に対して「自己決定」「自己実現」の重要性が検討されることになった。何らかの事情があり社会生活を継続することができなかった障害者等が，生活する場として在宅生活が重要な選択になり，地域住民を巻き込んで「人権保障」の立場から社会・地域のあり方が議論された。

　1990（平成2）年には「老人福祉等の一部を改正する法律」により，福祉関係八法の改正が行われ，さらに，社会事業法の改正により社会福祉の基盤を「地域において必要な福祉サービスを総合的・計画的」に提供し，「地域に即した創意と工夫」「地域住民の理解と協力」が求められることが規定された。これによりやや理念中心だった地域福祉が，「市町村」「地域住民」の両輪と「在宅福祉」を柱とする社会福祉の中心概念となってきた。

　2000年代になると介護保険制度を中心として社会福祉制度利用のなかに

「契約制度」が導入された。これは，社会福祉基礎構造改革で提言された，社会福祉改革を具体化した制度であった。人が尊厳をもってその人らしい自立した生活が送れるよう支えるという社会福祉の理念に基づき，具体的な改革の方向として，①個人の自立を基本とし，その選択を尊重した制度の確立（契約制度の導入），②質の高い福祉サービスの拡充，③地域での生活を総合的に支援するための地域福祉の充実を明確化した。

さらに，「社会的な援護を要する人々に対する社会福祉のあり方に関する検討会」報告書（2000（平成12）年12月8日）では，孤独や孤立，排除や摩擦から援護し，健康で文化的な生活の実現につなげるよう，社会の構成員として包み，支え合う（ソーシャル・インクルージョン）ための社会福祉を模索する必要性が指摘され，それを支える「セーフティーネット」の一翼として地域住民を主体とした「新たな公共」が期待されている。このように「多様性を受け止める成熟した文化・社会」を目指す地域創生社会の議論が行われるようになった。

❷——今日の地域福祉をめぐる制度動向

国立社会保障・人口問題研究所において，老年人口割合を見ると，2016（平成28）年現在の27.3%で4人に1人を上回る状態にある。都市圏と比較して地方圏は，高齢化率の急激な上昇および少子化による人口減少が加速するなかで，医療・介護・福祉等の社会資源およびサービスを提供する人材の維持の難しさなど，地域社会機能の維持が困難になるといえる。

そのなかで，今後の社会福祉の方向性を示す主軸となる制度動向として，包括的な相談支援システムの構築，高齢・障害・児童への総合的な支援の提供といった新しい地域包括支援体制の確立を目指す「福祉ビジョン」がある。さらに，これを具体的に推進する方策として2016（平成28）年の「骨太方針」と「ニッポン一億総活躍プラン」がある。「骨太方針」は医療・介護費用の「見える化」を図ることにより，医療・介護の効率化を進める考えを打ち出す一方，「ニッポン一億総活躍プラン」では，出生率の向上や介護離職ゼロなど，社会保障の充実策を示している。また，地域共生社会について

「我が事・丸ごと」で取り組んでいく体制の整備も行われている。

このように福祉サービスの方向性として，介護保険制度の施行・改革を中心にしつつ，障害・児童・生活困窮者等が抱える，多様な福祉ニーズに対応できる総合的・包括的な「地域包括ケアシステム」の体制整備が目指されている。

第2節 地域福祉の考え方

――社会福祉法による地域福祉の位置づけ

地域福祉が法的に位置づけされたのは，2000（平成12）年に制定された社会福祉法である。社会福祉法第1条で「地域福祉」の目的が規定され，社会福祉を目的とする事業者すべてに，地域福祉の増進・発展を基盤とする展開を必須とした。地域福祉が社会福祉の主流となったと考えられる。

それ以前においては，地域福祉に関する重要な指摘が社会福祉協議会基本要項（1962（昭和37）年4月）にあった。基本要項では地域福祉について明確に言及はされていないが，「住民の主体」を基盤とした公私連携の重要性が述べられた。社会福祉協議会基本要項は現在の「地域福祉」の嚆矢となる提言であるといえる。

地域福祉の推進として，社会福祉法第4条では地域福祉の推進の主体として「地域住民」が規定され，公私が連携して社会参加に寄与する努力目標が示された。

福祉サービスの基本的理念および提供原則として，第3条では「福祉サービスは，個人の尊厳の保持を旨とし，その内容は，福祉サービスの利用者が心身ともに健やかに育成され，又はその有する能力に応じ自立した日常生活を営むことができるように支援するものとして，良質かつ適切なものでなければならない」，第5条では「社会福祉を目的とする事業を経営する者は，その提供する多様な福祉サービスについて，利用者の意向を十分に尊重し，

かつ，保健医療サービスその他の関連するサービスとの有機的な連携を図るよう創意工夫を行いつつ，これを総合的に提供することができるようにその事業の実施に努めなければならない」としている。

利用者の人権保障を基盤に，サービスを提供する際は福祉・保健・医療・関連資源の有機的連携を促進し，縦割りではない総合・包括的な支援を行わなければならないと規定している。

また，地域福祉を展開するにあたっては，大橋（2006）の地域福祉についての定義から次の視点が重要になるといえる。①個人の尊厳・主体性等の人権尊重を基盤とした個別的ニーズ把握から出発すること，②在宅サービスを提供する際は，個人の最善の利益実現を目指した説明と同意に基づき，福祉・保健・医療を総合的・包括的に支援すること，③その際，在宅サービスは日常生活における身近な存在である，家族・親族，友人，近隣，ボランティア等と社会保障，社会福祉，医療・保健等の制度によるサービスを効果的に提供すること，④近隣住民の理解を深めソーシャルネットワークの基盤をつくること，⑤社会の側にユニバーサルデザインの実現を求め，国民全体に地域共生の精神を醸成することを目指すこと，である。

❷──誰もが支え合う地域

厚生労働省「新たな福祉サービスのシステム等のあり方検討プロジェクトチーム（2015（平成27）年9月17日）」で報告された「福祉ビジョン」は，今後の福祉政策の中核となるものである。報告のなかで，家族内または地域内の支援力が低下している背景として，共働き世帯や高齢者の増加により子育てや介護の支援がこれまで以上に必要となるなか，高齢者介護・障害者福祉・子育て支援・生活困窮等さまざまな分野において，核家族化，ひとり親世帯が増加し，地域のつながりが希薄化していることが明らかにされた。さらに，さまざまな分野の課題が絡み合って複雑化し，世帯単位で複数分野の課題を抱えていることを挙げている。

今後の福祉サービスの課題としては，①家族・地域社会の変化に伴い複雑化する支援ニーズへの対応，②人口減少社会における福祉人材の確保と質の

高いサービスを効率的に提供する必要性の高まり，③「誰もが支え合う社会の実現」の必要性と地域の支援ニーズの変化への対応としている。

こうした課題に対して，「福祉ビジョン」は地域住民の参画と協働により，誰もが支え合う共生社会の実現のために，①包括的な相談から，見立て，支援調整の組み立て，さらに資源開発を行う新しい地域包括支援体制の確立，②高齢，障害，児童等への総合的な支援の提供，③効果的・効率的なサービス提供のための生産性向上，④総合的な人材の育成・確保，の新しい地域包括支援体制確立が重要であると指摘している（図9-1）。

図9-1 福祉ビジョン

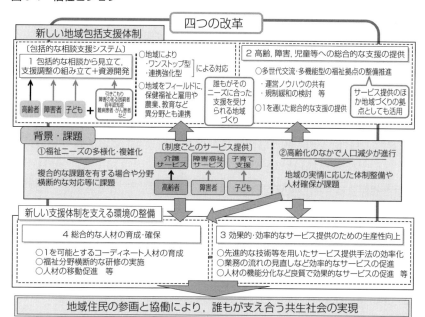

出典：厚生労働省「地域包括ケアの深化・地域共生社会の実現」（平成28年7月15日）

❸——「我が事・丸ごと」の地域共生社会

　ニッポン一億総活躍プラン（2016（平成28）年6月2日）・骨太方針（2016（平成28）年6月2日）では，地域共生社会とは，「子ども・高齢者・障害者などすべての人々が地域，暮らし，生きがいをともにつくり，高め合うことができる社会」と示されている。このため，支え手側と受け手側に分かれるのではなく，地域のあらゆる住民が役割をもち，支え合いながら，自分らしく活躍できる地域コミュニティを育成し，福祉などの公的サービスと協働して助け合いながら暮らすことのできる仕組みを構築すべきとしている。

　「地域包括ケアシステム」は，高齢期のケアを念頭においた概念である。そのシステムを発展的に継続した「地域共生社会の実現に向けた包括的支援体制」とは，「地域包括ケア」の理念を普遍化し，高齢者のみならず，さまざまな生活上の困難を抱える市民への包括的な支援体制とするものである。つまり，地域共生社会は，地域包括ケアシステムを包含する概念であると整理できる。

　これらの政策は「「我が事・丸ごと」地域共生社会実現本部」が推進しており，ここでは地域共生社会は，「我が事」として，「我が事・丸ごとの地域づくり」が目指され，他人事が「我が事」として感じられる取り組みとして，住民主体による地域課題の解決力強化・体制づくりや，市町村による包括的な相談支援体制の整備などを求めている。

　「丸ごと」としては，「サービス・専門人材の丸ごと化」を掲げ，公的福祉サービスの総合化・包括化（基準該当サービスの改善，共生型の報酬・基準の整備），専門人材のキャリアパスの複線化（医療・福祉資格に共通の基礎課程の創設，資格所持による履修期間の短縮，複数資格間の単位認定の拡大）を挙げている。

　具体的な方策として，地域力強化検討会の「地域力強化検討会最終とりまとめ～地域共生社会の実現に向けた新しいステージへ～」（2017（平成29）年9月12日）では，市町村における「包括的な支援体制」の構築，他人事を「我が事」に変えていくような働きかけをする機能，「複合課題丸ごと」「世帯丸ごと」「とりあえず丸ごと」を受け止める場の構築の重要性を指摘している。

第3節
地域福祉の推進

1 ── 地域福祉の担い手

　社会保障審議会福祉部会「市町村地域福祉計画及び都道府県地域福祉支援計画策定指針の在り方について（一人ひとりの地域住民への訴え）（2002（平成14）年1月28日）」において，地域福祉推進の主体は「地域住民，社会福祉を目的とする事業を経営する者及び社会福祉に関する活動を行う者」の三者であり，地域福祉を推進することの目的は，これらの者が相互に協力し合うことにより「福祉サービスを必要とする地域住民が地域社会を構成する一員として日常生活を営み，社会，経済，文化その他あらゆる分野の活動に参加する機会が与えられるようにすること」であるとした。

　地域福祉の担い手としては，地域住民，要支援者の団体，自治会・町内会，地縁型組織等，一般企業，商店街等，民生委員・児童委員，福祉委員等，ボランティア団体，特定非営利活動法人（NPO法人），その他の諸団体等が想定できる。また，社会福祉法第4条の規定や，「福祉ビジョン」「ニッポン一億総活躍プラン」の政策動向から，地域福祉の主体は，「地域住民」であることは明らかであり，そこから想定された住民像は，「他人事を我が事のように」感じ取ることができる，共感・傾聴の実践をベースにおいた市民像である。

2 ── 地域福祉計画

　地域福祉推進のための方策として，社会福祉法において「市町村地域福祉計画および都道府県地域福祉支援計画」を規定している。
　第107条では「市町村地域福祉計画」において以下の項目を規定している。
① 　地域における福祉サービスの適切な利用の推進に関する事項
② 　地域における社会福祉を目的とする事業の健全な発達に関する事項

③　地域福祉に関する活動への住民の参加の促進に関する事項

　市町村地域福祉計画は，地域住民に最も身近な行政主体である市区町村が，地域福祉推進の主体である住民等の参加を得て地域の要支援者の生活上の解決すべき課題とそれに対応する必要なサービスの内容や量，その現状を明らかにし，かつ，確保し提供する体制を計画的に整備することを内容とするものである。

　第108条では「都道府県地域福祉計画」において以下の項目を規定している。

① 　市町村の地域福祉の推進を支援するための基本的方針に関する事項
② 　社会福祉を目的とする事業に従事する者の確保または資質の向上に関する事項
③ 　福祉サービスの適切な利用の推進および社会福祉を目的とする事業の健全な発達のための基盤整備に関する事項

　都道府県地域福祉支援計画は，市町村の区域を包含する広域的な地方公共団体として広域的な観点から市町村を支援し，その際，市町村の規模，地域の特性，施策への取り組み状況等に応じて，きめ細かな配慮を行う必要があり，このために市町村支援を旨とするものである。

　「市町村地域福祉計画及び都道府県地域福祉支援計画の策定について（厚生労働省社会・援護局長社援0327発第13号2014（平成26）年3月27日）」では，生活保護に至る前の生活困窮者への支援（いわゆる「第2のセーフティネット」）を抜本的に強化する新たな生活困窮者自立支援制度について，社会経済の構造的な変化等による生活保護受給者や生活困窮に至るリスクの高い層の増加を踏まえ，地域福祉を拡充し，市町村地域福祉計画および都道府県地域福祉支援計画のなかに位置づけて計画的に取り組むことが効果的であるとした。そのことを踏まえ，「生活困窮者自立支援方策について市町村地域福祉計画及び都道府県地域福祉支援計画に盛り込む事項」を定めた（ただし，自治体事情等により単独計画（法定外計画）の策定もあり得る）（図9-2）。

　住民は，地域福祉計画の策定について意見を述べるだけでなく，自らが地域福祉の担い手であると認識することが重要である。さらに，現在の社会問題である多様で複合的な課題を抱えている生活困窮者への包括的支援とし

図9-2 地域福祉計画における生活困窮者自立支援の位置づけ

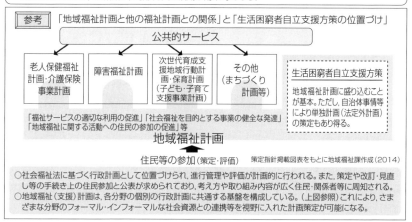

出典：厚生労働省「生活困窮者自立支援制度の推進と「自治体計画」について」（平成27年9月14日）

て，専門機関だけでなく，住民団体やボランティアなどのインフォーマルな部門とも協働した「支え合いの地域づくり」を検討する必要があるとされている。その包括的支援の実現の観点から，地域福祉（支援）計画を活用して，従来の個別分野別の「福祉」にとどまらない「地域」を基盤とした発想のうえで，労働や保健医療のほか，地域振興その他の分野との連携協働を進めていくことが効果的となる。

③──社会福祉法人

2016（平成28）年改正社会福祉法において，社会福祉法人の公益性・非営利性を踏まえ，法人の本旨から導かれる本来の役割を明確化するため，「地域における公益的な取組」の実施に関する責務規定が創設された。さらに，社会福祉法人が社会福祉充実財産を活用して地域公益事業を行うにあたって

図 9-3　社会福祉法人制度改革における地域協議会

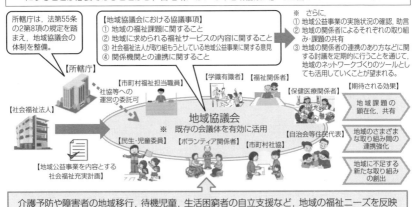

出典：厚生労働省「社会福祉法人制度改革について」

は，その取り組み内容に，地域の福祉ニーズを的確に反映するとともに，法人が円滑かつ公正に意見聴取を行えるようにすることが必要であることから，各地域において「地域協議会」を整備していくことが重要であるとしている（図 9-3）。

　地域協議会における協議事項とは，①地域の福祉課題に関すること。②地域に求められる福祉サービスの内容に関すること。③社会福祉法人が取り組もうとしている地域公益事業に関する意見。④関係機関との連携に関することとされている。地域協議会の構成メンバーとしては，市町村福祉担当職員，福祉・保健・医療関係者，自治会等住民代表等，市町村社協，ボランティア関係者，民生・児童委員が想定され，地域のさまざまな取り組み間の連携・強化，地域に不足する新たな取り組みの創出，地域課題の顕在化・共有化等が期待されている。

　社会福祉法人は歴史的に施設ケアを中心に発展しつつ，現在においては，施設空間の開放，短期入所・通所・訪問・相談機能等を備える専門的機能の

複合化，劣悪な生活環境に対する救済機能・居住空間の快適さ，家族・地域孤立化の対抗機能，専門的援助機能充実化等，地域福祉展開の重要な拠点になっている。

④──社会福祉協議会

社会福祉協議会は，「地域福祉の推進を図ることを目的とする社会福祉法人」であり，市町村社会福祉協議会，政令指定都市の区社会福祉協議会，都道府県社会福祉協議会および全国社会福祉協議会等の組織構造をもつ団体である。

市町村社会福祉協議会は，社会福祉法第109条において，①社会福祉を目的とする事業の企画および実施，②社会福祉に関する活動への住民の参加のための援助，③社会福祉を目的とする事業に関する調査，普及，宣伝，連絡，調整および助成 ④③に掲げる事業のほか，社会福祉を目的とする事業の健全な発達を図るために必要な事業を行うこととしている。

また，都道府県社会福祉協議会は，社会福祉法第110条において①市町村社会福祉協議会で掲げた事業であり各市町村を通ずる広域的な見地から行うことが適切なもの，②社会福祉を目的とする事業に従事する者の養成および研修，③社会福祉を目的とする事業の経営に関する指導および助言，④市町村社会福祉協議会の相互の連絡および事業の調整を行うこととしている。

第4節 利用者保護制度

──社会福祉の権利

平岡（2011）は，社会福祉の権利は①実体的請求権，②手続的権利，③救済争訟権からなる複合的な性格であるとした[2]。さらに，これらの権利の憲法上の根拠は，憲法第25条に規定する生存権，第13条に規定する幸福追求権，

第18条に規定する奴隷的拘束・苦役からの自由としている。

また，①実体的請求権とは，「一定の条件下の費用負担の義務の免除の原理」「虐待・拘束からの自由やプライバシーの権利等」である。②手続的権利とは，「サービスの内容や目的，利用要件等について十分な情報の提供を受ける権利」「利用申請からニーズ判定・利用決定に至る過程での諸権利」「処遇方法や援助者の選択の権利，サービス提供機関の選択の権利，サービス提供機関の管理運営に参加する権利等」である。③救済訴訟権とは，①②の権利が侵害された場合，訴訟を提示でき，行政部内の再審査を求められることであると規定している。

これらの権利を実現するために，社会福祉法では，社会福祉事業の経営者に対して，福祉サービスを提供する際の適切な情報提供（第75条），利用契約の申込み時の説明（第76条），利用契約の成立時の書面の交付（第77条）等を定め，利用者の自己決定を保証する仕組みをつくっている。

実際のサービス提供に関連しては，福祉サービスの質の向上のための措置（第78条），提供する福祉サービスについて，利用者等からの苦情の適切な解決（第82条），さらに，都道府県レベルにおける苦情を適切に解決するための「運営適正化委員会」を規定し，サービス利用に伴う利用者の保護を目指している（第83条）。福祉サービス利用援助事業の実施にあたっては，利用者の意向を十分に尊重するとともに，利用者の立場に立って公正かつ適切な方法により行わなければならない（第80条），さらに，これらの福祉サービス利用援助事業を行う市町村社会福祉協議会および補完・支援機関として都道府県社会福祉協議会が位置づけされている（第81条）。

❷——苦情解決制度

社会福祉法第82条の規定により，社会福祉事業の経営者は，常に，その提供する福祉サービスについて，利用者等からの苦情の適切な解決に努めなければならないものとされている。対象事業者は，社会福祉法第2条に規定する社会福祉事業（第一種社会福祉事業および第二種社会福祉事業）を経営する者，また，上記以外の福祉サービスを提供する者等についても，苦情解決

の仕組みを設けることが望まれると規定している。

苦情解決体制として，①苦情解決責任者，②苦情受付担当者，③第三者委員が定められており，①の苦情解決責任者は，苦情解決の責任主体を明確にするため，施設長，理事等としている。②の苦情受付担当者は，サービス利用者が苦情の申出をしやすい環境を整えるため，職員のなかから任命される。職務としては，利用者からの苦情の受付，苦情内容，利用者の意向等の確認と記録，苦情およびその改善状況等の苦情解決責任者および第三者委員への報告の規定がある。

③の第三者委員は，苦情解決に社会性や客観性を確保し，利用者の立場や特性に配慮した適切な対応を推進する。第三者委員の要件として，苦情解決を円滑・円満に図ることができる者であること，世間からの信頼性を有する

図9-4 苦情解決制度のしくみ（東京都モデル）

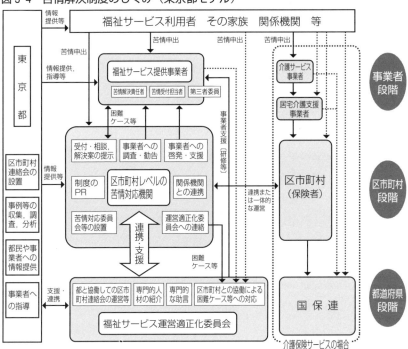

出典：東京都福祉サービス運営適正化委員会「福祉サービスにおける苦情解決のための対応マニュアル」p.17, 2013.

者であることとし，例えば評議員，監事または監査役，社会福祉士，民生委員・児童委員，大学教授，弁護士等で，経営者の責任において選任する。職務としては，苦情受付担当者から受けつけた苦情内容の報告聴取，苦情内容の報告を受けた旨の苦情申出人への通知，利用者からの苦情の直接受付などがある。中立・公平性を保つうえでも苦情解決の要となる役割を担っている。2017（平成29）年3月には「社会福祉事業の経営者による福祉サービスに関する苦情解決の仕組みの指針について」の苦情解決の仕組みの目的の内容が改正された。改正は，福祉サービスの充実に伴う苦情内容が複雑化・多様化した状況を踏まえたことによるものである。内容としては，自ら提供するサービスから生じた苦情への適切な対応は，社会福祉事業の経営者の重要な責務であること等が規定されている。また，苦情への適切な対応は，自ら提供する福祉サービスの検証・改善や利用者の満足感の向上など福祉サービスの質の向上に寄与するものであるので，こうした対応の積み重ねが社会福祉事業の経営者の社会的信頼性の向上にもつながるとしている。図9-4は，東京都の日常生活自立支援事業における，福祉サービス提供事業所・区市町村・福祉サービス運営適正化委員会の苦情相談・対応のしくみである。

③──日常生活自立支援事業

　日常生活自立支援事業とは，認知症高齢者，知的障害者，精神障害者等の判断能力が不十分な人が地域において自立した生活が送れるよう，利用者との契約に基づき，福祉サービスの利用援助等を行うものである。

　「福祉サービス利用援助事業」は，2000（平成12）年の介護保険制度の導入，社会福祉の増進のための社会福祉事業法等の一部を改正する等の法律の施行により，福祉サービスが措置から利用へと移行するなかで，利用者の利益の保護を図る仕組みの一環として第二種社会福祉事業に規定されている。

　1999（平成11）年10月から「地域福祉権利擁護事業」として（平成19年度から「日常生活自立支援事業」の名称），都道府県社会福祉協議会を実施主体とした国庫補助事業を開始した。

　実施主体は都道府県社会福祉協議会または指定都市社会福祉協議会である

図9-5 日常生活自立支援事業の流れ

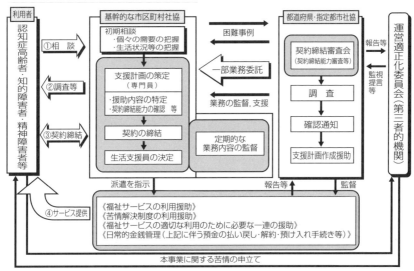

出典:厚生労働省・援護局地域福祉課「福祉サービス利用援助事業について」p.12, 2007.

が，事業の一部を，市区町村社会福祉協議会等（基幹的社会福祉協議会等）に委託できるとしている。

本事業が規定する対象者は，①判断能力が不十分な人（認知症高齢者，知的障害者，精神障害者等であって，日常生活を営むのに必要なサービスを利用するための情報の入手，理解，判断，意思表示を本人のみでは適切に行うことが困難な人），②本事業の契約の内容について判断し得る能力を有していると認められる人としている。

支援は，専門員（原則常勤）と生活支援員（非常勤）により実施され，支援内容は，①福祉サービスの利用援助，②苦情解決制度の利用援助，③定期的な訪問による生活変化の把握を基盤とした福祉サービスの適切な利用のために必要な一連の援助，④住宅改造，居住家屋の貸借，日常生活上の消費契約および住民票の届出等の行政手続に関する援助等であり，これに伴う援助内容は，預金の払い戻し，預金の解約，預金の預け入れの手続等利用者の日常生活費の管理（日常的金銭管理），定期的な訪問による生活変化の確認である（1か月の平均利用回数は約2回，利用料は平均1回1,200円）。流れ

は図9-5のとおりで，契約による事業の信頼性や的確性を高め，利用者が安心して利用できる仕組みとなっている。

④──第三者評価事業

社会福祉法第78条第1項「福祉サービスの質の向上のための措置等」に基づき，社会福祉事業の共通の制度として，「福祉サービス第三者評価事業」が行われている。

福祉サービスの第三者評価事業は，『社会福祉基礎構造改革について（中間まとめ）』（1988（平成10）年6月）での「信頼と納得が得られるサービスの質と効率性の向上」提言を受けて，具体的に検討が始められたものであ

図9-6 福祉サービス第三者評価事業の推進体制

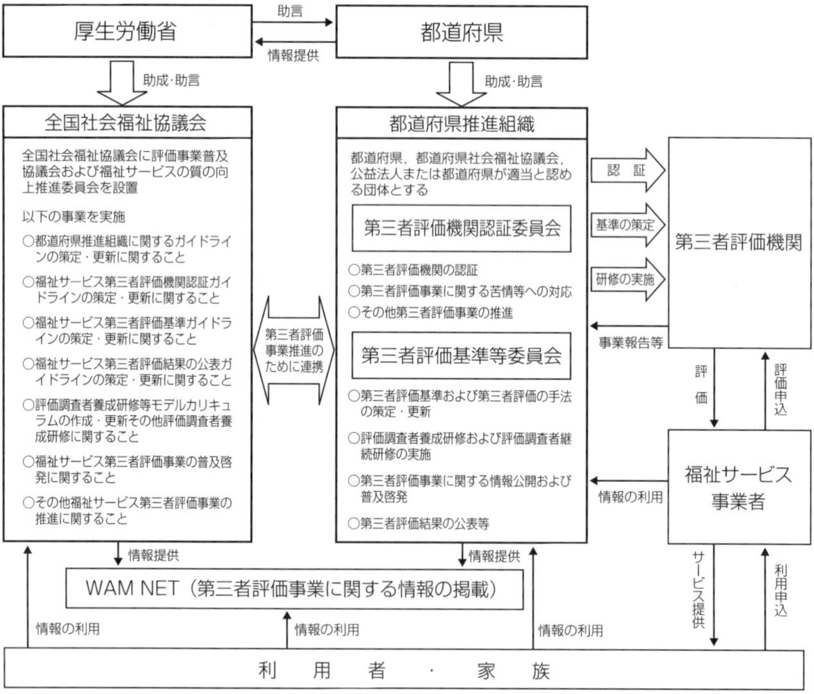

出典：全国社会福祉協議会第三者評価事業

り，2004（平成16）年より本格的に実施された。2015（平成27）年4月からは，社会的養護関係施設（児童養護施設，乳児院，児童心理治療施設，児童自立支援施設および母子生活支援施設をいう）については，子どもが施設を選ぶ仕組みでない措置制度等であり，また，施設長による親権代行等の規定もあるほか，被虐待児等が増加し，施設運営の質の向上が必要であることから，第三者評価の実施を義務づけることとした。

この第三者評価を普及・定着を推進する機関として，都道府県は，都道府県の判断の下，「都道府県推進組織」を設置することとされた。都道府県推進組織は，各都道府県に一つに限り設置され，第三者評価機関の認証をはじめ，第三者評価基準や第三者評価の手法に関すること，第三者評価結果の取り扱いに関することを行う。第三者評価事業の全体像は図9-6にあるとおりである。

⑤──成年後見制度

認知症・知的障害・精神障害等の精神上の障害により，事理弁識能力を欠く状況にある者について一定の請求により家庭裁判所が後見開始の審判を行う制度のことである。成年後見制度の種類としては，「任意後見制度」と「法定後見制度」がある。
- 「任意後見制度」…判断能力が不十分になる前に，将来判断能力が不十分となった場合に備えて，代理人（任意後見人）と支援内容をあらかじめ契約（任意後見契約）により決める制度。
- 「法定後見制度」…判断能力が不十分になってから家庭裁判所によって援助者として「成年後見人」・「保佐人」・「補助人」が選ばれる制度。
法定後見制度の類型・権限は表9-1のとおりである。

認知症高齢者・知的障害者・精神障害者の人々が福祉サービスを利用する際には，成年後見制度の活用が有効ではあるが，制度理解が不十分であったり，費用負担が困難な状況にあり，成年後見制度の活用促進が進まない状況がみられた。

成年後見制度の利用促進を図るとともに，地域福祉の進展とともに福祉

サービス利用契約の支援などを中心に，成年後見の担い手として市民の役割が強まると考えられることから，成年後見制度利用支援事業および市民後見人の育成と活動支援が推進されている。

　成年後見制度利用支援事業は2006（平成18）年には，改正介護保険法および改正障害者自立支援法（現，障害者の日常生活及び社会生活を総合的に支援するための法律（以下，障害者総合支援法））の施行に伴い，高齢者につ

表9-1　法定後見制度の概要

精神上の障害により判断能力が不十分であるため法律行為における意思決定が困難な人々について，その判断能力を補い，その人々の財産等の権利を擁護する制度

	後　見	保　佐	補　助
対象となる人	判断能力が欠けているのが通常の状態の人	判断能力が著しく不十分な人	判断能力が不十分な人
申し立てをすることができる人	本人，配偶者，四親等内の親族，検察官，市町村長など(注1)		
成年後見人等（成年後見人・保佐人・補助人）の同意が必要な行為		民法第13条第1項所定の行為(注2)(注3)(注4)	申立ての範囲内での家庭裁判所が審判で定める「特定の法律行為」（民法第13条第1項所定の行為の一部）
取消しが可能な行為	日常生活に関する行為以外の行為	同上(注2)(注3)(注4)	同上(注2)(注4)
成年後見人等に与えられる代理権の範囲	財産に関するすべての法律行為	申立ての範囲内で家庭裁判所が審判で定める「特定の法律行為」(注1)	同左(注1)
制度を利用した場合の資格などの制限	医師，税理士等の資格や会社役員，公務員等の地位を失うなど(注5)	医師，税理士等の資格や会社役員，公務員等の地位を失うなど	

注1：本人以外の者の申立てにより，保佐人に代理権を与える審判をする場合，本人の同意が必要になる。補助開始の審判や補助人に同意権・代理権を与える審判をする場合も同じである。
注2：民法第13条第1項では，借金，訴訟行為，相続の承認・放棄，新築・改築・増築などの行為が挙げられている。
注3：家庭裁判所の審判により，民法第13条第1項所定の行為以外についても，同意権・取消権の範囲とすることができる。
注4：日用品の購入など日常生活に関する行為は除かれる。
注5：公職選挙法の改正により，選挙権の制限はなくなった。
出典：法務省「自分のために――みんなの安心　成年後見制度（せいねんこうけんせいど）」を一部改変

いては地域支援事業の任意事業として，知的障害者・精神障害者等の障害者については，2013（平成25）年より市町村地域生活支援事業の必須事業に格上げされ，成年後見に伴う鑑定料，登録料，成年後見人への報酬等について，障害者総合支援法第77条に基づく市町村地域生活支援事業の成年後見制度利用支援事業により国庫補助を行う制度がある。

今後，福祉サービスにおける契約制度の進展とともに，個人の尊厳の確保の視点から，自己決定・代理決定にかかわる支援制度が充実することが求められている。

引用・参考文献

1) 大橋謙策「新しい社会福祉の考え方としての地域福祉」日本地域福祉学会編『新版地域福祉事典』中央法規出版，p.12，2006.
2) 平岡公一・杉野昭博・所道彦ほか編「権利擁護とサービスの質の保障」『社会福祉学』有斐閣，pp.84-482，2011.

- 中央社会福祉審議会社会福祉構造改革分科会「社会福祉基礎構造改革について（中間まとめ）」1997.
- 厚生労働省新たな福祉サービスのシステム等のあり方検討プロジェクトチーム「誰もが支え合う地域の構築に向けた福祉サービスの実現――新たな時代に対応した福祉の提供ビジョン」pp.1-22，2015.
- 厚生労働地域における住民主体の課題解決強化・相談支援体制の在り方に関する検討会（地域力強化検討会）「地域強化検討会最終とりまとめ――地域共生社会の実現に向けた新しいステージへ」pp.10-36，2017.
- 厚生労働省「第1回「我が事・丸ごと」地域共生社会実現本部 資料」，2016.
- 内閣府「経済財政運営と改革の基本方針2016――600兆円経済への道筋」pp.1-43，2016.
- 内閣府「ニッポン一億総活躍プラン」pp.1-25，2016.
- 全国社会福祉協議会「社会福祉協議会基本要項」pp.51-54，1962.
- 全国社会福祉協議会第三者評価事業

第10章 社会福祉の担い手と専門職制度

第1節 社会福祉従事者の概要

1 ──社会福祉従事者

　社会福祉サービスは，社会福祉に関連する民間事業所や民間施設，行政などで働く社会福祉従事者によって担われる制度上（フォーマル）のものだけではない。有給の従事者（就業者）のみならず，ボランティアや地域住民（インフォーマル）もまた，今日の社会福祉を担う貴重な社会資源である。さらには，フォーマルとインフォーマルの中間にあたる民生委員・児童委員，里親，職親など，さまざまな形で多くのマンパワーが社会福祉制度を支える役割を担っている。

　その他，社会福祉従事者を常勤従業者と非常勤従業者，専門職と非専門職などに分類することも可能である。

　「医療・福祉」という大分類は，「医療業」「保健衛生」「社会保険・社会福祉・介護事業」に関するサービスを提供する事業所に分類される。そのうちの「社会保険・社会福祉・介護事業」は，公的年金，公的医療保険，公的介護保険，労働者災害補償保険などの社会保険事業を行う事業所および児童，老人，障害者などに対して，社会福祉や介護等のサービスを提供する事業所を含有する。

　総務省統計局の調査によると，「医療・福祉」に就業する約711万人のうち，約348万人が「社会保険・社会福祉・介護事業」に従事している。そして，「社会保険・社会福祉・介護事業」の就業者数を産業小分類で見た場合，注1

表10-1 社会保険・社会福祉・介護事業の就業者数

社会保険・社会福祉・介護事業（産業小分類）	就業者数
社会保険事業団体・福祉事務所	62,300人
児童福祉事業	902,000人
老人福祉・介護事業（訪問介護事業を除く）	1,790,000人
障害者福祉事業	333,700人
訪問介護事業	290,100人
その他の社会保険・社会福祉・介護事業	100,900人

出典：総務省統計局「国勢調査抽出速報集計」2015. の第11表
産業（小分類），職業（小分類）別15歳以上就業者数（総数，雇用者（役員を含む）および雇用者（役員を含まない））から抜粋。

表10-1のような数字になっている。

表10-1の「社会保険事業団体」は，公的年金，公的医療保険，公的介護保険，労働者災害補償保険などの社会保険事業を行う事業所であり，「福祉事務所」は都道府県，市町村および特別区が設置する社会福祉に関する事務所である。「児童福祉事業」は保育所とその他の児童福祉事業に分類され，「老人福祉・介護事業（訪問介護事業を除く）」は特別養護老人ホームや介護老人保健施設を指し，「障害者福祉事業」は居住支援事業（入所や入居）とその他の障害者福祉事業に分類され，「訪問介護事業」は介護保険制度と障害者総合支援制度が対象となる。「その他の社会保険・社会福祉・介護事業」とは，更生保護事業やほかに分類されない社会保険・社会福祉・介護事業（社会福祉協議会，授産施設，婦人・女性相談所，婦人・女性保護施設など）である。

② 社会福祉専門職

社会福祉従事者に共通していえることは，どのような形であれ対人を中心に援助を行っていることである。多くの社会福祉制度が措置から契約に変わり，社会福祉の援助は社会福祉サービスとして認識されるようになった。そ

注1：日本標準産業分類を国勢調査に適合するように集約して編成されたもの

のため，社会福祉サービスを提供する社会福祉従事者はサービス利用者をお客様と心得て，利用者家族とともにその意向を十分に尊重する責務を担うようになった（利用者主体，自己決定など）。

社会福祉従事者は，専門職としてのソーシャルワーカーやケアワーカー，非専門的人材，ボランティアなどによって構成されている。また，社会福祉専門職の国家資格である社会福祉士，精神保健福祉士，介護福祉士や保育士は，資格をもつことでその資格を名乗ることができる名称独占であり，資格がなければ働くことのできない業務独占ではない。この特性が，医療従事者等と異なる点である。

総務省統計局の調査では，「社会保険・社会福祉・介護事業」において，総数約348万人のうち，保育士が約52万人，その他の社会福祉専門職業従事者が約41万人で社会福祉専門職業従事者の総計は約93万人となり，この表の数値だけからではあるが，社会福祉分野では相当数の従事者が非専門的人材と推測することができる。

社会福祉従事者の専門性とは，その専門職が拠りどころとする価値と倫理をもち，職業の根幹となる人間と社会環境の交互作用を理解し，専門的な知識と技術を併せもつことである。社会福祉の専門性については，今もなお議論の主要テーマに位置づけられている。

③──社会福祉に関する資格制度

社会福祉にかかる資格制度には，社会福祉従事者の資質を高めるという政策的意義がある。社会福祉の資格は，行政の規制や職種の特性によっていくつかに分類される。

1 国家資格

国が，有資格者の専門性（知識，技術，能力，倫理など）を法律によって保証するものである。社会福祉士，精神保健福祉士，介護福祉士，保育士という国家資格は，有資格者に登録をさせることによって，有資格者のみに資格名称の使用を独占させる名称独占資格である。社会福祉士については地域

包括支援センターなどで必置となっているが，その他の機関や施設では今のところ必置ではない。ただし，診療報酬との兼ね合いで，病院などでは社会福祉士，精神保健福祉士の有資格者を雇用するところが大半となっている。

介護福祉士については，いずれ介護職員を介護福祉士へ一本化することを政府は目指しているようだが，厚生労働省「第5回福祉人材確保対策検討会（2014（平成26）年9月）」の資料では，介護就業者に占める介護福祉士の割合は37.6％と半数にも満たない数値になっている。

保育士は，地域の子育て支援にその専門性を活用することが期待されることから，任用資格から国家資格化されたものである。

2 任用資格

行政分野における福祉関連の相談業務に任用される場合，任用資格が必須となる。法令により特定の職業や職位に任用されるために必要な資格で，取得後に当該職務に任用されることで初めて効力を発揮する。代表例は，福祉事務所の社会福祉主事，児童相談所の児童福祉司などの相談業務の職員として採用される場合である。

3 その他

介護支援専門員は，保健や医療，福祉の有資格者で一定期間の実務経験を積み，試験に合格した後，研修を修了して登録をするという，都道府県の認定資格といえる。

介護職員初任者研修は，平成25年度から以前の資格であるホームヘルパー2級，ホームヘルパー1級，介護職員基礎研修が廃止されたことに伴い創設された。平成28年度以降は，介護福祉士国家試験を受験するためには，初任者研修の上位資格である実務者研修を修了し，かつ3年以上の実務経験（従事日数540日以上）を要することとなった。

第2節
社会福祉専門職の資質と倫理

① — 社会福祉専門職の資質

　資質本来の意味は「生まれつきの性質や才能」(大辞林 第三版)であるが，社会福祉専門職としての才能をもって生まれる人は稀であろう。本章においては，「資質」を実践的に解釈して，「専門性を身につけていく能力」と理解したい。だからこそ，学びや研修，経験を積むという資質の向上を図り，専門性を身につけることが可能となる。

　社会福祉専門職は，人を援助することが仕事であるとすでに述べた。専門職の援助は，問題を抱えた人の課題やニーズを理解するために，生活者としての当事者を理解することが前提となる。

　当事者や家族の悲しみや苦しみを理解して共感する力，悩みを傾聴し問題の本質を見抜く洞察力，当事者あるいはサービス利用者の利益を守るという使命感と正義感，情報の分析から計画を立案して責任をもって行動する実行力などが社会福祉専門職の資質と考えられる。

② — 社会福祉専門職の価値と倫理

　社会福祉にかかる国家資格を取得し，社会福祉従事者として援助実践を行っている者は社会福祉専門職である。専門職の社会福祉実践には知識や技術と並び，価値と倫理が大切であるといわれるが，各専門職団体の倫理綱領やテキスト類において，両者の関係は必ずしも明確に区別されて述べられていない。以下において，価値と倫理の区別を試みたい。

　社会福祉士，精神保健福祉士，介護福祉士，保育士はいずれも人に対する援助職資格である以上，共通する価値として人に対する尊厳と社会正義の実現という規範的基準をもっている。換言すると，社会福祉専門職が援助実践をする際，何を大切にして，何を目指しているのか，という時代の変化に左右されない信念が価値といえる。

また，福祉専門職のアイデンティティは，所属する組織よりも専門職団体の行動規範にあるといえる。よって，所属組織の規則と専門職団体の行動規範が相反した場合，後者を選択しなければ専門職とはいえない。福祉専門職が専門職たる所以は，専門的知識と技術をもつからだけではなく，各専門職が各専門職団体の定める高度な行動規範である倫理綱領に依拠していることである。倫理とは，社会福祉専門職が援助実践を行う際の判断基準となる行動規範を指す。

③──社会福祉専門職4団体の倫理綱領

前述の価値と倫理が要約されたものが倫理綱領であり，各専門職団体は，各々の倫理綱領の遵守を，所属する専門職の要件としている。

1 日本社会福祉士会の倫理綱領

日本社会福祉士会は，倫理綱領の前文で次のように述べている。

社会福祉士の倫理綱領（抜粋）

前　文

　われわれ社会福祉士は，すべての人が人間としての尊厳を有し，価値ある存在であり，平等であることを深く認識する。われわれは平和を擁護し，人権と社会正義の原理に則り，サービス利用者本位の質の高い福祉サービスの開発と提供に努めることによって，社会福祉の推進とサービス利用者の自己実現を目指す専門職であることを言明する。

　われわれは，社会の進展に伴う社会変動が，ともすれば環境破壊および人間疎外をもたらすことに着目するとき，この専門職がこれからの福祉社会にとって不可欠の制度であることを自覚するとともに，専門職社会福祉士の職責についての一般社会および市民の理解を深め，その啓発に努める。

（中略）

　われわれは，ソーシャルワークの知識，技術の専門性と倫理性の維持，

向上が専門職の職責であるだけでなく，サービス利用者は勿論，社会全体の利益に密接に関連していることを認識し，本綱領を制定してこれを遵守することを誓約する者により，専門職団体を組織する。

2　日本精神保健福祉士協会の倫理綱領

日本精神保健福祉士協会は，倫理綱領の目的で次のように述べている。

日本精神保健福祉士協会倫理綱領（抜粋）

目　的
　この倫理綱領は，精神保健福祉士の倫理の原則および基準を示すことにより，以下の点を実現することを目的とする。
1．精神保健福祉士の専門職としての価値を示す
2．専門職としての価値に基づき実践する
3．クライエントおよび社会から信頼を得る
4．精神保健福祉士としての価値，倫理原則，倫理基準を遵守する
5．他の専門職やすべてのソーシャルワーカーと連携する
6．すべての人が個人として尊重され，ともに生きる社会の実現を目指す

3　日本介護福祉士会の倫理綱領

日本介護福祉士会は，倫理綱領の前文で以下のように述べている。

日本介護福祉士会倫理綱領（抜粋）

前　文
　私たち介護福祉士は，介護福祉ニーズを有するすべての人々が，住み慣れた地域において安心して老いることができ，そして暮らし続けていくことのできる社会の実現を願っています。
　そのため，私たち日本介護福祉士会は，一人ひとりの心豊かな暮らしを支える介護福祉の専門職として，ここに倫理綱領を定め，自らの専門的知

識・技術および倫理的自覚をもって最善の介護福祉サービスの提供に努めます。

4　全国保育士会の倫理綱領

　全国保育士会の倫理綱領は，保育士資格の国家資格化に伴い倫理規定が児童福祉法に盛り込まれたことから全国保育士会により作成された。倫理綱領は以下の8項目からなり，保育士のソーシャルワークが強く意識されたものといえる。

全国保育士会倫理綱領（抜粋）

（子どもの最善の利益の尊重）
1．私たちは，一人ひとりの子どもの最善の利益を第一に考え，保育を通してその福祉を積極的に増進するよう努めます。

（子どもの発達保障）
2．私たちは，養護と教育が一体となった保育を通して，一人ひとりの子どもが心身ともに健康，安全で情緒の安定した生活ができる環境を用意し，生きる喜びと力を育むことを基本として，その健やかな育ちを支えます。

（保護者との協力）
3．私たちは，子どもと保護者のおかれた状況や意向を受けとめ，保護者とより良い協力関係を築きながら，子どもの育ちや子育てを支えます。

（プライバシーの保護）
4．私たちは，一人ひとりのプライバシーを保護するため，保育を通して知り得た個人の情報や秘密を守ります。

（チームワークと自己評価）
5．私たちは，職場におけるチームワークや，関係するほかの専門機関との連携を大切にします。
　また，自らの行う保育について，常に子どもの視点に立って自己評価を行い，保育の質の向上を図ります。

（利用者の代弁）
6．私たちは，日々の保育や子育て支援の活動を通して子どものニーズを受けとめ，子どもの立場に立ってそれを代弁します。
　　また，子育てをしているすべての保護者のニーズを受けとめ，それを代弁していくことも重要な役割と考え，行動します。
（地域の子育て支援）
7．私たちは，地域の人々や関係機関とともに子育てを支援し，そのネットワークにより，地域で子どもを育てる環境づくりに努めます。
（専門職としての責務）
8．私たちは，研修や自己研鑽を通して，常に自らの人間性と専門性の向上に努め，専門職としての責務を果たします。

第3節　社会福祉士・精神保健福祉士・介護福祉士・保育士の業務内容

ケアワークとソーシャルワーク

　ケアワークとは，身体的な接触を伴いながら，身体的・精神的要因から社会生活上に困難をもつ人や成長途上において援助を必要とする人に対して，直接的に日常生活動作の援助や身の回りの世話を行う援助活動である。

　他方，ソーシャルワークとは，生活上の問題を抱えた人に対して，社会資源の活用や行政・地域への働きかけなど，相談・支援を通して，問題の解決あるいは軽減に導く援助である。

　社会福祉士と精神保健福祉士は，ソーシャルワークを専門とする国家資格である。

　介護福祉士は，ケアワークの代表的資格であり，以前は保育士もケアワークの代表的資格であったが，「保護者の支援」というソーシャルワークも担

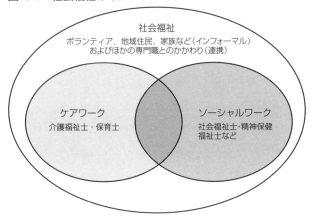

図10-1　社会福祉のイメージ

うこととなった。

②──社会福祉士

　社会福祉士は，1987（昭和62）年の「社会福祉士及び介護福祉士法」により創設された社会福祉専門職の国家資格であり，その後，2007（平成19）年の法改正により「定義規定」「義務規定」「資格取得方法」について見直しが行われた。

　この法律を根拠法として，社会福祉士は「業務の適正を図り，もって社会福祉の増進に寄与することを目的」としている。さらに，社会福祉士は「社会福祉士の登録」を行い，「社会福祉士の名称を用いて，専門的知識及び技術をもって，身体上若しくは精神上の障害があること又は環境上の理由により日常生活を営むのに支障がある者の福祉に関する相談に応じ，助言，指導，福祉サービスを提供する者又は医師その他の保健医療サービスを提供する者その他の関係者との連絡及び調整その他の援助を行うことを業とする者をいう」と定義されている（社会福祉士及び介護福祉士法第2条）。

　社会福祉士には，その業務の性格上，「信用失墜行為の禁止」「秘密保持義務」「医療関係者等との連携」が義務づけられており，高い職業倫理が求められる。

対人援助はもちろんのこと，ほかのサービス関係者との連絡・調整を行い，橋渡しをすることも明確化されている。これは，サービス選択の導入に伴い，サービス利用支援，成年後見，権利擁護等の新たな相談援助業務が付加されてきたことに起因する。2017（平成29）年11月末日現在での登録者数は約21万3000人となっている。

③——精神保健福祉士

精神保健福祉士は，1997（平成9）年の精神保健福祉士法の成立により創設された精神科ソーシャルワーカー（psychiatric social worker:PSW）の国家資格である。精神保健福祉士国家試験に合格し，登録した者のみが称することができる。

2010（平成22）年12月の同法改正により，従来の「医師その他の医療関係者との連携保持」に加え，新たに「保健医療サービスや障害福祉サービス，地域相談支援サービス等の関係者との連携保持」が義務づけられた。また，「誠実義務」「資質向上の責務」が規定され，これまでの「信用失墜行為の禁止」や「秘密保持義務」と合わせて，自己研鑽の継続とともに高い倫理性が求められている。

精神保健福祉士は，主に精神科病院などの医療機関や精神障害者の社会復帰を支援する施設において，社会復帰に関する相談に応じたり，日常生活に適応するための訓練や援助を行う。2017（平成29）年11月末日現在での登録者数は約7万8000人となっている。

④——介護福祉士

介護福祉士は，1987（昭和62）年の社会福祉士及び介護福祉士法により創設された介護・福祉分野の国家資格であり，この法律を根拠法として，介護福祉士は「専門的知識及び技術をもって，身体上又は精神上の障害があることにより日常生活を営むのに支障がある者につき心身の状況に応じた介護を行い，並びにその者及びその介護者に対して介護に関する指導を行うことを

業とする者をいう」と定義されている（社会福祉士及び介護福祉士法第2条の2）。

さらに，2007（平成19）年の法改正により，「社会福祉士又は介護福祉士は（中略）相談援助又は介護等に関する知識及び技能の向上に努めなければならない」という資質向上の責務が加えられた。

近年，介護福祉士には，身の回りの世話をするだけの介護から，利用者および家族の自立生活支援というチームケアの一員としての役割が期待されている。2017（平成29）年11月末日現在での登録者数は約155万8000人である。

⑤――保育士

保育士は，1999（平成11）年4月の男女雇用機会均等法の改正に伴い，児童福祉法施行令が改正され「保母」という名称は「保育士」に変更され，2003（平成15）年に児童福祉法改正により保育士資格が国家資格となった。この資格は都道府県に登録した者のみが名称を使用できる，前述の三つの資格と同じく名称独占の国家資格である。

法改正後，保育士として働くためには，保育士（保母）資格証明書，指定保育士養成施設卒業証明書，保育士試験合格通知書等を持っているだけでは不十分で，都道府県交付の保育士証が必要となった。

保育士の業務は，子どもの保育というケアワークであったが，保育士の定義が「保育士の名称を用いて，専門的知識及び技術をもって，児童の保育及び児童の保護者に対する保育に関する指導を行うことを業とする者をいう」（児童福祉法第18条の4）と明記されたことから，ソーシャルワークの機能をも担うことになった。現代の保育士は，地域の子育て支援活動の一翼を担う社会資源である。2013（平成25）年4月1日時点での登録者数は約118万6000人，うち勤務者数は約42万7000人となっている。

第4節
保健・医療等関連分野の専門職との連携

① 連携・協働・連絡調整

　ある専門職者が中心となってほかの専門職者との連携や連絡調整（coordination）を図りながら，社会福祉サービスの提供メニューを立案，作成するなど，新たなサービス供給体制を模索することを通して，ソーシャルサポート・ネットワーク（社会的支援体制）の構築を図るうえで，次の三つが挙げられる。

1　組織内コーディネーション（collaboration）

　社会福祉専門職が単独で利用者にかかわるよりも，幅広く効果的なサービスを提供することを目的に，組織内の多職種と意思決定を含めた連携，すなわち多職種連携を行う。
　例：医療ソーシャルワーカー（MSW）が，病院内で医療専門職と協働する。

2　組織外とのコーディネーション（linkage）

　中心となる社会福祉専門職が，異なる関係機関・施設，関係者の間を媒介・連絡調整，すなわち多機関連携することで社会資源をつなげる機能を果たす。地域を基盤としたネットワーク構築を通して，福祉コミュニティの構築が目標となる。
　例：介護予防事業を実施するにあたり，地域包括支援センターの専門職が中心となり，介護予防事業所，社会福祉協議会，保健福祉部などとのネットワーク構築を行う。

3　地域ケア会議の概要

　地域ケア会議とは，地域包括ケアの実現のために多職種で話し合う場を設け，地域の実情に合わせた地域資源の構築・開発を目指している。2014（平

成26）年介護保険法改正により，開催が努力義務化された。

　想定される多職種には，社会福祉士，保健師，主任介護支援専門員，介護支援専門員，介護福祉士，医師，看護師，リハビリテーション職，自治体職員（介護保険担当，地域福祉課，障害福祉課等），民生委員・児童委員などがある。

　生活問題が複雑化すると同時にニーズが多様化してきたことが，多職種間・多機関間での目的の共有をはじめとする連携・協働を余儀なくさせているとも考えられる。

❷──保健・医療等の専門職

1　医師

　「医師は，医療及び保健指導を掌ることによって公衆衛生の向上及び増進に寄与し，もって国民の健康な生活を確保するものとする」と医師法第1条に規定されている。

　医師は国家資格であり，医師国家試験に合格して医籍登録を完了したものに厚生労働大臣が免許を交付する。さらには，何人も「医師でなければ，医業をなしてはならない」と医師法第17条に規定されている。

　在宅医療の進展とともに，社会福祉専門職との協働・連携も今以上の推進が予想される。

2　歯科医師

　「歯科医師は，歯科医療及び保健指導を掌ることによって，公衆衛生の向上及び増進に寄与し，もって国民の健康な生活を確保するものとする」と歯科医師法第1条に規定されている。

　歯科医師は国家資格であり，歯科医師国家試験に合格して歯科医籍登録を完了したものに厚生労働大臣が免許を交付する。

　近年，口腔ケアが重要視されるようになってきたことから，社会福祉専門職との協働・連携も強化されている。

3 保健師

「「保健師」とは，厚生労働大臣の免許を受けて，保健師の名称を用いて，保健指導に従事することを業とする者」と保健師助産師看護師法第2条に規定される国家資格である。

感染症や生活習慣病の予防，メンタルヘルスの推進，虐待や孤立への支援など，当事者や地域の公衆衛生の専門家である。

例えば，地域包括支援センター（介護保険制度）において，保健師（地域で経験のある看護師も可）は必置であり，社会福祉専門職との協働・連携は身近に存在する。

4 看護師

「「看護師」とは，厚生労働大臣の免許を受けて，傷病者若しくはじょく婦に対する療養上の世話又は診療の補助を行うことを業とする者」と保健師助産師看護師法第5条に規定される国家資格である。傷病者とは傷病または疾患を負っている人，じょく婦とは出産後まもなくの女性，産婦を意味する。

さらに，「「准看護師」とは，都道府県知事の免許を受けて，医師，歯科医師又は看護師の指示を受けて，前条に規定することを行うことを業とする者」と同法第6条に規定されている。

5 理学療法士

理学療法士（physical therapist：PT）は，医師の指示の下で医学的リハビリテーション（理学療法）を行う専門職である（理学療法士及び作業療法士法第2条の3）。身体に障害のある人や障害の発生が予測される人に対して，座る，立つ，歩くなどの基本動作能力の回復や悪化予防を目的に運動療法（ストレッチ，体操など）や物理療法（マッサージ，電気刺激など）などを用いて自立生活を支援する。

6 作業療法士

　作業療法士（occupational therapist：OT）は，医師の指示の下でリハビリテーション（作業療法）を行う専門職である（理学療法士及び作業療法士法第2条の4）。身体に障害や不自由さを抱える人に対して，日常生活の活動能力を高める訓練や指導をすることで，当事者の望む社会生活に向けて支援する。

7 言語聴覚士

　言語聴覚士（speech language and hearing therapist：ST）は，音声，言語，聴覚に障害のある人や嚥下などに問題のある人に対して，その機能の維持向上を図るため，言語訓練その他の訓練，これに必要な検査および助言，指導その他の援助を行う専門職である（言語聴覚士法第2条）。

8 視能訓練士

　視能訓練士（orthoptist：ORT）は，医師の指示の下に，両眼視機能に障害のある者に対するその両眼視機能の回復のための矯正訓練およびこれに必要な検査を行う専門職である（視能訓練士法第2条）。

9 管理栄養士

　管理栄養士は，「傷病者に対する療養のため必要な栄養の指導，個人の身体の状況，栄養状態等に応じた高度の専門的知識及び技術を要する健康の保持増進のための栄養の指導並びに特定多数人に対して継続的に食事を供給する施設における利用者の身体の状況，栄養状態，利用の状況等に応じた特別の配慮を必要とする給食管理及びこれらの施設に対する栄養改善上必要な指導等を行う」と規定された厚生労働大臣の免許を受けた国家資格である（栄養士法第1条の2）。

　他方，栄養士は，主に健康な人に対して栄養指導や給食運営を行う都道府県知事の免許を受けた有資格者である（栄養士法第1条）。

10 臨床心理士

臨床心理士は，臨床心理学にもとづく知識や技術を用いて，心理相談，カウンセリング，心理療法などを担う臨床心理の専門家である。財団法人日本臨床心理士資格認定協会が認定する民間資格である。

11 公認心理師

公認心理師は，心理カウンセラーの国家資格である。上述の臨床心理士など，心理関係の資格は民間資格だけだったが，2017（平成29）年9月に「公認心理師法」が施行され国家資格となった。

主な従事領域は，保健・医療，福祉，教育その他の分野（公認心理師法第2条）とされており，勤務先として医療機関や福祉の相談機関，学校が想定される。

③ ── 連携の必要性

今日の社会福祉は，地域で暮らすことを主軸にライフサイクルに対応する施策を模索している。妊産婦の保健・医療・福祉から高齢者の保健・医療・福祉まで，多種多様なニーズに地域で応える包括的なシステムが必要とされている。

高齢者に対しては，2012（平成24）年の介護保険法改正や2014（平成26）年の医療介護総合確保推進法の制定により，「地域包括ケア（住まい・医療・介護・予防・生活支援の一体的な提供）」が推進されることになった。また，2016（平成28）年6月，児童福祉法等の一部を改正する法律が公布され，市町村では，妊娠期から子育て期までの切れ目ない支援を提供する「子育て世代包括支援センター」が設置努力義務化された（母子保健法：法律上は，「母子健康包括支援センター」という名称）。さらには，支援を要すると思われる妊婦や児童・保護者を把握した医療機関，児童福祉施設，学校等は，その旨を市町村に情報提供する努力義務も備わった（児童福祉法：支援を要する妊婦等に関する情報提供）。

上記からわかるように，各ライフステージで人はさまざまな問題を抱えて

いると考えるならば，問題ごとに専門職がかかわりながらも，生活を支えていくためには専門職相互の連携と情報共有が必須となる。

引用・参考文献

- ミネルヴァ書房編集部編「社会福祉小六法 2017」ミネルヴァ書房，2017.
- 中央法規出版編「医療六法 平成29年版」中央法規出版，2017.
- 秋元美世・大島巌・芝野松次郎・藤村正之・森本佳樹・山縣文治「現代社会福祉辞典」有斐閣，pp.200-202，2003.
- 公益社団法人社会福祉振興・試験センター「都道府県別登録者数・最新版2017年11月末日現在」
- 厚生労働省第3回保育士等確保対策検討会「保育士等に関する関係資料」2015.
- 総務省統計局「平成27年国勢調査抽出速報集計結果」2015.
- 公益社団法人日本社会福祉士会ホームページ
- 公益社団法人日本精神保健福祉士協会ホームページ
- 公益社団法人日本介護福祉士会ホームページ
- 全国保育士会ホームページ

第11章 相談援助技術の概要

第1節 相談援助の意味と視点

──保育士に求められるソーシャルワーク（相談援助）

　保育士は名称独占の国家資格であり，児童福祉，社会福祉の専門職である。活躍の場は保育所だけではなく，児童養護施設や乳児院，障害児支援施設など幅広く，児童虐待や障害児支援など多様かつ複雑なニーズへの対応や，ほかの資格を有した専門職との多職種連携も期待される。

　2008（平成20）年に示された保育所保育指針解説書には，「保育所においては，子育て等に関する相談や助言など，子育て支援のため，保育士や他の専門性を有する職員が相応にソーシャルワーク機能を果たすことも必要となります。その機能は，現状では主として保育士が担うこととなります。ただし，保育所や保育士はソーシャルワークを中心的に担う専門機関や専門職ではないことに留意し，ソーシャルワークの原理（態度），知識，技術等への理解を深めたうえで，援助を展開することが必要です」と記述されている[1]。相対的貧困の課題，核家族や共働き世帯の増加など，保育士は地域や家庭の子育て支援の担い手として期待されており，保育所においても，必要に応じてソーシャルワーク（相談援助）を展開することが求められている。保育士は専門職であるため，経験や勘だけに頼った支援を行うのではなく，専門知識や技術を根拠に支援を展開することが求められる。保育士に求められる知識，技術の一つとして，相談援助を学ぶことは大変重要である。

②　専門職としての相談

　専門職が実施する相談援助は，私たちが日頃行う知人や家族への相談とは異なった意味で使用される。相談援助は，課題解決などの目標をもち，相談援助の専門職との専門的な関係のなかで実施されるものである。相談員は相談者が抱える問題を個別化してとらえ，過去に同様の相談があったとしても，それらとは区別し，オーダーメイドの支援を展開することが重要である。また気をつけなければならないこととして，課題解決の主体が，相談した人から相談を受けた人に変わってしまうことがある。相談援助では，相談者が抱える課題解決の主体は，相談員ではなく相談者本人であると考える。相談員は相談者がもっているストレングスを発見し，引き出し，エンパワメントを高め，ともに課題解決に向けて進むパートナーとしての役割が求められるのである。

③　相談援助の視点

1　ストレングス

　相談者の多くは，何らかの課題や困難を抱えており，自分や周囲の環境の否定的な状況に焦点を当てることが多い。課題解決に向けた支援においても，否定的な側面に焦点を当て，それをどのように克服するのかといった治療的な支援の展開に陥りやすい。相談員は相談者自身が課題への対処や解決に向かえるよう，相談者とその周囲の環境がもっている力や強み（ストレングス）に焦点を当てて支援を行っていくことが重要である。相談者のADL（日常生活動作・日常生活活動）やIADL（手段的日常生活動作）といった身体能力だけではなく，認知能力，夢や目標，好みなどの肯定的な感情，知識や技術，得意なことなどの固有の能力や，相談者が住んでいる地域の社会資源（人的，物理的）などに焦点を当て，相談員はそれらを活用し課題解決へのアプローチを行う。

2 エンパワメント

　エンパワメントとは，相談者が本来もっている主体性や課題解決に向けた力のことである。国際ソーシャルワーカー連盟によるソーシャルワークのグローバル定義では，「ソーシャルワークは，社会変革と社会開発，社会的結束，および人々のエンパワメントと解放を促進する，実践に基づいた専門職であり学問である」と規定され，ソーシャルワーク専門職の中核となる任務の一つとされている。相談者がもつストレングスを活かしていくことで自己効力感が高まり，これがエンパワメントにつながっていくのである。

3 アドボカシー

　アドボカシーとは，代弁や弁護，権利擁護という意味で，相談者の権利を守る重要な機能である。子どもや障害者など，自分たちがもつ権利や支援のニーズについて，主張することが困難である相談者に代わり，相談員がその意見を述べることである。また，相談者の生活と権利を擁護するために，相談員が知識と技術を活かし，制度や社会福祉資源，施設の柔軟な対応や変革を求め行う専門的な代弁活動のことである。

4 ダイバーシティ

　ダイバーシティとは，一人として同じ人はおらず，それぞれに個性があるといった多様性のことを指す。人種，民族，文化，階級，ジェンダー，性的嗜好，宗教，年齢，身体的精神的能力など多様性を尊重し，活かすことは相談援助の中核である。

④ 保育士が実施する相談援助

1 保護者への相談援助

　核家族化，共働き家庭の増加，結婚を機とした引越しなどにより，身近に子育てについて相談ができる存在がいない人が増加している。保護者は子育

てスキルにかかわる相談だけではなく，子育てに対する疲弊や精神的な悩みを抱え，保育士への相談につながることもある。保育士は，相談者のニーズから適切な社会資源の紹介を行う必要がある。そのためには，自分が所属している機関の地域にある，フォーマルな社会資源についての機能と役割や，インフォーマルな社会資源についての情報を知っておくことが重要である。

2 子どもへの相談援助

　保育士の活躍の場は保育所だけではなく，それ以外の児童福祉施設など多岐にわたる。それぞれの現場において，子ども本人から保育士へ相談が持ち込まれることがある。その際保育士は子どもからの相談に対し，子どもだからと指導的，指示的対応だけではなく，何歳の子どもであっても，一人の人格をもった存在として認め，受容的，共感的に対応することが重要である。

3 児童虐待への対応

　児童虐待は，児童虐待の防止等に関する法律第2条において4種類が定義されている（第5章参照）。児童相談所における児童虐待相談対応件数は年々増加しており，統計を取りはじめた平成2年度に1101件だった件数が，平成28年度には12万件を超え100倍以上となっている。特に近年増えているのは，子どもの目の前でパートナーに対し暴力などを振るうドメスティックバイオレンス（面前DV）による心理的虐待である。身体的虐待は体に痣が残る，傷があるなど発見しやすいが，心理的虐待や性的虐待はその特性上外からはわかりづらく，発見が遅れることもある。保育士は，子どもの様子から児童虐待が疑われる場合には，各自治体で作成している児童虐待早期発見チェックリスト（表11-1）などを参考にし，一人で抱え込まずほかの支援者らと情報を共有，検討したうえで児童相談所や，市区町村などの専門機関への通告を行う必要がある。専門職である保育士として児童虐待にかかわる適切な知識をもち，根拠に基づいた対応を行うことが重要である。

　児童虐待や保護者の就労など何らかの理由で，親子分離が必要となった子どもが入所する児童養護施設には原則18歳（措置延長の場合20歳）までの子どもが入所しており，保育士は各年齢の発達に応じた対応や，被虐待経験に

表11-1　児童虐待早期発見チェックリスト

項目		状況	内容（具体例）
子どもの様子	緊急に支援が必要	□保護を求めている	差し迫った事情が認められ，子ども自身が保護，救済を求めている。
		□不自然なケガやアザ理由が把握できない	複数新旧の傷やアザ，骨折，打撲傷，入院歴，乳幼児揺さぶられ症候群（※シェイクンベイビーシンドローム），入院加療が必要等の状態。
		□低栄養を疑わせる症状	低身長，低体重（※－2DS以下），栄養失調，衰弱，脱水症状，医療放棄，治療拒否（※特に乳児は注意を要する）。
		□性的被害	性交，性行為の強要，妊娠，性感染症に罹患している。
		□自殺未遂	自殺を企てる，ほのめかす。
		□不自然な長期の欠席	長期間全く確認できない状況にある，家庭訪問の際会ったことがない。

項目		状況	内容（具体例）
養育者の様子	緊急に支援が必要	□子どもの保護を求めている	差し迫った事情が認められ，子どもの緊急の保護を求めている。
		□生命にかかわる危険な行為	頭部打撃，顔面打撃，首絞め，シェイキング，道具を使った体罰，逆さ吊り，戸外放置，溺れさせる。
		□性的虐待	性器挿入に至らない性的虐待も含む。
		□養育拒否の言動	『殺してしまいそう』『叩くのを止められない』など差し迫った訴え。
		□医療ネグレクト	診察，治療が必要だが受診しない，個人的な考え方や心情などによる治療拒否。
		□放置	乳幼児を家に置き外出，車内に置き去りにする。
		□養育能力が著しく低い	著しく不適切な生活状況となっている。
		□子どもを監禁	継続的な拘束，監禁，登校禁止。
		□虐待の認識，自覚なし	『しつけとして行っている』と主張し，罪悪感がない。
		□子どものケガの不自然な説明	一貫しない説明，症状とは明らかな食い違い，詐病（※代理によるミュンヒハウゼン症候群）。
家庭の様子	緊急に支援が必要	□ライフラインの停止等	食事がとれない，電気，水道，ガスが止まっている。
		□異常な音や声	助けを求める悲鳴，叫び声が聞こえる。
		□家族が現認できない	家庭の状況が全くわからない。

出典：新潟県福祉保健部・新潟県医師会『乳幼児健康診断の手引 改定第5版』pp.92-93，2014．より筆者抜粋

よるさまざまな表出に対する日常生活支援や各関係機関と連携した相談援助が求められる。なお，2017（平成29）年4月から，進学など個々の状況に応じて引き続き必要な支援を実施することなどにより，将来の自立に結びつけることを目的とした「社会的養護自立支援事業」が実施されている。これにより，自立支援を行うことが適当な場合に，措置解除後原則22歳に達する日の属する年度の末日まで，里親家庭や児童養護施設等において必要な支援の継続が可能となった。

第2節 相談援助活動の枠組み

①──相談援助の体系

ソーシャルワーク（相談援助）は，個人やグループに対し支援を行う「直接援助」，個人や家族，集団を取り巻く環境にアプローチを行う「間接援助」，多様な社会資源，サービスを相談者のニーズに合わせて調整を行う「関連援助」の大きく三つに大別される（図11-1）。

相談援助の展開においては，PDCAサイクル（図11-2）の視点をもつこ

図11-1　ソーシャルワークの体系

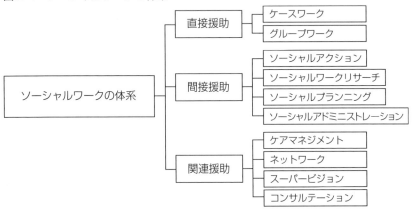

図11-2　PDCA サイクル

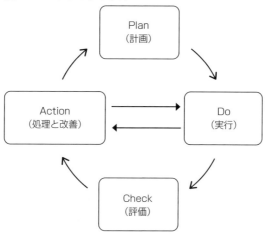

とが重要である。PDCA サイクルとは，「Plan（計画）→ Do（実行）→ Check（評価）→ Action（処理と改善）」のサイクルである。計画から実行で終了するのではなく，評価と改善を行ったうえで，次の実行や，改めてプランニングを行うなど，継続性を維持していくという視点である。

❷──直接援助

1　個別援助（ケースワーク）

　個別援助（ケースワーク）とは，相談者が抱える課題やニーズについて，相談者との面談を中心に，必要な社会福祉サービスの提供と活用，環境調整を展開する援助である。ケースワークの定義として，リッチモンド（Richmond, M.E.）は「人と社会環境との間に，個別的に，結果を意識して行う調整によって，その人の人格を発達させる諸過程からなる」と示している[2]。
　ケースワークの展開には，相談者とソーシャルワーカーとの相互の信頼関係の構築が重要である。信頼関係を構築する基本的態度について，バイステックは七つの原則を示している[3]（一般的にバイステックの七つの原則と呼

ばれている)。

バイステックの七つの原則
① 個別化の原則

　相談者が抱える悩みや困難は，一人ひとり異なるものであり，同じような課題とみえても，個別的にとらえ支援を行う必要がある。相談者は全体のなかの一人ではなく，独立した個人として尊重されることが重要である。

② 意図的な感情表出の原則

　相談員は相談者の感情の表出を理解し的確に受け止め，相談者が自分自身の感情を表出しやすくさせる配慮や雰囲気づくりが必要である。

③ 統制された情緒関与の原則

　相談者からの相談内容について，相談員は個人的な感情に影響されることなく，自分の感情を自覚，吟味しながら支援を行う必要がある。

④ 受容の原則

　相談員は相談者からの相談内容だけではなく，そのあるがままの存在を受け入れる。不適切と思われる言動があった場合には，ただ単にそれを容認するのではなく，なぜその言動に至ったのかの経緯や背景を理解したうえで，相談者個人を尊重し支援を行うことが重要である。

⑤ 非審判的態度の原則

　相談者の行動や態度を，相談員側の倫理観や価値観で一方的に非難や叱責は行わず，相談者と一緒に考えるという態度が必要である。

⑥ 自己決定の原則

　相談者が，自らの意思で決定し，課題の解決を目指すことが重要である。相談員は適切な情報を提供し，相談者が自ら考え，選択と決定ができるよう支援することが必要である。

⑦ 秘密の保持の原則

　相談者からの相談について，相談員は個人情報保護の観点から，本人の同意なく他者にその情報を公開してはならない。ただし，児童虐待の可能性が疑われる場合など，例外はある。

個別援助の展開過程

個別援助（ケースワーク）の展開過程は，次の七つの過程が考えられる。

① インテーク

相談者と相談員が出会う場面である。一度の面談で終わらない場合もあるが，この面談で相談者のニーズや課題の概要について把握し，相談員が所属する機関における支援体制で対応できることについての説明，必要に応じて他機関の紹介を実施する。相談者の多くは緊張していることも多く，単なる情報収集の面談にならないよう，相談者の不安に対し配慮することが重要である。

② アセスメント

課題解決やニーズの実現に向けて必要な情報について，相談者本人やほかにかかわっている関係機関などから，情報を収集し，問題に至った経緯や背景の整理を行うことである。インテーク後，相談員が所属する機関で提供できる支援内容について，相談者が同意したうえで開始される。その際，相談者の課題のみに注目するのではなく，相談者本人のストレングスに視点をおくことが重要である。

なお，情報提供や共有を実施する場合，相談者本人の同意を得たうえで実施するが，児童虐待などに関しては，児童虐待の防止等に関する法律第6条第3項において「刑法の秘密漏示罪の規定その他の守秘義務に関する法律の規定は，第1項の規定による通告をする義務の遵守を妨げるものと解釈してはならない」とされており，関係機関が連携して情報共有を行わなければならない。

③ プランニング

課題解決やニーズの実現のために行われるものである。具体的な方法について検討し，目標を相談者とともに考え計画する。プランニングにおいては，相談員が一方的に支援内容を押しつけるのではなく，相談者が求めている支援内容であることが重要である。また，スモールステップで目標を達成できる計画であることが大切である。

④ インターベンション

プランニングで立てられた計画に基づき，支援を実施することである。そ

の際には，相談者のエンパワメントを軸に支援を進めることが重要である。
⑤　モニタリング

　　インターベンションが行われるなかで，相談者や相談者を取り巻く環境の変化について評価を行うことである。相談員はモニタリングを通じて，実施されている支援内容の継続や変更についての検討を行う。

⑥　エバリュエーション（事後評価）

　　支援計画の実施後に，支援内容が適切で期待した効果があったかについて，相談者からの評価，相談員の自己評価も含め，総合的に評価検証することである。支援を終了するにあたり，支援過程や効果について検証し，振り返ることは重要である。

⑦　ターミネーション（支援の終結）

　　支援の終了の見極めは，支援に至るまでの支援と同様に重要である。相談員は相談者とともに，実施された支援について振り返り，十分に話し合い，両者合意のもとに支援を終結することが必要である。相談者の将来において，同様なこともしくは新たな困難が発生した場合には，必要に応じて相談を再開できることを伝えておくことも重要である。

ここで，児童養護施設入所児童に対するケースワークの事例を挙げる。

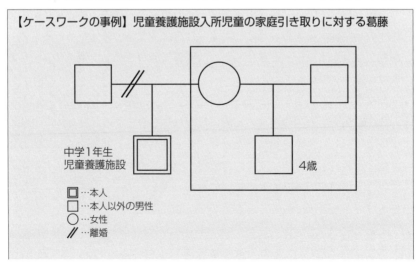

児童養護施設に入所中のAくんは中学1年生の男子児童である。Aくんが小学1年生のときに実母と実父が離婚。その後実母は再婚したが、Aくんは養父から身体的虐待を受け児童養護施設に措置された。

小学6年生のときに、中学入学を機に家庭引き取りを行うとの話が児童相談所から入った。しかし、土壇場の3月になって、保護者より家庭引き取りを待ってほしいと言われ、調整が中止となった。家庭引き取り中止に対してAくんは「僕は気にしていない。お母さんやお父さんにも都合があるから、わがままは言わない。それにほかの施設の友だちと一緒の中学に行って、部活をする約束をしているし、そっちのほうが知らない人ばっかの中学校へ行くより、ずっと楽しい」と、話していた。

Aくんは施設の近くにある中学校へ進学をし、希望していた野球部に所属、休まず登校し部活動へも参加していた。学校の授業態度もよく、成績も上位に入っていた。

しかし、6月に入った頃からイライラした表情が多く、職員の声掛けにも口応えすることが多くなってきた。

ある日、部活動への参加をせず、門限の20時を過ぎても帰宅しなかった。そのため施設職員全員で町内を探すことになった。23時にAくん自らが施設に帰宅した。事故や事件に巻き込まれたわけではなく、怪我もなかった。施設職員がAくんに話しかけても、「うるせー」「別に」としか返答がない。担当であるB保育士は、Aくんと面談を行うこととなった。

面談当初、Aくんはイライラした態度を崩さず、「ほかの人もやっているのになんで自分が注意をされなければならないのか」「施設だから、門限があって自分には自由がない」「親も職員も自分のことなんかどうでもいいと思っているんだから、自分も自由にさせてほしい」と大きな声で、感情的に訴えた。

B保育士は、冷静な対応で（統制された情緒関与）、帰ってこなかったことで、事故事件に巻き込まれたのではないかととても心配していたこと、学校や部活動を頑張ってきていたため、何かほかにつらいことや言いにくいことがないのかを心配していたこと（非審判的態度）を伝えた。

Aくんはその言葉を聞いて,「怒られるだけだと思ったのに」と泣きながら, ポツリポツリと次のように話し始めた（意図的な感情表出）。
　「中学生になったら家に帰ることができると言われ, いい子でいようと頑張った。だけど, ギリギリになって都合がつかなくなったからと言われただけで, 理由の説明もはっきりしないまま施設生活を続けることになった。それでもいい子でいれば, 家に帰る話がまたすぐに出てくると思っていた。だけど, 5月の連休にも家には帰ることはできず, 親からの手紙に弟（異父弟）と親とで遊びに行っている写真が入っていた。自分だけ一生懸命頑張っているのがつらくなった。だけど, ほかにも帰ることができずにいる入所児童もいるし, 自分がこんな気持ちを相談することも, よくないと思った」。
　B保育士はAくんの家庭引き取りが実現しなかったつらさや, Aくん自身が一人で頑張っていたことについて受け止め（受容）, 共感を示した。また, Aくん自身のつらさは誰かと比較するものではなく（個別化の原則）, いつでも職員に相談できることを伝えた。Aくんが希望するのであれば（自己決定）, 今回の面談の結果を伝え, ファミリーソーシャルワーカーや児童相談所と連携し, 前回家庭引き取りが中止になった理由についての再説明や, 今後の家庭引き取りの見通しについて説明を行ってもらう調整が可能であることを伝えた。

2　集団援助（グループワーク）

　集団援助（グループワーク）とは, 目的をもった2名以上のグループを対象に支援を行うことである。グループの活動から, グループ・ダイナミクス（集団内の個人の行動は, ほかの参加者の影響を受け, また逆に影響を与えるといった現象）を活用し, 参加者の成長を図るとともに, 個人や集団の課題に対し効果的に対処できるよう支援するものである。コノプカ（Konopka, G.）は,「ソーシャル・グループワークとは, 社会事業の一つの方法であり, 意図的なグループ経験を通じて, 個人の社会的に機能する力を高め, また個人, 集団, 地域社会の諸問題により効果的に対処しうるよう,

表11-2　グループワークの展開過程

準備期	準備期は，援助の必要性が生じ，参加者に接触する前の準備段階である。課題の明確化，目的・目標の仮設定。プログラム案の作成，メンバーの波長合わせなどを行う。
開始期	初回の集まりから，グループとしての動きが始まるまでの段階である。契約の確認，援助関係の確立，プログラムの展開，集団形成への援助などを行う。
作業期	参加者個人とグループが課題に取り組み，活動し，目的に向かう段階である。参加者の個別援助と集団発達への援助，活動への援助などを行う。
終結期	グループワークを終了し，援助関係を終わりにする時期である。参加者にとっては終了だけではなく，次の段階への移行期でもある。感情の分かち合い，終結後の計画などを行う。

人々を援助するものである」と定義している[4]。グループワークの展開過程は，準備期，開始期，作業期，終結期の4段階に分けられる（表11-2）。

③──間接援助

1　コミュニティワーク

コミュニティワークとは，地域社会のニーズや課題の解決に向けて，地域診断や社会サービスの開発，地域組織のコーディネート，機関や組織の連絡調整など，地域組織や専門機関などの活動を支援する間接的な支援技術である。

児童福祉法第2条において「全て国民は，児童が良好な環境において生まれ，かつ，社会のあらゆる分野において，児童の年齢及び発達の程度に応じて，その意見が尊重され，その最善の利益が優先して考慮され，心身ともに健やかに育成されるよう努めなければならない」と規定されている。また，全国保育士会倫理要領においても「地域の子育て支援」として，「地域の人々や関係機関とともに子育てを支援し，そのネットワークにより，地域で子どもを育てる環境づくりに努めます」と謳われている。保育士として，子どもが良好な環境において育成されるよう，地域社会へのアプローチする支援技術を身につけることも重要である。

コミュニティワークは，少数の意見であったとしても，一人ひとりが抱え

ている課題を地域全体で協働し，住民主体で解決に向かう取り組みを行うことに意義がある。また，課題解決に向けた過程における，行政と地域住民同士や専門機関との協働や，ネットワークの構築などにより，地域課題の共有化や連帯感の促進ができることも，コミュニティワークの大きな意義である。

コミュニティワークの展開過程
① アセスメント
　支援の対象である地域の社会資源や地域課題の現状と課題などを総合的に評価する。地域ニーズの把握は，住民への直接アンケートや聞き取り，地域の専門機関の職員や民生・児童委員への聞き取りで実施する。
② プランニング
　アセスメントで把握した地域課題を，地域住民と共有し活動への動機づけを行う。そのうえで，地域住民とともに，取り組むべき課題についての優先順位や課題解決方法，活動内容を検討し目標設定を行い，具体的な活動計画を策定する。プランニングは，効果的な活動を行ううえで不可欠である。
③ 活動の実施
　相談員は住民らとのコミュニケーションを大切にし，住民の活動への参加促進，組織間協力促進の活動や，必要に応じた助言を行い，計画に従って活動を展開する。
④ モニタリング
　計画の進捗状況の把握と評価を行い，新たに発見された課題に対しては，計画変更について検討するなど，柔軟な対応と決断が求められる。
⑤ 評価
　活動終了後，計画に基づいて適切かつ効果的に展開されたかを評価し，次の活動へつなげる。

2　ソーシャルワークリサーチ（社会福祉調査法）

　ソーシャルワークリサーチとは，量的なデータであるアンケート調査や，

質的なデータであるインタビュー調査などで，社会福祉サービスの充実や，質の向上等に必要な情報を収集するものである。

3 ソーシャルプランニング（社会福祉計画法）

ソーシャルプランニングとは，ソーシャルワークリサーチにおいて得られた結果を活用し，社会福祉施策や実践に向け，具体的な目標の設定やその達成に必要なプランを策定することである。計画施策の過程に当事者や関係者などが参加し，ともに検討していくことが重要である。

4 ソーシャルアドミニストレーション

ソーシャルアドミニストレーションとは，国や地方自治体が実施するさまざまな社会福祉の施策が，常に変動する経済的社会的条件のなかで，適切に機能されるよう運営管理を行うことを意味する。社会福祉サービスの実践を行う機関や組織の運営管理も含まれる。

5 ソーシャルアクション

ソーシャルアクションとは，行政機関や議会などに対し，署名や集会，請願などの世論の喚起により，地域ニーズに合った社会福祉施策の改善や実現に向けた活動を行うことである。当事者のなかには自らその主張を適切に表明することが困難な人もいる。当事者抜きに当事者のことが決められないよう，相談員が代弁者としての役割を果たすことが重要である。

④ 関連援助

1 ネットワーク

地域社会での安定した生活を行うために，医療，福祉など専門機関や専門職によるフォーマルな資源や，家族や近隣住民，ボランティアといったインフォーマルな資源を組み合わせ，支援の人脈を網の目のように形成していくことである。

2 ケアマネジメント

相談者本人の幅広いニーズと，地域の社会資源（フォーマル，インフォーマル双方）の間に立ち，複数のサービスを有効かつ迅速に結びつけて調整を図るとともに，包括的かつ継続的なサービスの供給を確保し，さらには社会資源の改善および開発を推進する支援方法である。

3 スーパービジョン

経験のある相談員や組織外の指導者などが，実際に支援を行っている相談員に対し助言や指導を行い支えるとともに，その専門性の向上を目的としている。スーパービジョンを行う者を，スーパーバイザーと呼び，スーパーバイズを受ける者を，スーパーバイジーと呼ぶ。

機能としては，①管理的機能（施設や機関の機能や運営方針，職員の業務内容などを管理監督する），②教育的機能（相談員として必要な理論，面談やアセスメントの手法など，相談の質の向上につなげる具体的な助言や訓練を行う），③支援的機能（相談員自身が抱える心理的なサポートを行う）が挙げられる。スーパービジョンは新人相談員のみに実施されるのではなく，経験を積んだ相談員であっても，自己覚知と支援の質の向上のために，組織内外で実施されることが望まれる。

4 カウンセリング

臨床心理士などの専門職（カウンセラー）が，面談や心理療法を実施し，相談者が抱える心理的な課題や社会的行動の改善に対しアプローチを行うものである。相談員はカウンセリング・マインドをもってかかわることが重要である。

5 コンサルテーション

福祉の専門職が実践を進めるうえで，近接領域の専門職（医師，弁護士，心理職など）に相談し，助言を求めることである．多様化，複雑化する課題に対し，一つの分野の専門職の視点だけで支援を実施するのではなく，他職

0種からの専門的視点の助言を受けることは，相談者からの支援内容をより立体的にとらえることができ，相談者への支援をよりよくするためにも重要である。

引用・参考文献

1）厚生労働省「保育所保育指針解説書」p.180, 2009.
2）リッチモンド，小松源助訳『ソーシャルケースワークとは何か』中央法規出版, p.57, 1991.
3）バイステック，尾崎新ほか訳『ケースワークの原則―援助関係を形成する技法新訳改訂版』誠信書房, pp.40-45, 2006.
4）コノプカ，前田ケイ訳『ソーシャルグループワーク』全国社会福祉協議会, p27, 1967.

- 千葉千恵美「第2章 社会福祉援助技術の定義と体系」松本寿昭編著『社会福祉援助技術〈保育・教育ネオシリーズ⑧〉』同文書院, 2012.
- 伊藤嘉余子『相談援助――子どもと社会の未来を拓く』青踏社, 2013.
- 加納光子「第12章 社会福祉援助技術」成清美治・加納光子編『新版社会福祉 第二版〈ベーシックシリーズ ソーシャルウェルフェア①〉』学文社, 2007.
- 小橋明子「第11章 相談援助技術の概要」鈴木幸雄編著『現代の社会福祉』中央法規出版, 2012.
- 村上清「第10章 相談援助（ソーシャルワーク）の意味と方法」橋本好市・宮田徹編『保育と社会福祉〈学ぶ・わかる・みえるシリーズ　保育と現代社会〉』みらい, 2015.
- 友川礼「第11章 相談援助の意義と原則」松原康夫・圷洋一・金子充編『社会福祉〈基本保育シリーズ④〉』中央法規出版, 2015.
- 渡辺裕一「第10章 相談援助の意義と原則」松原康夫・圷洋一・金子充編『社会福祉〈基本保育シリーズ④〉』中央法規出版, 2015.
- 横浜勇樹「第3章 社会福祉援助技術の展開」松本寿昭編著『社会福祉援助技術〈保育・教育ネオシリーズ⑧〉』同文書院, 2012.

第12章

日本の社会保障制度

第1節
社会保障の概念

　「社会保障」とは，英語で「social security」と訳される。security はラテン語の se-curus（不安のないこと）を語源としている。ここから，security は「安全」「安心」「保証」等を意味し，「social security」は「社会的な安全・安心をもたらすこと」と理解できる。イギリスやアメリカでは，social security という用語が指すのは主に「所得保障」である場合が多いが，日本ではそれよりもかなり広範な内容を含むものとして使用されている。

　以下では，日本における「社会保障」の概念についてみていくが，その前提として日本国憲法第25条「生存権規定」がある。これは，「最低生活保障」を国民の権利として位置づけ，その確保に向けた努力を国の責務として定めている。国の責務が及ぶ範囲として，「社会福祉」「社会保障」「公衆衛生」の三つを挙げているが，現代における社会保障の範囲はさらに広い。その範囲を確認するため，旧社会保障制度審議会による「社会保障制度に関する勧告」（1950（昭和25）年）を見ておく。

社会保障制度に関する勧告（一部抜粋）

　社会保障制度とは，疾病，負傷，分娩，廃疾，死亡，老齢，失業，多子その他困窮の原因に対し，保険的方法又は直接公の負担において経済的保障の途を講じ，生活困窮に陥った者に対しては国家扶助によって最低限度の生活を保障するとともに，公衆衛生及び社会福祉の向上を図り，もってすべての国民が文化的社会の成員たるに値する生活を営むことができるよ

うにすることをいう。

　「勧告」では，社会保障を経済保障（現金給付）として位置づけており，それを必要とする生活課題を列挙したうえで，実施方法（財源）として「保険的方法＝社会保険（料）」と「公の負担＝税による公的責任」を提示している。また，生活困窮に陥った者（＝最低生活を維持できない者）に対しては「国家扶助（現在の公的扶助）」で対応するとしている。

　以上は，今日においても，日本の社会保障制度の基本的な枠組みに影響を与えている。現在では「公衆衛生」は「公衆衛生及び医療」とされ，「老人保健（高齢者医療）」を独立させて社会保障の体系に含むこともある。これらを踏まえ，日本の社会保障の概念について整理をすると以下のようになる。

① 狭義の社会保障：社会保険，社会福祉，公的扶助，公衆衛生及び医療，老人保健
② 広義の社会保障：狭義の社会保障＋恩給・戦争犠牲者援護
③ 社会保障関連制度：雇用対策，住宅対策

狭義の社会保障の内容

① 社会保険（年金保険，医療保険，介護保険，雇用保険，労働者災害補償保険）

　　人々が人生において遭遇する傷病，出産，死亡，老齢，障害，失業など生活上の困難をもたらすものを「保険事故」とし，それらに遭遇した場合，一定の条件の下で保険給付（現金給付／現物給付）を行い，国民生活の安定を目的とした強制加入を前提とする保険原理を用いた仕組み・施策体系をさす。

② 社会福祉（子ども家庭福祉，高齢者福祉，障害児・者福祉，生活困窮者支援など）

　　子ども，要介護・要支援高齢者，障害児・者，ひとり親家庭，生活困窮者など社会生活をするうえでさまざまなハンディキャップ（社会的不利）を抱えている人々に対して，安心して社会生活を営みながら多様な

社会参加ができるよう，対人援助（対人社会サービス）を中心とした公的な生活支援の仕組みと法制度および施策体系をさす。
③　公的扶助（生活保護）
生活に困窮する人々（世帯）に対して，日本国憲法第25条（生存権）を具体的に保障することを目的として，最低生活水準（ナショナル・ミニマム）を保障するとともに，生活困難に陥っている人々の自立を支援する仕組みと法制度および施策体系をさす。
④　公衆衛生及び医療（結核，感染症，食品衛生，上下水道など）
国民が健康に生活できるよう社会生活に関係する諸事項についての予防・衛生のための仕組みと施策体系をさす。
⑤　老人保健（高齢者医療）
高齢者に対する適切な医療等の確保を目的として実施される保健医療の仕組みと施策体系（後期高齢者医療制度等）をさす。

第2節
年金保険制度

――制度概要と展開

公的年金制度とは，一般的には，高齢期における所得保障の重要な柱として高齢者の老後生活を支えていくことを役割としているが，広くは老齢・障害・死亡等によって喪失した所得を公的に保障する制度である。日本の場合，公的年金制度は基本的に社会保険方式が採用されているため，「保険事故」（老齢・障害・死亡）への「保険給付」として年金が支給される。公的年金は，個人が納めた保険料を積み立ててその運用益とともに個人に返す（＝積立方式）のではなく，現役世代の納める保険料によって高齢者の年金給付を賄うという「世代と世代の支え合い」，すなわち世代間扶養の仕組み（＝賦課方式）によって成り立っている。

図12-1 日本の公的年金制度の概要

◆公的年金制度は，加齢などによる稼得能力の減退・喪失に備えるための社会保険（防貧機能）。
◆現役世代はすべて国民年金の被保険者となり，高齢期となれば，基礎年金の給付を受ける（1階部分）。
◆民間会社員や公務員等は，これに加え，厚生年金保険に加入し，基礎年金の上乗せとして報酬比例年金の給付を受ける（2階部分）。

注1：被用者年金制度の一元化に伴い，2015（平成27）年10月1日から公務員および私学教職員も厚生年金に加入。また，共済年金の職域加算部分は廃止され，新たに年金払い退職給付が創設。ただし，2015（平成27）年9月30日までの共済年金に加入していた期間分については，2015（平成27）年10月以後においても，加入期間に応じた職域加算部分を支給。
注2：第2号被保険者等とは，厚生年金被保険者のことをいう（第2号被保険者のほか，65歳以上で老齢，または，退職を支給事由とする年金給付の受給権を有する者を含む）。
出典：厚生労働省「公的年金制度の概要」を一部改変

　国民年金は日本国内に住所を有する20歳以上60歳未満のすべての者は国民年金に強制加入し，基礎年金の給付を受ける。被用者（民間会社員・公務員等）の場合，基礎年金に上乗せして報酬比例年金として職域ごとの制度に加入することになっていたが，2012（平成24）年の「社会保障と税の一体改革」における年金改正により，2015（平成27）年10月より公務員および私学教職員も厚生年金に加入することとなった。また，将来の無年金者の発生を抑えるため，2017（平成29）年8月に老齢基礎年金の受給資格期間が25年から10年に短縮された（図12-1）。

2 ── 国民年金保険

1 目 的

　国民年金制度は，日本国憲法第25条第2項に規定する理念に基づき，老

齢，障害または死亡によって国民生活の安定が損なわれることを国民の共同連帯によって防止し，もって健全な国民生活の維持および向上に寄与することを目的とする。

2　実施主体・被保険者

　国民年金（基礎年金）の実施主体は政府であり，事務窓口は年金事務所である。被保険者は，日本国内に住所を有する20歳以上60歳未満のすべての者が加入しなければならず（強制加入），被保険者は以下の三つに区別される。
第1号：日本国内に住所を有する20歳以上60歳未満で，第2号・第3号被保
　　　　険者ではない者（自営業者，農業従事者，学生，フリーター，無職
　　　　の者等）
第2号：厚生年金保険の被保険者（民間企業の会社員，公務員，私学教職員
　　　　等）
第3号：第2号被保険者の被扶養配偶者であって20歳以上60歳未満の者（専
　　　　業主婦等，ただし年間収入が130万円未満であること）
　ただし，次の者は第1号被保険者として任意加入被保険者になることができる。①日本国内に住所を有する60歳以上65歳未満で，被用者年金の被保険者ではない者。②日本国内に住所を有しない20歳以上65歳未満の日本国籍を有する者。③1965（昭和40）年4月1日以前に生まれた者で65歳以上70歳未満の者（老齢・退職年金の受給権を有する者を除く）。

3　保険料負担と免除・猶予制度

　保険料負担と納付方法は被保険者によって異なっており，それぞれ以下のとおりである。
第1号：月額保険料は1万6490円（平成29年度）で，口座振替・現金払い・
　　　　クレジットカードのいずれかで納付する
第2号：厚生年金保険料と合わせて給与から天引きされる
第3号：保険料負担なし
　保険料負担が経済的事情等により困難な場合，法定免除と申請免除の二つの保険料免除制度がある。法定免除は，生活保護（生活扶助）受給世帯，障

害基礎年金の受給者，国立および国立以外のハンセン病療養所などで療養している者等が該当し，届出によって保険料の全額が免除される。

　申請免除は，所得が少なく本人・世帯主・配偶者の前年所得（1月から6月までに申請する場合は前々年所得）が一定額以下の場合や失業した場合など，国民年金保険料を納めることが経済的に困難な場合，本人から申請書を提出し承認されると保険料納付が免除され，個々の事情によって免除の程度が決定される。

　また，保険料納付猶予制度もあり，20歳から50歳未満の者で本人・配偶者の前年所得（1月から6月までに申請する場合は前々年所得）が一定額以下の場合には，本人からの申請に基づき認められると保険料納付が猶予される。学生の場合は，申請により在学中の保険料の納付が猶予される「学生納付特例制度」が設けられており，本人所得が一定以下の場合に対象となる。

　これらは各市区町村等で手続きを行うことができる。保険料免除や納付猶予になった期間は年金の受給資格期間に算入され，10年以内であれば追納することができる。

4　保険給付と受給要件

老齢基礎年金

　保険料納付済期間（国民年金の保険料納付済期間や厚生年金保険，共済組合等の加入期間を含む）と国民年金の保険料免除期間などの合算した資格期間が10年以上である場合，原則65歳になったときから支給される。ただし，60歳から減額された年金の繰り上げ支給や，66歳から70歳までの希望する年齢から増額された年金の繰り下げ支給を請求できる。なお，資格期間が10年に満たない場合でも，保険料納付済期間および保険料免除期間に合算対象期間を加えた期間が10年以上である場合は，老齢基礎年金が支給される。平成29年度の場合，満額支給は77万9300円（年額）である。

障害基礎年金

　国民年金に加入している間に初診日（障害の原因となった傷病について，初めて医師の診療を受けた日）のある傷病で，法令により定められた障害等

級表による障害の状態に該当すると障害基礎年金が支給される。年金受給には，初診日のある月の前々月までの公的年金の加入期間の3分の2以上の期間について，①保険料が納付または免除されていること，または②初診日において65歳未満であり，初診日のある月の前々月までの1年間に保険料の未納がないことが条件となる。

平成29年度の場合，1級は77万9300円×1.25（97万4125円，年額），2級は77万9300円（年額）で，子がいるときは第1子・第2子はそれぞれ22万4300円，第3子以降は一人につき7万4800円が加算される。

遺族基礎年金

①被保険者，②60歳以上65歳未満の被保険者であった者（国内に住んでいる者のみ）のいずれかに該当し，ⅰ死亡日の前日において，死亡した月の前々月までに保険料納付済期間と保険料免除期間を合わせた期間が加入期間の3分の2以上あること，ⅱ死亡日の前日において，死亡した月の前々月までの1年間に保険料の滞納がないこと（死亡日が2026（平成38）年3月31日以前にあるとき）の要件を満たした者，③老齢基礎年金を受けていた者（受給権者），④老齢基礎年金の受給資格期間を満たしていた者が死亡した場合，その者によって生計を維持されていた遺族に遺族基礎年金が支給される。「遺族」とは，「子のある配偶者」または「子」で，「子」とは18歳未満の者または20歳未満の障害等級1級・2級の者である。

平成29年度の場合，77万9300円（年額）であり，子がいるときは第1子・第2子はそれぞれ22万4300円，第3子以降は一人につき7万4800円が加算される。

5 費　用

国民年金の財源は国庫負担と保険料でそれぞれ折半による負担である。財政方式は賦課方式を採用している。

③ 厚生年金保険

1 目 的

　労働者の老齢，障害または死亡について保険給付を行い，労働者およびその遺族の生活の安定と福祉の向上に寄与することを目的とする。

2 適用事業所・被保険者

　厚生年金保険は，事業所単位で適用され「強制適用事業所」と「任意適用事業所」に区別される。強制適用事業所とは，①株式会社などの法人の事業所，②従業員が常時5人以上いる個人事業所（農林漁業，サービス業などは除く）である。任意適用事業所は，強制適用事業所以外で従業員の半数以上が厚生年金保険の適用事業所となることに同意し，事業主が申請して厚生労働大臣の認可を受けた事業所である。

　被保険者は，適用事業所に常時使用される70歳未満の者すべてである。パートタイマー・アルバイト等でも事業所と常用的使用関係にある場合，つまり1週間の所定労働時間および1か月の所定労働日数が，同じ事業所で同様の業務に従事している一般社員の4分の3以上であれば被保険者とされる。

　2012（平成24）年の年金改正により，一般社員の所定労働時間および所定労働日数が4分の3未満であっても，下記の5要件をすべて満たす者は被保険者に加えられた（2016（平成28）年10月～）。
①週の所定労働時間が20時間以上あること
②雇用期間が1年以上見込まれること
③賃金の月額が8万8000円以上であること
④学生でないこと
⑤常時501人以上の企業（特定適用事業所）に勤めていること

3 保険給付と受給要件

　厚生年金保険の給付には，「老齢厚生年金」「障害厚生年金（障害手当金）」

「遺族厚生年金」があるが，これらはいずれも基礎年金の受給資格を満たした場合に受給することができる。

老齢厚生年金

厚生年金保険の被保険者であって，①老齢基礎年金の支給要件を満たしている，②厚生年金保険の被保険者期間が1か月以上ある（ただし，65歳未満の者に支給する老齢厚生年金は1年以上の被保険者期間が必要）場合，原則65歳から老齢基礎年金（定額部分）に上乗せして老齢厚生年金（報酬比例部分）が支給される。

支給額は保険料納付額に応じて決定される。厚生年金保険の被保険者期間が20年以上ある者が65歳到達時点で扶養家族（配偶者・子）がいる場合，その人数によって加給年金が支給される。在職者の場合，1か月当たりの収入額に応じて老齢厚生年金の支給が一部または全部停止される。

障害厚生年金・障害手当金

厚生年金保険の被保険者であって，障害基礎年金の受給資格を満たしている場合，障害基礎年金に上乗せして支給される。支給額は障害等級によって異なり，1級は「報酬比例の年金額×1.25」，2級は「報酬比例の年金額」である。受給者に配偶者がいる場合，加給年金が追加される。障害厚生年金には障害基礎年金の条件に該当しない程度の障害の該当者に対して，「3級の障害厚生年金」が支給される。平成29年度の最低保障額は58万4500円（年額）である。

また，障害手当金の支給対象となる傷病が初診日から5年以内に治り，かつ，障害厚生年金の保険料納付要件と初診日要件を満たしている者に受給される。平成29年度の最低保障額は116万9000円（3級の障害厚生年金最低保障の2倍）となっている。

遺族厚生年金

①厚生年金保険の被保険者が死亡したとき，または被保険者期間中の傷病がもとで初診の日から5年以内に死亡したとき（遺族基礎年金と同様，死亡

した者について保険料納付済期間（保険料免除期間を含む）が国民年金加入期間の3分の2以上あること，ただし2026（平成38）年4月1日前の場合は死亡日に65歳未満であれば，死亡日の属する月の前々月までの1年間のうち保険料滞納がないこと），②老齢厚生年金の受給資格期間が25年以上ある者が死亡したとき，③1級・2級の障害厚生（共済）年金を受けられる者が死亡したとき，その者に生計を維持されていた遺族に対して遺族厚生年金が支給される。「遺族」とは，「遺族基礎年金の遺族」「55歳以上の夫・父母・祖父母（60歳から支給）」「18歳未満の孫」「30歳未満の子のない妻（5年間の有期給付）」である。支給額は報酬比例部分の年金額の4分の3に寡婦加算を加えた額である。

4 費　用

　厚生年金保険料は，被保険者の標準報酬月額（月給）と標準賞与額（ボーナス）にそれぞれ保険料率を乗じた額を，事業主と被保険者で労使折半する（総報酬制）。2017（平成29）年9月以降の保険料率は18.3％である。産前産後休業期間中および育児休業期間中の保険料は，事業主・被保険者ともに免除される。財政方式は修正積立方式が採用されている。この方式は、積立方式により集められた積立金が十分でないときのために、賦課方式によってその時の人口構成に応じて被保険者の保険料負担率を変化させて年金の原資を確保する方式である。

第3節
医療保険制度

　制度概要と展開

　日本の公的医療保険制度は社会保険方式を基本としており，その起源は1922（大正11）年の健康保険法まで遡るが，今日では職域保険・地域保険・高齢者医療の三つに大別される。職域保険は被用者を対象とする健康保険と

共済組合であり，地域保険は被用者以外の一般地域住民を対象とする市町村国民健康保険に代表される。高齢者医療は後期高齢者医療制度が挙げられる。

　1961（昭和36）年以来，日本ではすべての国民が公的医療保険の対象となる「国民皆保険」体制として整備・発展してきた。これは診療などの機会についての平等を確保することを意図したものである。一方，国民医療費の動向は増加傾向にあり，適正な医療費を維持することを意図して，近年では医療制度改革が行われている。

　公的医療保険は保険診療を基本としており，「医療保険者」「被保険者」「保険医療機関等」「審査支払機関」の4者関係から成り立っている。そのため，医療行為について保険診療と自由診療を併用する混合診療は原則禁止されてきた。しかし，2006（平成18）年の制度改革において保険外併用療養費制度が創設され，「評価療養」と「選定療養」が位置づけられた。2015（平成27）年の制度改革により，入院時の食事代について，在宅療養との公平性等の観

表12-1　保険外併用療養費の概要

名　　称	内　　容
①評価療養 （保険導入を評価する）	・先進医療 ・医薬品，医療機器，再生医療等製品の治験にかかる診療 ・薬事法承認後で保険収載前の医薬品，医療機器，再生医療等製品の使用 ・薬価基準収載医薬品の適応外使用（用法・用量・効能・効果の一部変更の承認申請がなされたもの） ・保険適用医療機器，再生医療等製品の適応外使用（使用目的・効能・効果等の一部変更の承認申請がなされたもの）
②選定療養 （保険導入の前提なし）	・特別の療養環境（差額ベッド） ・歯科の金合金等／金属床総義歯 ・予約診療／時間外診療 ・大病院の初診および再診 ・小児う蝕の指導管理 ・180日以上の入院 ・制限回数を超える医療行為
③患者申出療養 （保険導入を評価する）	国内未承認の医薬品等を迅速に保険外併用療養として使用したい患者の意向を踏まえ，患者からの申出を起点とする保険外併用療養の仕組み

資料：厚生労働省「患者申出療養の概要について」

点から，調理費が含まれるよう段階的な引き上げ，健康保険の標準報酬月額の上限額の引き上げなどの負担の公平化が2016（平成28）年4月に実施された。さらに，第3の類型として「患者申出療養」も2016（平成28）年4月から実施された（表12-1）。

公的医療保険の下では，医療（サービス）の価格は1点10円の公定価格であり，診療報酬として定められている。原則2年ごとに改定され，中央社会保険医療協議会（中医協）からの答申に基づき厚生労働大臣が決定する。

② 健康保険

1 目的

労働者またはその被扶養者の業務災害以外の疾病，負傷もしくは死亡または出産に関して保険給付を行い，もって国民の生活の安定と福祉の向上に寄与することを目的とする（健康保険法第1条）。

2 保険者・被保険者

健康保険の保険者には健康保険組合と全国健康保険協会（協会けんぽ）の二つがあり，前者は民間の大企業が多く，後者は民間の中小企業を対象としていることに加え，都道府県の支部単位で運営されている。健康保険の適用事業所は，①常時5人以上の従業員を使用する事業所または法人事業所（強制適用事業所），②強制適用事業所以外の事業所または法人で従業員の2分の1以上の同意がある場合（任意適用事業所）がある。

被保険者は，原則的に適用事業所に使用される被用者である（日雇い等臨時雇用を除く）。ただし，退職後2年間は引き続き被保険者として継続ができる（任意継続被保険者）。被扶養者に含まれるのは，被保険者の直系尊属，配偶者，子，孫および兄弟姉妹であって，主として当該被保険者により生計を維持する者，被保険者の3親等内の親族であって当該被保険者と同一世帯に属し，主として当該被保険者により生計を維持する者等である。配偶者については事実婚に該当する者も含まれる。

3 保険給付

　保険給付で最も多いものは「療養の給付」で，診察・投薬・処置・手術等の治療に加えて看護等が含まれ現物給付として行われる。また，入院中の食事に関する給付として「入院時食事療養費」が患者の一部自己負担を除いた分について現物給付され，被保険者または被扶養者が出産する際には「出産育児一時金（家族出産育児一時金）」が原則42万円を上限として現金給付される。このほかに健康保険法上の給付として，入院時生活療養費，訪問看護療養費，療養費，移送費，埋葬料（費），保険外併用療養費，高額療養費・高額介護合算療養費，傷病手当金などがある。

　これらの保険給付は，健康保険法に規定の法定給付で，被保険者の被扶養者に対しても基本的に同様の内容が給付される。それ以外に健康保険組合独自の給付として付加給付がある。

4 費　用

　健康保険の費用は，①保険料，②国庫負担，③患者の窓口負担で賄われている。保険料は，健康保険組合および協会けんぽともに標準報酬月額および標準賞与月額に保険料率（3％〜13％の間）を乗じて計算し，事業主と被保険者が折半で負担する（任意継続被保険者の保険料は全額自己負担）。育児休業期間中の保険料は，被保険者および事業主の両方について免除される。国庫負担は健康保険組合に対して事務費を負担し，協会けんぽには費用の16.4％を補助する。

　患者の窓口負担は，原則，義務教育就学前2割，義務教育就学後から70歳未満3割，70歳以上75歳未満2割である。70歳以上で現役並みの所得がある者は3割となる。また，患者負担について一定の基準を設け上限額を定めたものとして高額療養費制度がある（表12-2・3）。

表12-2 高額療養費の区分(70歳未満)

所得区分	自己負担限度額	多数該当
上位所得者Ⅰ(標準報酬月額83万円以上)	252,600円+(総医療費−842,000円)×1%	140,100円
上位所得者Ⅱ(標準報酬月額53万〜79万円)	167,400円+(総医療費−558,000円)×1%	93,000円
一般Ⅰ(標準報酬月額28万〜50万円)	80,100円+(総医療費−267,000円)×1%	44,400円
一般Ⅱ(標準報酬月額26万円以下)	57,600円	44,400円
低所得者(被保険者が住民税非課税者等)	35,400円	24,600円

出典:全国健康保険協会「高額療養費・高額介護合算療養費」を一部改変

表12-3 高額療養費の区分(70歳以上)

所得区分	自己負担限度額	
	外来(個人)	外来・入院(世帯)
現役並み所得者(標準報酬月額28万円以上で高齢受給者証の負担割合が3割の者)	57,600円	80,100円+(総医療費−267,000円)×1% [多数該当:44,400円]
一般所得者	14,000円	57,600円 [多数該当:44,400円]
低所得者Ⅱ(被保険者が住民税の非課税者等)	8,000円	24,600円
低所得者Ⅰ(被保険者・扶養家族の収入から必要経費・控除額を除いた後の所得がない)		15,000円

出典:全国健康保険協会「高額療養費・高額介護合算療養費」を一部改変

3 ── 国民健康保険

1 目 的

　国民健康保険は,その健全な運営により,社会保障および国民保健の向上に寄与することを目的としつつ,被保険者の疾病,負傷,出産または死亡に関して必要な保険給付を行う。

2 保険者・被保険者

　保険者は都道府県，市町村および特別区（東京23区）である。2018（平成30）年4月から都道府県が国民健康保険の財政運営の責任主体となる被保険者は，1年未満の短期滞在者を除いた健康保険加入者以外の一般地域住民であり，具体的には農林水産業，自営業，退職者などである。

3 保険給付

　基本的に健康保険と同様である。

4 費　用

　国民健康保険の費用の内訳は，①保険料（税），②国庫負担（補助），③都道府県および市町村補助金，④市町村一般会計からの繰り入れ等である。医療給付総額に占める保険料の割合は約50％，公費負担が50％で内訳は国庫負担41％（32％は定率負担，9％は調整交付金），都道府県負担9％となっている。

　保険料は「医療分保険料」「支援金分保険料」「介護分保険料」から構成されているが，「介護分保険料」は40歳以上65歳未満の者だけが負担する。保険料の納付先は市町村および特別区で，保険料としてではなく「国民健康保険税」として徴収している場合もある。

　保険料の計算方式は，①被保険者の所得に応じた「所得割」，②世帯の被保険者数に応じた「均等割」，③1世帯ごとに賦課する「平等割」，④被保険者の資産に応じて賦課する「資産割」の四つがあり，それらの方法を二～四つ組み合わせて保険料額を算出する。保険料納付が困難な場合は保険料軽減制度が適用され，所得水準により3段階（7割・5割・2割）の減額が受けられる。被保険者の窓口負担および高額療養費については、健康保険と同様である。

④──後期高齢者医療制度

1 目 的

　退職して所得が下がる高齢期は，医療費が高いにもかかわらず，国民健康保険に加入するという構造的な課題があり，この高齢者医療を社会全体で支える仕組みとして高齢者医療制度を設けた。そのなかでも，後期高齢者医療制度は，75歳以上を対象に，世代間の費用負担関係の明確化等を図ることを目的とする。

2 保険者・被保険者

　運営主体は都道府県単位で設置される広域連合（後期高齢者医療広域連合）で，都道府県内の市町村が広域連合に加入する方法をとっている。被保険者は75歳以上の者（2017（平成29）年は約1690万人）である。

3 保険給付

　基本的に健康保険・国民健康保険等と同様で，保険給付の割合は原則9割である。

4 費 用

　後期高齢者医療制度に要する費用は，平成29年度予算ベースで約16兆8000億円（保険給付＋患者の自己負担）である。費用の内訳は，公費が5割，各医療保険制度（現役世代）からの支援金が4割，被保険者からの保険料が1割である。公費5割については，国：都道府県：市町村＝4：1：1の比率で負担している。保険料は都道府県ごとに設定されている。

　患者の窓口負担は原則1割だが，現役世代並みの所得がある場合は3割負担となる。また，1か月当たりの自己負担限度額として，高額療養費制度並びに高額介護合算療養費制度がある。高額介護合算療養費制度とは，世帯内における後期高齢者医療制度の被保険者について，医療保険と介護保険で支払った自己負担の合計が年間で所定の額を超えた場合，超過分を払い戻すこ

図12-2　高齢者医療制度の仕組み

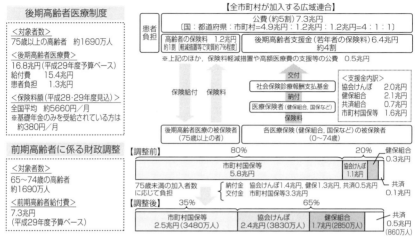

出典：厚生労働省「我が国の医療保険について」

表12-4　高額介護合算療養費の区分（70歳未満）

所得区分	基準額（年）
上位所得者Ⅰ（標準報酬月額83万円以上）	212万円
上位所得者Ⅱ（標準報酬月額53万〜79万円）	141万円
一般Ⅰ（標準報酬月額28万〜50万円）	67万円
一般Ⅱ（標準報酬月額26万円以下）	60万円
低所得者（被保険者が住民税非課税者等）	34万円

出典：全国健康保険協会「高額療養費・高額介護合算療養費」を一部改変

表12-5　高額介護合算療養費の区分（70歳以上）

所得区分	基準額（年）
現役並み所得者（標準報酬月額28万円以上で高齢受給者証の負担割合が3割の者）	67万円
一般所得者	56万円
低所得者Ⅱ（被保険者が住民税の非課税者等）	31万円
低所得者Ⅰ（被保険者・扶養家族の収入から必要経費・控除額を除いた後の所得がない）	19万円

出典：全国健康保険協会「高額療養費・高額介護合算療養費」を一部改変

とで負担軽減を図るものである（図12-2，表12-4・5）。

第4節 雇用保険・労働者災害補償保険制度

1 ── 雇用保険制度

1 目 的

　雇用保険は，労働者が失業した場合および労働者について雇用の継続が困難となる事由が生じた場合に必要な給付を行うほか，労働者が自ら職業に関する教育訓練を受けた場合に必要な給付を行うことにより，労働者の生活および雇用の安定を図るとともに求職活動を容易にする等その就職を促進する（失業等給付）。併せて，労働者の職業の安定に資するため失業の予防，雇用状態の是正および雇用機会の増大，労働者の能力の開発および向上その他労働者の福祉の増進を図ること（雇用保険二事業）を目的とする（図12-3）。

　2016（平成28）年の雇用保険制度改正において，育児休業・介護休業の制度の見直し（育児休業となる子の範囲の拡大，介護休業の分割取得など），雇用保険の就職促進給付の拡充等が行われた。さらに，65歳以降に新たに雇用される者を雇用保険の適用にするなど高齢者の希望に応じた多様な就業機会の確保や就労環境の整備が図られた。

　2017（平成29）年の改正では，就業促進および雇用継続を通じた職業の安定を図るため，失業等給付の拡充，失業等給付にかかる保険料率の時限的引き下げ，さらに育児休業にかかる制度の見直し（育児休業を6か月延長でも保育所に入れない場合等は最大で2歳になるまで再延長可能）が行われた。

2 保険者・被保険者

　政府が管掌，その事務は厚生労働大臣が行う。なお，各種手続きの第一線の窓口は公共職業安定所（ハローワーク）である。雇用保険の適用事業所に

図12-3　雇用保険制度の概要

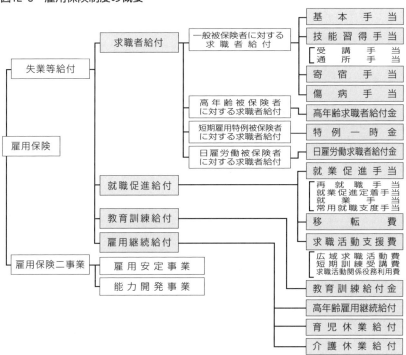

出典：厚生労働省「ハローワークインターネットサービス」

は全産業が含まれる。ただし，農林水産事業のうち，5人未満の個人経営の事業については，当分の間，暫定的に任意適用事業とされる。被保険者は適用事業に雇用されるすべての労働者である（適用除外あり）。被保険者の種類は以下のとおりである。
① 一般被保険者
　　②〜④以外の被保険者
② 短期雇用特例被保険者
　　季節的に雇用され，または短期雇用につくことを常態とする被保険者（同一の事業主に引き続き1年以上雇用された場合は，1年以上雇用されるに至った日以降は一般被保険者または高年齢継続被保険者となる）
③ 高年齢被保険者

65歳以上の被保険者（一般被保険者であった者）で②または④に該当しない被保険者

④　日雇労働被保険者

日々雇用される者，または30日以内の期間を定めて雇用される者で一定の要件に該当する被保険者

ただし，パートタイム労働者やアルバイトなどの短時間労働者の場合でも，次の要件を満たす者は雇用保険の被保険者となる。①1週間の所定労働時間が20時間以上であること，②反復継続して就労する者であること（具体的には31日以上引き続き雇用されることが見込まれること）。

3　保険給付

雇用保険の保険給付は「失業等給付」と呼ばれ，①求職者給付，②就職促進給付，③教育訓練給付，④雇用継続給付，の四つがある。失業等給付を受けるには，公共職業安定所において失業の認定を受ける必要がある。

一般被保険者に対する求職者給付の「基本手当」は，失業認定が行われ，原則，離職の日以前2年間に被保険者期間が12か月以上ある場合に失業中の生活費として支給される。基本手当の支給を受けることができる日数は，被保険者期間，離職理由，年齢などによって，90～360日の間で決められる。「就職促進給付」には，再就職手当・就業促進定着手当・就業手当・常用就職支度手当がある。「教育訓練給付」には，一般教育訓練給付金（教育訓練経費の20％相当額で，10万円を超える場合は10万円，4000円を超えない場合は支給されない）と，専門実践教育訓練給付金（教育訓練経費の40％相当額で，1年間で32万円を超える場合の支給額は32万円（訓練期間は最大で3年間となるため96万円が上限），4000円を超えない場合は支給されない）がある。「雇用継続給付」には，雇用保険の被保険者であった期間が5年以上ある60歳以上65歳未満の一般被保険者が，原則60歳以降の賃金が60歳時点に比べて75％未満に低下した状態で働き続ける場合に支給される。高年齢雇用継続給付，育児休業給付（1か月当たり原則，休業開始時賃金日額×支給日数の67％（育児休業開始から6か月経過後は50％）相当額を支給），介護休業給付（1か月ごとの支給額は原則，休業開始時賃金日額×支給日数×67％）

がある。

4 費　用

　雇用保険の費用は，被保険者および事業主からの保険料と国庫負担で賄われている。失業等給付に要する費用は労使折半で，雇用保険二事業の費用は全額事業主負担である。国庫負担は，求職者給付や雇用継続給付等の給付費用の一部に充てられている。

②——労働者災害補償保険制度

1 目　的

　労働者災害補償保険は，業務上の事由または通勤による労働者の負傷，疾病，障害，死亡等に対して迅速かつ公正な保護をするため，必要な保険給付を行い，併せて業務上の事由または通勤により負傷し，または疾病にかかった労働者の社会復帰の促進，労働者およびその遺族の援護，労働者の安全および衛生の確保等を図り，もって労働者の福祉の増進に寄与することを目的とする。(図12-4)。

2 実施主体・適用事業・適用労働者

　労働者災害補償保険の実施主体は政府である。適用事業は労働者を使用するすべての事業である。ただし，農林水産事業のうち，5人未満の個人経営の事業については，当分の間，暫定的に任意適用事業とされる。なお，国の直営事業および官公署の事業は適用除外である。
　適用事業に雇用され賃金の支払いを受けている労働者は，業種や雇用形態に関係なく労働者災害補償保険の対象となる。さらに，労働者以外でも，その業務の実情，災害の発生状況などからみて，特に労働者に準じて保護することが適当であると認められる一定の者には特別に任意加入を認めている(特別加入制度)。

図12-4 労働者災害補償保険制度の概要（平成29年度予算額）

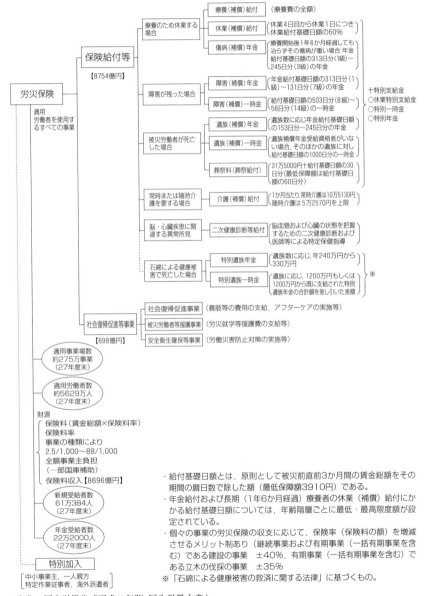

出典：厚生労働省「平成29年版 厚生労働白書」

3　保険給付

　労働者災害補償保険は雇用期間に関係なく，業務災害または通勤災害に該当すれば保険給付が受けられる。災害認定は労働基準監督署が行う。業務災害は，労働者が事業主の支配下にある状況で業務上疾病等（業務との間に相当因果関係が認められる疾病等）が認められた場合に対象となる。業務災害と通勤災害の給付内容はほぼ同様である。通勤災害は，労働者が通勤によって被った傷病等をさす。この場合，「通勤」とは住居と就業場所の間における移動経路・手段として合理的なものでなければならない（私的な理由による通勤経路からの逸脱によって発生した傷病等は除外される）。例えば，業務災害の「休業補償給付」は通勤災害では「休業給付」となる。このように，「補償」という用語の有無で業務災害と通勤災害を区別できる。

4　費　用

　労働者災害補償保険の費用は，全額事業主が負担する保険料である。保険料額は，その事業に雇用されるすべての労働者に支払う賃金総額に労災保険率と雇用保険率を加えた率を乗じて計算する。労災保険率は，業種によって災害リスクが異なるため，事業の種類ごとに定められているが，事業主の保険料負担の公平性の確保，労働災害防止努力の促進を目的として，事業場ごとの労働災害の多寡に応じて，一定の範囲内で労災保険率を決定する（災害が少ないほど労災保険率が低くなる）制度を採用している（メリット制）。

第5節
社会保障制度の課題

　今日，政府によって「一億総活躍社会の実現」が政策目標とされているが，そこでは「新・三本の矢」として「希望を生み出す強い経済」「夢をつむぐ子育て支援」「安心につながる社会保障」が掲げられている。そのポイントは，社会保障を全世代対応型に再編することである。従来の社会保障は

ともすれば高齢者への偏重が指摘されることもあったが，今後は若者・子育て世帯等の現役世代，子ども向けの給付を手厚くしていく方針が示されている。社会保障制度が抱える当面の基本的課題は次の二点である。

　第一に，少子高齢化への対応である。総務省統計局によれば，2017（平成29）年12月1日現在の推計で1億2670万人と前年同月から22万人の減少である。

　日本の出生率は先進国のなかでも最低水準に位置しており，近年は1.4前後の水準で推移している。厚生労働省が2017（平成29）年6月に発表した結果によると，2016（平成28）年に出生数は，1899（明治32）年の統計開始から初めて100万人を割り込んだ。希望出生率は1.8とされているが，出生率は1.44で，背景には晩婚化・未婚化も指摘されている。日本の場合，人口置換水準が2.08である一方，出生率は長期間にわたってその水準を下回り続けていることから，今後も少子化および人口減少のトレンドに変化はないと考えられる。

　一方，65歳以上の高齢者人口は2012（平成24）年に3000万人を超え，2017（平成29）年9月15日現在の推計では3514万人となっている（男性1525万人，女性1988万人）。高齢化率は27.7％と過去最高を更新した（男性24.7％，女性30.6％）。国立社会保障・人口問題研究所の推計によると，この割合は今後も上昇を続け，第2次ベビーブーム期（1971（昭和46）年～1974（昭和49）年）に生まれた世代が65歳以上となる2040（平成52）年には35.3％になると見込まれている。

　このように，少子高齢化が「社会問題」と認識されて久しいが，長期的な人口（構造）の安定性という観点からみれば，高齢化よりも少子化のほうが深刻といえる。したがって，社会保障制度の基礎となる人口の安定性確保のためには，子ども・子育て支援あるいは家族政策の強化が重要である。待機児童解消等の保育サービスの拡充のみならず，子育て家庭を支援することを目指すならば，産休・育休制度や時短勤務制度の利用を含めた働き方の抜本的改革が必要であり，政府・企業・社会全体が「ワーク・ライフ・バランス（家庭生活と仕事の両立）」の具体的な実現に向けた取り組みを一層加速しなければならない。

第二に，社会保障制度の持続可能性（sustainability）を維持するための給付と負担の見直しである。年金・医療・介護等の各制度の持続可能性を考える際，負担の問題は避けられない。平成27年度の社会保障給付費（確定値）は114兆8000億円で過去最高を更新したが，毎年およそ1兆円ずつ今後も増加すると見込まれる社会保障給付費の推計を踏まえると，国民生活の安心・安定のために必要な財源を誰がどの程度負担するかは，国民的テーマとして先送りできない問題である（平成29年度予算ベースの社会保障給付費は120兆4000億円）。また，給付については「公助・共助・互助・自助」の最適バランスを求めながら，保険料や税を財源とした給付が真に必要とされる内容への再編が不可避に思われる。その場合，「安易な自助・互助への期待や強調」に依拠した制度改革ではなく，社会保障制度の基礎は公的責任であることを念頭に，国民は制度動向に関心をもち続けなければならない。

　さて，2012（平成24）年の「社会保障と税の一体改革」以降，社会保障財源の議論は消費税を中心に展開されている。2014（平成26）年4月から8％となったが，2019（平成31）年10月以降は10％へと引き上げられる予定である。消費税は，「広く負担する」という意味で公平性が高いとされる一方で，貧困者・低所得者に対しては相対的に負担が重くなる逆進性もある。社会保障財源について考える場合，税制全体の見直しという視点が重要であり，消費税に加え，所得税・法人税・贈与税等のあり方も含めた議論が必要となる。

▶引用・参考文献

- 厚生労働省編『厚生労働白書』各年版
- 厚生労働省「公的年金制度の概要」
- 厚生労働省「患者申出療養の概要について」
- 厚生労働省「我が国の医療保険について」
- 厚生労働省「ハローワークインターネットサービス」
- 厚生統計協会編『保険と年金の動向』各年版
- 『社会保障の手引＜施策の概要と基礎資料＞』各年版，中央法規出版
- 全国健康保険協会「高額療養費・高額介護合算療養費」

第13章 社会福祉の動向と課題

第1節 日本における社会福祉の動向

　近年，わが国の社会福祉は，少子化・高齢化の進行，核家族化と家庭機能の変化，女性の社会進出など社会状況の変化に伴い，社会福祉に対する国民のニーズが多様化・複雑化してきたことが背景となって大きく動いてきた。すべての国民を対象に，その生活の安定を図る取り組みとして社会福祉に対する期待が多様化するにつれて，かつての戦後処理的対策から始まった措置制度を基本とした福祉サービスは反省されるに至ったのである。そして，それは「社会福祉基礎構造改革」と呼ばれる大きな制度的改革をもたらすものとなった。ここでは近年の動きを概観しながら「社会福祉の地域化」と社会福祉制度の抜本的改革としての「基礎構造改革」について述べる。

——社会福祉の地域化

　近年の行政改革の流れのなかで，事務分担の見直しとともに国から地方公共団体への権限の移譲等が進められてきた。いわゆる地方分権化である。社会福祉領域におけるその発端は，各種の機関委任事務が団体委任事務に変わり，また，社会福祉法人設立認可の権限が厚生大臣（当時）から都道府県知事に移譲された，1986（昭和61）年の「地方公共団体の執行機関が国の機関として行う事務の整理及び合理化に関する法律」であった。そしてその4年後，1990（平成2）年の「福祉関係八法の改正（老人福祉法等の一部を改正する法律）」によって本格的に推進されることとなった。

そこでは，各地方自治体の老人保健福祉計画の策定等とともに，それまでの高齢者や身体障害者等の在宅福祉サービスの実施に加えて，施設入所措置についても市町村の権限として実施されることとなった。福祉サービスを利用するものが，住民としてその地方自治体との関係をもち福祉活動が展開されるという方向性が明確化されたのである。

　こうした流れのなかで，2000（平成12）年には戦後のわが国の社会福祉行政の枠組みを大きく変えることになる社会福祉改革として「社会福祉の増進のための社会福祉事業法等の一部を改正する等の法律」が成立した。この改正は，主要なものとして，社会福祉事業法（現，社会福祉法），身体障害者福祉法，知的障害者福祉法，児童福祉法，公益質屋法（廃止）等の各法律を対象としたものであり，後述する社会福祉基礎構造改革と呼ばれる大きな改正に踏み出したものである。この改正内容の柱の一つに「地域福祉の推進」が挙げられており，そのなかで市町村は市町村地域福祉計画を策定することが義務づけられた。これまでのような老人保健福祉計画の策定という特定の分野だけではなく，すべての福祉の領域を含み込んだ総合的な「地域福祉計画」を策定することとなった。そして，都道府県は，市町村の地域福祉計画の達成のために，広域的見地から「地域福祉支援計画」を策定することとなった。

　このように市町村は，極めて大きな役割を担うこととなってきたのである。

　また，同年には社会保険の一つとして介護保険法が施行され，それまでの老人福祉法による福祉サービス（措置）としての介護サービスは，介護保険法に基づき行われることとなった。そして，この介護保険も保険者として市町村（一部事務組合を含む）が実施するものである。

　さらに，身体障害者福祉と知的障害者福祉の領域では，2003（平成15）年より実施されていた利用契約制度としての支援費支給制度は，2006（平成18）年に障害者自立支援法が施行されたことにより，児童を含む身体障害者，知的障害者，精神障害者への福祉施策が一つの法律により一元的に行われることとなった。なお，障害者自立支援法は2012（平成24）年に「障害者の日常生活及び社会生活を総合的に支援するための法律」（障害者総合支援法）に

名称変更され，児童の扱いは児童福祉法に戻されている。

❷ 社会福祉基礎構造改革とこれからの福祉制度

1 改革の背景

　わが国の社会福祉は，1950（昭和25）年に社会保障制度審議会が提出した「社会保障制度に関する勧告」を基礎として整備・拡充されてきたものである。当時は，いかにして最低限度の生活を保障するかが現実的課題であった。そのため主に要保護者に対して，行政が主体となって行うという措置制度によって推進されてきた。この制度は，行政処分という行政の決定により，限られた社会資源を優先度に応じて配分できるものであったが，利用者の側の意向による福祉サービスの選択や決定が行われるものではなかった。また，行政が福祉事業者に委託する形式をとるため，利用者と事業者の間には当事者関係はないものであった。

　しかし，半世紀以上が経過した現在において，社会福祉はすべての国民を対象としたものとなり，人々の福祉ニーズも拡大し多様化したものとなった。また，核家族化の進行に伴う家族機能の変化や，急激な少子高齢化による人口構成の変化，さらには低成長経済への移行等の福祉を取り巻く社会状況は大きく変化してきたのであった。これらの変化に対応し，21世紀に向けて福祉制度の全般的改革が検討され，中央社会福祉審議会社会福祉基礎構造改革分科会により検討が進められてきたが，そこでとりまとめられた改革の理念と方向に基づいて，前述の「社会福祉の増進のための社会福祉事業法等の一部を改正する等の法律」が成立したのである。

2 多様化した福祉制度

　利用者自身による福祉サービスの選択や決定という利用制度への一連の改正によって，福祉制度の仕組みが多様化したといえる。主として福祉施設について，財源の仕組みから見ると，およそ次のように分類することができる。

措置制度

　改革が進められても措置制度が全くなくなったのではない。公的責任において実施される措置制度として存続するのは，生活保護関係，児童福祉では乳児院，児童養護施設，障害児入所施設，児童心理治療施設，児童自立支援施設があり，その他，養護老人ホーム，母子家庭等日常生活支援事業がある。

行政との契約方式

　利用制度の方式として，すでに1998（平成10）年より保育所入所に関して実施されているものであるが，利用者が希望する施設を選択し利用申込みを行政に対して行うものである。行政が施設に対して委託する形式をとるため，利用者と施設との間には契約当事者としての関係はない。この方式は，2001（平成13）年より母子生活支援施設および助産施設に拡大されている。なお，保育所に関しては2015（平成27）年に施行された「子ども・子育て支援新制度」により，これまで認可外保育所と呼ばれていた保育施設が認められ，利用制度としては行政との契約方式を含みながら，利用者と事業者の直接的利用契約が主となっている。

事業費補助方式

　利用者が直接福祉サービス事業者と契約し，サービスの提供を受けるものであるが，行政と利用者との直接的なかかわりはない。事業者が行政から事業費の補助を受けるものである。

　対象となるのは，障害者総合支援法による地域活動支援センターおよび福祉ホーム等，身体障害者福祉法による身体障害者福祉センターおよび視聴覚障害者情報提供施設等があり，そのほかには児童厚生施設，放課後児童健全育成事業，母子福祉施設，軽費老人ホーム，老人福祉センター等がある。

介護保険方式

　平成12年度より実施された介護保険制度は，医療保険をモデルとしてつくられた社会保険の一種であり，保険者としての市町村と被保険者としての利

用者の関係は，要介護認定の業務以外にはかかわりをもたないものである。この制度は保険利用制度であり，介護サービスを利用したときの経済的負担を軽減する制度である。

　介護サービスの多くが介護保険法に移行したなかで，社会福祉施設領域で介護保険の対象となる事業は，老人福祉法による特別養護老人ホーム，老人デイサービスセンター，老人短期入所施設であるが，介護保険法により都道府県から「特定施設入居者生活介護」の指定を受けた場合には，養護老人ホームおよび軽費老人ホームも対象となる。

　なお，やむをえない事由によってこの方式による福祉サービスの利用や施設入所が著しく困難な場合には，市町村が措置により福祉サービスの提供や特別養護老人ホームへの入所を行うことができる。

　以上のように，一部に措置制度を残すものの，多くは利用制度に移行している。措置制度では福祉サービスの実施は公的責任の下で行政責任として実施されるのに対して，利用制度では利用者と事業者の契約に基づいて行われるため，契約当事者としての利用者の責任，つまり，自己責任が伴うものとなるのである。

自立支援給付方式

　この方式は，障害者福祉において措置制度から契約制度への転換を図るために平成15年度より実施されていた支援費制度に替わり，2006（平成18）年10月より実施された障害者自立支援法（現，障害者総合支援法）によるものである。

　利用者または利用者の保護者は，市町村に対してサービス（自立支援給付）の支給申請を行い，支給決定がなされた後，サービス利用計画に基づきサービスを利用するものである。利用者の負担は原則としてサービスを利用した際に生じる費用の1割（月額上限が定められている）となり，応能負担だったものが応益負担（定率負担）へと改められたが，応益負担については批判が多く，障害者総合支援法により2012（平成24）年4月から応能負担に戻っている。

　対象となる障害福祉サービスは，介護給付と訓練等給付に分けられ，介護

給付の対象では，ホームヘルプ（居宅介護），重度訪問介護，行動援護，療養介護，生活介護，ショートステイ（短期入所），重度障害者等包括支援，障害者支援施設での夜間ケア（施設入所支援）があり，訓練等給付では，自立訓練，就労移行支援，就労継続支援，グループホーム（共同生活援助）がある。また，2011（平成23）年10月からは，介護給付に同行援護（ガイドヘルパー）が加えられ，2014（平成26）年からはケアホーム（共同生活介護）がグループホームに一元化された。

このほか，公費負担医療制度に替わる自立支援医療費や補装具費等があるが，いずれも一部自己負担を伴うものとなっている。

第2節
社会福祉の課題

――地域格差と財源確保

社会福祉サービスは，福祉事業者との利用契約により進められるものが多くなり，行政とのかかわりは市町村が基盤となって推進されることとなるのであるが，国や都道府県からの公費助成があっても，市町村の負担も必要とされてくる。財政上，もともと市町村間には大きな格差があり，豊かな自治体は条例により独自の施策を展開することも可能であるが，財政基盤の弱い市町村では既存の福祉サービスの展開も困難となり，その水準を低下させるおそれすら出てくる。不安の発生しない財源対策が求められる。

また，社会資源として福祉サービス実施事業体が，全国の市町村に行き渡っている訳ではなく，すでに介護保険の実施によってみられた介護サービス事業者の動きのように，都市部と過疎地域との格差は大きくなっている。こうした地域的格差を単なる地域の特殊事情として容認するのか，あるいは，あらゆる地域において一定の福祉サービスが利用できるような基盤整備を求めるのか，もっと国民的議論が求められてこよう。

福祉財源の確保については，国家財政そのものが逼迫するなかで，財源確

保のあり方も多様化してきている。かつての税方式としての公費負担は縮小し，社会保険としての介護保険の誕生にみられるように保険料方式も生まれ，また，利用者から徴収する利用料の考え方も応能負担方式から応益負担方式へと変化してきている。

このような国民負担のあり方についても，年金や医療等を含む社会保障全体の国民負担を考慮しつつ，変化する福祉制度を検証しながら，検討を加えることが求められる。

❷──福祉従事者の専門職化

市町村の果たす役割は大きくなってきたが，個々の市町村の福祉に関する体制がさまざまであり，従事者の専門性が問われてこよう。市部における福祉事務所と町村部における都道府県の福祉事務所および町村の担当者が，どのように機能するかが問われてくるだろう。確かに福祉専門職の資質の向上の観点から，社会福祉士，介護福祉士，保育士，社会福祉主事等の資格付与に関する教育課程の見直しは行われてはいるが，福祉従事者の専門職化はまだ先のことである。市町村への権限委譲が進められていても，福祉事務所等の体制は変更されていない。福祉事務所の現業員等の専門職化はその自治体に委ねられているが，規模の小さな自治体ほど困難であり，福祉機関設置のあり方について制度的な検討が求められてこよう。この場合，例えば，教育機関である小学校や中学校は市町村が設置するものであるが，専門職としての教員は市町村の枠を超えた教育委員会によって採用と人事が行われているように，福祉従事者を専門職としてとらえるならば，市町村の枠を超えた広域的な採用と人事配置が考慮されてもよいし，それに伴う制度的組織的な改編があってもよいと思われる。これは専門職化の問題にとどまらず，福祉サービスの地域的格差の問題とも関連するものとなろう。

また，福祉施設で働く人々の専門職としての位置づけもいまだに不十分である。福祉機関や福祉施設が拡充しても，そこで働く人々の身分が不安定なところも多く，福祉現場を支える専門職としての従事者が望まれている。そのような制度改正を働きかけるとともに社会福祉士会，介護福祉士会，保育

士会等の職能団体の活動が期待されるところである。

③——成年後見制度の活用

　社会福祉の制度は措置制度の縮小と利用制度の拡充へと向かっているが，利用制度は，利用者としての当事者責任が伴うこととなる。利用者として契約を交わして福祉サービスを利用するが，このとき知的障害者や精神障害者，認知症等を有する高齢者等の判断能力や意思表明が不十分であったり的確に行えなかったりする場合に権利侵害のおそれが出てくる。これらの人々の法律行為に対して，かつて民法における禁治産者・準禁治産者の制度による後見制度があったが，心神喪失状況という精神科医による鑑定に基づき，裁判所により代理者として後見人が定められるものであった。

　しかし，1999（平成11）年の民法の改正により，後見制度に「後見」「保佐」「補助」の３類型が設けられ，精神能力の減退に伴う判断能力の程度に応じて，「後見人」「保佐人」「補助人」が本人の代理として契約にかかわる制度が生まれた。

　後見の制度は，かつての禁治産者制度に代わるもので，自己の財産を管理・処分できない程度に判断能力が欠けている者を対象とし，具体的には日常の必要な買物も自分ではできず誰かに代わってやってもらう必要がある程度の者が後見の対象となる。したがって，後見人には，財産に関するあらゆる法律行為について代理権が付与される。

　保佐の制度は，かつての準禁治産者制度に代わるもので，判断能力が著しく不十分で，自己の財産を管理・処分するには常に援助が必要な程度の者を対象とし，具体的には日常の必要な買物程度は自分でできるが，不動産や自動車の売買，自宅の増改築や金銭の貸借等の重要な財産行為は自分ではできない程度の者とされている。保佐人には，本人の意向をもとに，申立ての範囲内で家庭裁判所が定める特定の法律行為について代理権が付与される。

　補助の制度は，民法改正により新設された制度であり，比較的軽度の精神上の障害により判断能力が不十分で自己の財産を管理・処分するには援助が必要な場合があるという程度の者が対象となっている。具体的には自分でで

きるかもしれないが，できるかどうか心配があるので本人のためには誰かに代わってもらったほうがよいとされる程度の者が想定されている。補助人には，本人の自己決定権の尊重を基本として，特定の法律行為について代理権が付与される。

　これら3類型の法定後見制度のほかに,「任意後見契約に関する法律」(1999（平成11）年）により任意後見制度が創設されている。この制度は，判断能力があるうちに，本人が認知症や精神障害等によって判断能力が不十分になった場合の生活や療養・看護，財産管理等に関して代理権を設定し，任意後見人になってほしい人を選び，あらかじめ契約を締結しておくものである。

　わが国において，比較的馴染みの薄い成年後見制度の活用が，どのように国民のなかに浸透していくかはこれからの課題といえよう。各地の弁護士会や司法書士会等がこの制度の啓発活動を行っているが，特に新しい形態の補助人制度や任意後見制度について，その情報提供と利用促進の取り組みが課題となってこよう。

④──福祉サービス利用援助事業（日常生活自立支援事業）

　このような成年後見制度を補完する仕組みとして制度化されたものが，福祉サービス利用援助事業である。成年後見制度は法律行為一般の代理制度であるが，これは福祉サービスの適切な利用のための援助を行うものである。福祉サービスの利用方法が契約制度に変化したことにより，利用者の権利擁護のために創設されたもので，当初は地域福祉権利擁護事業と呼ばれていたが，2007（平成19）年4月より名称が日常生活自立支援事業に変更された。社会福祉法では「福祉サービス利用援助事業」として第二種社会福祉事業に位置づけられた事業である。

　この事業の実施主体は，都道府県・政令指定都市の社会福祉協議会であり，具体的には利用者との間で契約を締結し，利用者の意向に沿って作成した支援計画に基づいて派遣される生活支援員が援助を行うものである。援助の内容は，契約内容によって定められるが福祉サービスの利用援助として，

情報の提供や相談，利用手続きの代行，契約締結の援助等があり，日常的金銭管理として，福祉サービスの利用料の支払い，通帳や権利証書の預かりなどを行う。また，これらの事業を行う者に対して必要な助言や勧告を行うとともに，トラブル解決の援助等を行うために運営適正化委員会が設置されている。

社会福祉法第82条により，「社会福祉事業の経営者は，常に，その提供する福祉サービスについて，利用者等からの苦情の適切な解決に努めなければならない」と規定され，さらに各福祉施設の最低基準や設置運営基準によって「苦情に迅速かつ適切に対応するために，苦情を受け付けるための窓口を設置する等の必要な措置を講じなければならない」と定められている。これに従い事業者段階において，苦情受付担当者，苦情解決責任者，第三者委員により構成される苦情解決の体制づくりが行われるようになった。しかし，これは経営者の責任において選任されることから，その公平性，中立性の確保が課題となる側面があり，事業者段階における苦情解決ができない場合は，運営適正化委員会に苦情を申し出ることとなる。

社会福祉法第83条に運営適正化委員会については「福祉サービス利用援助事業の適正な運営を確保するとともに，福祉サービスに関する利用者等からの苦情を適切に解決するため，都道府県社会福祉協議会に，人格が高潔であって，社会福祉に関する識見を有し，かつ，社会福祉，法律又は医療に関し学識経験を有する者で構成される運営適正化委員会を置くものとする」とされ，公平性，中立性，専門性を伴った第三者機関として機能するものとなっている。

これらは措置制度から契約制度へ移行し，利用者の当事者責任が伴うなかで，障害者や高齢者等の権利擁護のための制度として新たに始まったものであり，今後の障害者や高齢者等の権利擁護実現のため，よりよく機能することが大いに期待される。しかし，運営適正化委員会は，利用者と事業者との間でトラブルが発生し，事業者段階で解決できなかった場合に機能をするものである。つまり，その時点ですでに利用者の権利が損なわれているおそれがあるため，その意味では事後処理的なものであることを念頭におくべきであろう。

⑤──自己評価と第三者評価

　社会福祉法第78条第1項では，「社会福祉事業の経営者は，自らその提供する福祉サービスの質の評価を行うことその他の措置を講ずることにより，常に福祉サービスを受ける者の立場に立って良質かつ適切な福祉サービスを提供するよう努めなければならない」と規定し，いわゆる自己評価を求めている。事業者はその福祉サービスの運営基準や最低基準を遵守する義務を有し，また，利用者と取り交わした契約内容についても守る義務があるのであり，自らそれを自己評価し適正なサービスの質の水準の維持について努力が求められている。

　また，同条第2項では，「国は，社会福祉事業の経営者が行う福祉サービスの質の向上のための措置を援助するために，福祉サービスの質の公正かつ適切な評価の実施に資するための措置を講ずるよう努めなければならない」と定められており，国の努力として福祉サービスの質を公正に評価するための実施方法を講ずる必要を述べている。これにより，社会福祉事業に対する第三者評価事業が開始された。これは第三者評価機関が評価調査者を派遣し客観的な評価を実施するものであり，評価結果の利用者への情報提供を行い，利用者の自主的な選択に資するものである。

　自己評価も第三者評価も，事業者がその福祉サービス事業の運営の具体的な問題点を把握し，改善しながらサービスの質の向上に結びつけるとともに，情報提供により利用者が自ら適切なサービスを選択できるよう活用されることが期待されている。それゆえ，いずれも単なる形式的対応で済まされるものではなく，利用者の視点に立った評価が求められる。そのために第三者評価調査者の研修や調査項目および評価基準の検討などが行われているが，事業者側にとっては，自己評価を行ったり第三者評価を受けるために，資金的にも人的にも負担がかかっているのが実情であり，まだ利用者が活用する状況には至っていないといえよう。

⑥──社会福祉協議会

　社会福祉協議会が複数の市町村を区域として設立できるようになったことにより，これまで「看板社協」「行事社協」などと揶揄されてきた地域の社会福祉協議会にとって，新たな展開と活性化が期待できるものとなったが，その地域福祉推進の役割は，地域住民の参加の度合いとともに大きくなってきている。ただ，社会福祉協議会は，地域における民間福祉事業団体の調整機関として発足したものであったが，今では市町村からの委託事業を含め幅広い福祉サービスの実施主体ともなっている。そのため民間福祉事業者としての社会福祉協議会と福祉事業者間の調整機関としての社会福祉協議会は矛盾する側面をもつものであるが，その二面性がより明確になったといってよい。地域福祉の推進機関としての社会福祉協議会のあり方について，あらたに検討される課題が提起されたともいえるであろう。

　以上，いくつかの課題について述べてきたが，社会福祉は，措置制度から契約制度へという流れの大きな変革とともに，地方分権化という地域化の流れのなかにある。各種福祉法の改正も行われており，今後も変化が続くものと思われる。

　こうしたなかで，市町村，福祉事務所，社会福祉協議会等の機関が十分に対応する仕組みとなるかはこれからの推移をみていかなければならない。このとき，地域の住民の意向が問われてくると同時にその意向を反映する努力が欠かせない。

　地域住民としてのかかわりが求められるなかで，1981（昭和56）年の国際障害者年以降のノーマライゼーションの考え方の普及により，福祉施設の社会化とともに一般社会におけるバリアフリー等が推進されてきたのであるが，近年はノーマライゼーションの理念を包含した概念として社会的包摂＝ソーシャル・インクルージョンという理念が用いられるようになった（第2章参照）。これは社会的排除に対応する理念として普及したもので，すべての人を社会的排除や摩擦，孤立や孤独から援護し，社会の構成員として包み込み支え合う考え方である。このような理念に基づいた制度や環境をどのよ

うに整備するかが大きな課題であり，社会福祉実践活動のなかで取り組むべき課題でもある。その意味では福祉に関する住民の意識の高まりとそのための啓発活動と情報提供が前提とならなければならないだろう。

引用・参考文献
- 厚生労働省編『厚生労働白書』各年版
- 日本社会福祉士会編『改訂 成年後見実務マニュアル』中央法規出版，2011.
- 社会福祉の動向編集委員会編『社会福祉の動向』各年版，中央法規出版

索引

あ行

ICIDH 99
ICF 99
アダムズ（Adams, J.） 41
アドボカシー 191
アルメイダ（Almeida, L.） 44
イェーツ・レポート 40
「イエ」制度 11
育児休業，介護休業等育児又は家族介護を行う労働者の福祉に関する法律 78
石井十次 45
石井亮一 45
遺族基礎年金 213
遺族厚生年金 215
医療保険制度 216
ウェッブ（Webb, S.） 38
ST 186
NWRO 43
NPO 65
エリザベス救貧法 35
エレン・ケイ（Key, E.） 73
エンクロージャー 34
エンゼルプラン 90
エンパワメント 191
応益負担 70
応能負担 55, 70
OT 186
岡山孤児院 45

か行

ガーティン（Gurteen, S.H.） 40
介護医療院 132
介護給付 109, 110, 128
介護支援専門員 174
介護職員初任者研修 174
介護福祉士 181
介護保険制度 126
介護保険法 56
介護保険方式 236
カウンセリング 204
核家族化 9
家族 8
――の機能 12
――の変容 11
家族形態 8
家族構成 9
片山潜 45
家庭養護 85
患者申出療養 218
間接援助 201
関連援助 203
基本的人権の尊重 26
QOL 30
救護法 46, 124
求職者給付 226
救世軍 45
教育訓練給付 226
狭義の社会福祉 23
狭義の社会保障 208
共生型サービス 132
行政との契約方式 236
共同募金会 64
居住支援 110
居宅サービス（介護保険） 130
居宅訪問型児童発達支援 115
ギルバート法 36
近代家族 11
クインシー・レポート 40
苦情解決制度 162

247

グループワーク　200
軍事扶助法　47
訓練等給付　109, 111
ケアマネジメント　204
ケアワーク　179
ケイ（Key, E.）　73
ケイパビリティ・アプローチ　94
軽費老人ホーム　125
契約　65
契約制度　152
ケースワーク　40, 195
結晶性知能　123
健康保険　218
言語聴覚士　186
コイツ（Coit, S.）　41
高額介護合算療養費制度　222
高額障害福祉サービス等給付費　114
高額療養費制度　219
後期高齢期　6
後期高齢者　120
後期高齢者医療制度　222
広義の社会福祉　23
合計特殊出生率　1
厚生年金保険　214
公的年金制度　209
高度経済成長　48
公認心理師　187
高齢化　4
　──の特徴　6
高齢化社会　4
高齢者　119
高齢社会　4
高齢者の医療の確保に関する法律　125
高齢者福祉　56, 124
　──の課題　133
高齢者保健福祉推進十か年戦略　125
ゴールドプラン　125
国際障害分類　99
国際人権規約　27

国際生活機能分類　99
国民年金制度　210
子育て家庭　92
子育て世代包括支援センター　89
子ども家庭局　80
子ども・子育て応援プラン　90
子ども・子育て会議　92
子ども・子育て支援新制度　92
子ども・子育て支援法等関連3法　55
子ども・子育てビジョン　90
子どもの権利条約　74
五人組制度　44
コノプカ（Konopka, G.）　200
個別援助　197
　──の展開過程　196
コミュニティワーク　201
雇用継続給付　226
雇用保険制度　224
今後の子育て支援のための施策の基本的方向について　90
コンサルテーション　204

さ行

作業療法士　186
里親　85
産業革命　35
GHQ　47
COS　37, 40
支援費制度　104, 237
事業費補助方式　236
四箇院　43
自己評価　243
次世代育成支援対策推進法　79
施設型給付　92
施設サービス（介護保険）　131
施設養護　85
慈善救済　43
慈善事業　20, 45
慈善組織協会　37, 40

索引

市町村国民健康保険 220
市町村児童福祉審議会 81
失業等給付 226
児童虐待 84
児童虐待早期発見チェックシート 192
児童虐待の防止等に関する法律 79
児童憲章 75
児童権利宣言 74
児童相談所 61, 81
児童相談所強化プラン 62
児童手当法 78
児童の権利に関するジュネーヴ宣言 74
児童の権利に関する条約 74
児童の最善の利益 74
児童福祉 54, 75
――の概念 75
――の対象 76
児童福祉施設 82
児童福祉法 54, 76
児童扶養手当法 77
児童養護施設 192
ジニ係数 14
社会救済に関する覚書 47
社会権 27
社会事業 20, 46
社会制御機能 21
社会的機能 21
社会的支援体制 183
社会的包括 29
社会的包摂 29
社会的養護 85
社会的養護自立支援事業 194
社会統合機能 22
社会福祉 19, 51
――の概念 23
――の基本理念 28
――の財政 68
――の資格 173
――の実施体制 59

――の主体 25
――の対象規定 24
――の動向 233
――の歴史 33
社会福祉基礎構造改革 49, 235
社会福祉協議会 64, 161, 244
社会福祉計画法 203
社会福祉士 180
社会福祉施設 66
社会福祉従事者 171
社会福祉専門職 172
――の資質 175
――の倫理 175
社会福祉組織 63
社会福祉調査法 202
社会福祉法 27, 53, 153
社会福祉法人 63, 159
社会福祉法人制度改革 160
社会福祉法制 56
社会保障 207
――の概念 207
社会保障関係費の推移 68
社会保障給付費 7
社会保障審議会 80
社会保障制度 41, 207
――の課題 229
社会保障と税の一体改革 231
就学前の子どもに関する教育，保育等の総合的な提供の推進に関する法律 80
就職促進給付 226
集団援助 200
重点的に推進すべき少子化対策の具体的実施計画について 90
就労定着支援 115
恤救規則 44, 124
ジュネーヴ宣言 74
障害 97
――の概念 99
障害基礎年金 212

249

障害厚生年金 215
障害児 102
障害児福祉計画 115
障害児福祉手当 77
障害者基本法 100
障害者虐待の防止，障害者の養護者に対する支援等に関する法律 98
障害者虐待防止法 99
障害者差別解消法 99
障害者自立支援法 55, 104
障害者総合支援法 56, 98, 105, 114
障害者の権利に関する条約 98
障害者の定義 100
障害者の日常生活及び社会生活を総合的に支援するための法律 55, 98
障害手当金 215
障害福祉サービス 110
　――の支給決定 110
　――の利用 110
　――の利用者負担 113
障害を理由とする差別の解消の推進に関する法律 99
小規模住居型児童養育事業 85
少子化 3
少子化社会対策大綱 90
少子化社会対策基本法 79
少子化対策プラスワン 90
少子高齢化 1
少子高齢社会 1
自立支援給付 106
自立支援給付方式 237
自立生活運動 31
自立生活援助 115
新エンゼルプラン 90
新救貧法 36
心身障害者対策基本法 97
申請免除 211
身体機能変化（高齢期） 121
身体障害者更生相談所 62

身体障害者福祉法 55, 97
身体的虐待 84
心理的虐待 84
スーパービジョン 204
健やか親子21（第2次） 89
ストレングス 191
スピーナムランド制度 36
生活の質 30
生活保護 54
　――の手続き 140
生活保護基準 143
生活保護制度の課題 146
生活保護法 47, 53, 138
　――の基本原則 139
　――の基本原理 138
精神薄弱者福祉法 97
精神保健及び精神障害者福祉に関する法律 56, 98
精神保健福祉士 181
精神保健福祉法 56, 98
生存権 26, 47
性的虐待 84
成年後見制度 167, 240
成年後見制度利用支援事業 168
世界保健機関 99, 119
セツルメント運動 37
前期高齢期 6
前期高齢者 120
全国ひとり親世帯等調査 136
全国福祉権組織 43
全国保育士会 178
相対的貧困率 135
相談援助 189
　――の体系 194
相談援助技術 189
ソーシャルアクション 203
ソーシャルアドミニストレーション 203
ソーシャル・インクルージョン 29
ソーシャル・ウェルビーイング 30

ソーシャルサポート・ネットワーク　183
ソーシャルプランニング　203
ソーシャルワーク　37, 179, 189
ソーシャルワークリサーチ　202
措置　65
措置制度　66, 104, 236

た行

第 1 号被保険者　126
第 1 次囲い込み　34
第三者評価　243
第三者評価事業　166
第 2 号被保険者　126
ダイバーシティ　191
滝乃川学園　45
WHO　99, 119
地域型保育給付　92
地域協議会　160
地域共生社会　156
地域ケア会議　183
地域子ども・子育て支援事業　91, 92
地域生活支援事業　106
地域福祉　151
地域福祉計画　157, 234
　——の概念　159
地域福祉支援計画　234
地域包括ケア　187
地域包括ケアシステム　156
地域密着型サービス　131, 132
知的障害者更生相談所　62
知的障害者福祉法　55, 97
チャールズ・ロック（Loch, C.）　37
チャルマーズ（Chalmers, T.）　37
超高齢社会　4
直接援助　195
DV　87
トインビー（Toynbee, A.）　37
トインビー・ホール　38
特別加入制度　227

特別児童扶養手当　77
特別児童扶養手当等の支給に関する法律　77
特別障害者手当　77
特別養護老人ホーム　125
都道府県児童福祉審議会　81
留岡幸助　45
ドメスティック・バイオレンス　87

な行

ナショナルミニマム　38
日常生活自立支援事業　164, 241
日中活動　110
ニッポン一億総活躍プラン　152
日本介護福祉士会　177
日本型福祉社会　48
日本社会福祉士会　176
日本精神保健福祉士協会　177
入院時食事療養費　219
ニューディール政策　42
ヌスバウム（Nussbaum, M.C.）　94
ネイバーフッド・ギルド　41
ネグレクト　84
ネットワーク　203
ノーマライゼーション　28
野口幽香　45

は行

バーネット（Barnett, S.）　37
配偶者からの暴力の防止及び被害者の保護等に関する法律　87
配偶者暴力防止法　87
バイステックの七つの原則　196
発達障害者支援法　98
ハル・ハウス　41
バンク-ミケルセン（Bank-Mikkelsen, N.E.）　28
PT　185
PDCA サイクル　195
ひとり親家庭　86
貧困　16, 38, 135

――の再発見　42
貧困率　136
ファミリーホーム　85
ブース（Booth, C.）　38
福祉改革　52
福祉関係八法改正　49,52
福祉元年　48
福祉権運動　43
福祉サービスの基本的理念　27
福祉サービス利用援助事業　164,241
福祉三法　47
福祉事務所　61,82
福祉従事者の専門職化　239
福祉的機能　22
福祉ビジョン　152,154
福祉六法　48
婦人相談所　62
不平等　13,15
平均寿命　5
――の推移　5
ベヴァリッジ（Beveridge, W.H.）　39
ベヴァリッジ報告　39
保育士　182
保育の実施　66
法定免除　211
方面委員制度　46
保健・医療等の専門職　184
保険外併用療養費制度　217
保健所　63,82
保健センター　63,82
保護施設　145
母子及び父子並びに寡婦福祉法　55,78
母子家庭の母及び父子家庭の父の就業の支援に関する特別措置法　87
母子保健　88
母子保健法　78
ボランティア　65

ま行

丸ごと　156
マルサス（Malthus, T.R.）　36
民生委員　57
面前DV　85

や行

山室軍平　45
友愛訪問員　40
ゆりかごから墓場まで　39
要介護認定　128,132
養護老人ホーム　125
予防給付　128

ら行

理学療法士　185
リッチモンド（Richmond, M.E.）　40
流動性知能　123
利用者保護制度　161
療養の給付　219
ルーズベルト（Roosevelt, F.D.）　41
ルソー（Rousseau, J.J.）　73
連携　187
連合国軍最高司令官総司令部　47
老人医療費　125
老人福祉法　56
老人保健法　125
労働者規制法　34
労働者災害補償保険制度　227
――の概要　228
労働力人口　3
――の推移　4
老齢基礎年金　212
老齢厚生年金　215
ロック（Loch, C.）　37

わ行

ワークハウステスト法　35
我が事　156

編著者略歴・執筆者一覧

編著者略歴

鈴木　幸雄（すずき・ゆきお）
1953年生まれ。東北福祉大学大学院社会福祉学研究科修了。社会福祉法人仙台キリスト教育児院児童指導員、帯広大谷短期大学助教授を経て、現在、北海道医療大学看護福祉学部及び同大学院看護福祉学研究科教授。
【主な著書】
『現代社会福祉概論』（編著）、中央法規出版、2006年
『児童福祉概論』（編著）、同文書院、2007年
『現代の社会福祉』（編著）、中央法規出版、2012年

執筆者一覧（執筆順）

若狭　重克（わかさ・しげかつ）──────第1章
藤女子大学人間生活学部人間生活学科教授

鈴木　幸雄（すずき・ゆきお）──────第2章
北海道医療大学看護福祉学部教授
北海道医療大学大学院看護福祉学研究科教授

勝井　陽子（かつい・ようこ）──────第3章
北翔大学短期大学部こども学科准教授

小田　進一（おだ・しんいち）──────第4章
北海道文教大学人間科学部こども発達学科教授
北海道文教大学大学院こども学研究科教授

榊　ひとみ（さかき・ひとみ）──────第5章
函館短期大学保育学科准教授

阿部　好恵（あべ・よしえ）──────第6章
帯広大谷短期大学社会福祉科准教授

渡谷　能孝（わたりや・よしたか）──────────────第 7 章
函館大谷短期大学こども学科講師

今西　良輔（いまにし・りょうすけ）─────────────第 8 章
札幌大谷大学短期大学部保育科講師

越石　　全（こしいし・まこと）──────────────第 9 章
札幌医学技術福祉歯科専門学校社会福祉士通信課程副主任

小早川俊哉（こばやかわ・としや）─────────────第10章
星槎道都大学社会福祉学部社会福祉学科教授

片山　寛信（かたやま・ひろのぶ）─────────────第11章
北海道医療大学看護福祉学部臨床福祉学科助教

伊藤新一郎（いとう・しんいちろう）────────────第12章
北星学園大学社会福祉学部福祉計画学科准教授

三上　正明（みかみ・まさあき）──────────────第13章
旭川大学短期大学名誉教授

改訂　現代の社会福祉

2018年3月5日　発行

編　　著	鈴木幸雄
発行者	荘村明彦
発行所	中央法規出版株式会社
	〒110-0016　東京都台東区台東3-29-1　中央法規ビル
	営　　業　TEL03-3834-5817　FAX03-3837-8037
	書店窓口　TEL03-3834-5815　FAX03-3837-8035
	編　　集　TEL03-3834-5812　FAX03-3837-8032
	https://www.chuohoki.co.jp/
印刷・製本	舟橋印刷株式会社
装幀デザイン	タクトデザイン

ISBN978-4-8058-5638-3

定価はカバーに表示してあります。

本書のコピー，スキャン，デジタル化等の無断複製は，著作権法上での例外を除き禁じられています。また，本書を代行業者等の第三者に依頼してコピー，スキャン，デジタル化することは，たとえ個人や家庭内での利用であっても著作権法違反です。

乱丁本・落丁本はお取り替えいたします。